현대 법사상사 소고

고봉진

pnc
publishing and culture
피앤씨미디어

머리말

저자는 현재 제주대학교 법학전문대학원에서 법철학, 법학방법론, 법사상사, 생명윤리법을 강의하고 있다. 강의교재를 만들면 좋겠다는 생각에 2012년부터 '법철학강의', '판례 법학방법론', '법사상사 소고', '생명윤리법론'을 출간하였다. 이번 '현대 법사상사 소고'도 2년 전에 출간된 '법사상사 소고'에 이어 '법사상사' 수업에 활용하기 위한 교재로 만들어졌다. '법사상사 소고'는 19세기 이전의 법사상사를 다룬 반면에, '현대 법사상사 소고'는 19세기 이후의 법사상사를 다루고 있다. 19세기 이전의 법사상사는 자연법론과 법실증주의의 대립의 역사였던 반면에, 19세기 이후의 법사상사는 법규범론, 법해석론, 정치철학, 사회철학 등의 분야에서 여러 다양한 가치관들이 대립하는 역사였다.

'현대 법사상사 소고'를 마지막으로 강의교재를 만드는 작업은 마무리되었다. 지금 생각으로는 10년쯤 후에 강의한 내용과 관련 논문을 모아 법철학, 법학방법론, 법사상사, 생명윤리법을 집필하려 한다. 저자는 강의와 연구를 병행하고, 교재를 계속 보완해 나갈 생각이다. '평유란 자서전'에 보면, 강의와 연구가 어떻게 조화를 이루어야 하는지 잘 알려주는 대목이 있어 소개한다.

"가르치는 과목이 바로 자신의 연구 제목이었고, 교수는 언제라도 그가 연구한 새로운 성과를 커리큘럼의 내용 안에 보충할 수 있었으며,

또 강의를 하면서 발견한 문제점들은 그의 연구를 발전시키는 데 이용할 수도 있었다. 강의는 바로 교수의 연구물을 발표할 기회였고, 연구는 곧 그의 수업 내용을 충족시켜주었다. 이와 같은 교수법으로 인해 교수들은 강의를 하면서도 마음이 탁 트이는 것을 느꼈고, 강의가 부담이 되는 일이 없었다. 마찬가지로 학생들도 강의를 들으면서 활발한 생동감을 느끼게 되었고, 수업을 듣는 것이 부담이 되지 않았다. 이러한 방식으로 연구와 수업이 통일되었다."

내년(2017년)에 연구년을 가질 계획인데, 이를 새로이 시작하는 계기로 삼고 싶다. 교수생활 3분기 중 1분기가 지나고 2분기가 시작되는 이 시점에 떠오르는 생각은 본격적으로 '연구서'를 집필해야겠다는 것이다.

'현대 법사상사 소고'는 19세기 이후의 현대 법사상을 간략하게 정리한 것으로, 강의교재의 용도로 작성되었다. 이번에도 저자의 무모한 용기가 필요했다. '체계를 세우지 아니한 단편적 고찰'을 뜻하는 '소고(小考)'를 제목에 붙인 것도 이 때문이다. 다음 번에 연구서를 책으로 펴낼 때는 무모한 용기를 약간 줄이고, 좀더 정교한 형태로 내겠다고 마음먹는다.

'현대 법사상사 소고'는 법규범론, 법해석론(법과 사회), 정치철학(현대 정의론), 사회철학 4부분으로 나누어 각각에 해당되는 대표(법)사상가들의 사상을 대략적으로 서술하였다. 현대 법사상사를 제대로 서술하려면 4권의 책으로도 부족할 터인데 강의교재라는 이유로 한권의 소책자로 편집한 것임을 이해해 주길 바란다. 사상가들의 (법)사상의 몸통을 보이고자 했으나, 그 곁가지만을 드러낸 것에 불과했는지 모르겠다.

연구가 깊게 진행되어 각각의 주제에 대해 한 권의 책을 쓸 수 있었으면 하는 소망이 가득하다. 스튜어트 휴즈(H. Stuart Hughes)의

3부작(의식과 사회, 막다른 길, 지식인들의 망명), 마틴 제이(Martin Jay)의 '변증법적 상상력'과 같은 저서를 쓸 수 있을까? 그런 책을 쓰고 싶다는 희망을 품는 것은 자유이기에 마음껏 상상의 나래를 펼친다.

내 인생에 감사드려야 할 분이 너무도 많다. 무엇보다도 부모님(고호성 님, 부여옥 님)의 은혜와 사랑에 감사드린다. 내가 살아가는 데 의미를 부여하고, 하루하루 감사하며 사는 것은 부모님의 은혜이지 않을까 싶다.

저자의 지도교수인 김일수 교수님과 독일 프랑크푸르트대학 Cornelius Prittwitz 교수님의 학은(學恩)에 감사드린다. 두 분의 지도가 없었다면 어떻게 교수로서 출발할 수 있었겠는가? 또한 저자의 독일 유학시절에 도움을 주셨던 분들이 없었다면 오늘의 나는 없을 것 같다. 저자가 몸담고 있는 한국법철학회 교수님들의 지도와 도움에 깊은 감사를 드린다. 제주대 법학전문대학원 김부찬 교수님과 김창군 교수님의 격려에 감사드리며, 부족한 이 책을 흔쾌히 출판해 주신 피앤씨미디어 박노일 대표님께도 감사드린다.

마지막으로 나의 아내 송현주 교수와 이제 어린이로 성장한 아들 정훈이에게 사랑의 인사를 전한다.

2016년 7월 20일

초서재(抄書齋)에서

고 봉 진

차 례

제1장 법규범론

제 2 장 법해석학—법과 사회

제 3 장 정치철학 — 현대 정의론

제 4 장 사회철학

나가며 — 법사상의 활용

제 1 장 법규범론

현대 법사상사 소고

I 라드브루흐

고대, 중세, 근대에 이르는 법사상의 흐름을 한 마디로 표현하자면, 자연법론과 근대에 그 반대진영이 대조적인 모습을 보이면서 법사상의 흐름을 이끈다는 점이다. 자연법론은 자연법이 실체로 존재하고, 이를 직접 인식할 수 있다는 입장인 반면에, 그 반대진영은 자연법이 존재하지 않으며, 존재한다 하더라도 이를 똑같이 인식할 수 없다는 입장이다. 법사상을 주도했던 사상은 플라톤, 아리스토텔레스, 스토아 철학, 가톨릭 신학과 같은 자연법론이었지만, 소피스트 철학, 에피쿠로스 철학, 윌리엄 오캄의 유명론, 토마스 홉스의 사상, 영국 경험철학, 공리주의 및 (법)실증주의는 자연법론과는 반대의 길을 갔다.[1] 라드브루흐(Gustav Radbruch, 1878~1949)는 그가 제기한 라드브루흐 공식을 통해 법사상사의 2가지 큰 흐름인 자연법론과 법실증주의의 대립을 극복하고자 했다.

1. 라드브루흐의 생애

라드브루흐는 1878년 독일 뤼벡에서 태어나 1949년(71세)에 사망했다. 그가 대학을 다닐 때는 엄격한 법실증주의가 법이론을 지배하고 있었다.

> 실정적인 법 이외의 법은 법으로서 하나의 넌센스일 뿐이다(Karl Bergborm, 1892년).
>
> 국가는 — 법적으로 — 전능하다. 많은 헌법이 군주에 대해서 말하는 것은 진실로 국가에 대해서도 타당하다. 즉 국가는 불법을 행할 수 없다(Gerhard Anschütz, 1897년).

1) 고봉진, 법사상사 소고(한국학술정보, 2014), 5~6면.

> 야비한 폭력 행위라 할지라도 법률 형식으로 행사된다면 형식적으로 법이며, 이는 사법부와 행정부 및 피치자들에게 구속력을 가진다(Georg Meyer, 1895년).[2)]

라드브루흐는 1902년(24세)에 베를린 대학에서 프란츠 폰 리스트(Franz von Liszt) 교수를 지도교수로 '상당인과관계론'에 대한 박사논문을 쓰고, 2년 뒤인 1904년(26세)에 하이델베르크 대학에서 칼 폰 릴리엔탈 교수 밑에서 '형법적 행위 개념'에 대한 교수자격논문을 썼다. 1910년(32세)에 법학입문(Einführung in die Rechtswissenschaft)을 출간하고, 1914년(36세)에 법철학강요(Grundzüge der Rechtsphilosophie)를 출판하였다. 쾨니히스베르크 원외교수를 한 후 1916년(38세)에 1차 세계대전에 참전하고, 사회민주당(SPD)에 가입했다. 1919년(41세)에 키일대학 정교수가 되고, 1920년(42세)부터 1924년(46세)까지 국회의원과 법무장관을 역임했다. 법무장관으로 재임시, 여성의 전문판사직 임용을 허용하는 법률을 제정하였고, 사형·징역형·명예형 등의 폐지, 불법 인식에 대한 고려, 확신범에 대한 특별 취급을 담은 형법 개정안(라드브루흐 초안)을 주도하였다.[3)]

그는 현실정치에 의욕적으로 참여했지만, 이후 환멸을 느낀 것 같다. 그가 정치참여 초창기와 후반기에 한 말을 비교하면 이를 알 수 있다. "지금 이 순간에 본연대로 존립하고자 하는 임무와 시도도 없이 순전히 관조만 하는 교수로서 존재함은, 한번 '생의 현실에 섰었던' 사람에게는 얼마나 끔찍하고 모멸적인지 이제 비로소 분명해져옵니다." "아무것도 아닌 것을 가지고는 그렇듯 소란을 일삼고, 본질적인 것에 대해서는 한마디도 없고."[4)]

---

2) Günter Spendel(박은정 역), 전환 시대의 법학자, in: 박은정 편역, 라드브루흐의 법철학(문학과지성사, 1989), 13면.

3) Günter Spendel(박은정 역), 전환 시대의 법학자, in: 위의 책, 21면.

4) Günter Spendel(박은정 역), 전환 시대의 법학자, in: 위의 책, 20~21면.

1926년(48세)에 하이델베르그 대학 정교수에 취임하였고, 이때 '법에 있어서의 인간'이라는 주제로 취임강연을 하였다. 이 강연에서 그는 새로운 법학의 전환기가 시작되고 있다는 점과 '자유적'인 법 대신에 새로운 '사회적'인 법시대가 변화된 인간상과 더불어 발을 내딛기 시작했다고 주장하였다.[5] 1932년(54세)에 법철학(Rechtsphilosophie)을 출판하였는데, 이는 법철학강요(Grundzüge der Rechtsphilosophie)를 전면적으로 개정한 것이었다(법철학강요 제3판에 해당하는 것이다).[6] 1933년(55세)에 나치 정권에 의해 하이델베르그 대학 교수직을 박탈당했다. 이때 그의 후임자는 칼 엥기쉬(Karl Engisch)였다. 라드브루흐가 칼 엥기쉬에게 보낸 편지(1938년 3월 17일자 편지) 내용은 잘 알려져 있다. "교직을 상실당하게 된 사실이 나에게 얼마나 큰 슬픔이었겠는가는 당신도 잘 아실 겁니다. 그러나 나는 그 직책에 합당한 사람으로 당신 이외의 어느 누구도 상상할 수 없습니다. 그래서 나는 처음부터 우리들 사이에 지속되어왔던, 그리고 지금도 지속되고 있는 좋은 유대에 대해서 기뻐해 마지않습니다."[7]

1934년(56세)에는 포이에르바하 전기를 출간하고, 1938년(60세)에는 '형법강화'를 출간하였다. 1946년(68세)에 유명한 '법률적 불법과 초법률적 법'을 '남독일 법률신문'에 발표하였고, 1947년(69세)에 그의 강의내용을 담은 법철학입문(Vorschule der Rechtsphilosophie)이 출간되었다.

그의 제자 카우프만(Arthur Kaufmann)은 심오한 법철학사상 뿐만 아니라 '사람을 사로잡는 애정어린 인격에 대한 매혹'을 지녔다고

5) Günter Spendel(박은정 역), 전환 시대의 법학자, in: 위의 책, 22~23면.
6) 라드브루흐의 주저 '법철학'은 한국어로 번역되어 있다(최종고 역, 법철학, 삼영사, 1975/2007).
7) Günter Spendel(박은정 역), 전환 시대의 법학자, in: 위의 책, 28면.

스승을 칭송했다.[8] 라드브루흐가 그의 스승 리스트(Franz von Liszt)에게 한 말은 자기 자신에게도 그대로 적용되었다. "전통적인 도덕이론은 학식과 인품을 너무나도 엄격히 분리하곤 한다. 그러면서 순결한 영혼의 선(善)만을 일방적으로 칭송한다. 그러나 온전한 선에 도달하는 것은 지혜가 최고조에 달할 때에만 비로소 가능한 일이다." 슈펜델(Günter Spendel)도 "크나큰 지성과 고귀한 성품, 예술가적 감수성이 함께 하나가 되어 한 인간에게서 발견된다는 것은 정녕 흔한 일이 아니다"고 평가했다.[9]

라드브루흐만큼 학자적 재능과 예술가적 재능, 사변적 언어와 시적 언어가 함께 조화되는 법학을 추구한 법학자는 찾아보기 어렵다.[10] 카우프만의 주도 하에 라드브루흐 전집 20권이 출간되었다.[11]

2. 법철학과 법사상

(1) 가치관계적 학문으로서 법학

라드브루흐는 신칸트주의의 전통을 따라 형이상학과 실증주의에 반대하고, '가치관련적 문화과학'이 독자적으로 성립해야 한다고 주장했다. 이에 따르면, 법학은 '법가치'에 의하여 방향이 주어지는 가치관계적 학문으로 이해된다. "법은 가치관계적 태도의 범위 안에서

8) 카우프만의 주저 '법철학'도 번역되었다(김영환 역, 법철학, 나남, 2007).

9) Günter Spendel(박은정 역), 전환 시대의 법학자, in: 위의 책, 38면.

10) Günter Spendel(박은정 역), 전환 시대의 법학자, in: 위의 책, 38면.

11) 라드브루흐의 법사상에 대해 박사논문을 쓴 한국인으로는 권영백(지도교수: Arthur Kaufmann), 김지수(지도교수: Eric Wolf), 정종욱(지도교수: Hans Welzel)이 있다. 권영백 박사논문(라드브루흐 법철학에서 '사물의 본성' 이론의 발전과 의미, 1963), 김지수 박사논문(라드브루흐 사상에서의 '방법삼원주의'와 '사물의 본성', 1966), 정종욱 박사논문(라드브루흐에 있어서 법철학적 상대주의의 길, 1967)에 대한 상세한 소개로는 김영환, 1960~70년대의 한국 법철학에 관한 연구, in: 한국법철학회, 한국 현대법철학의 형성과 전개(세창출판사, 2010), 41면 이하.

만 파악될 수 있다. 법은 문화현상, 즉 가치와 관계된 사실이다."[12]

라드브루흐는 그의 '법철학' 제1장(현실과 가치)에서 가치와 관련된 4가지 태도를 다루었다: 가치맹목적 태도, 가치관계적 태도, 가치평가적 태도, 가치초월적 태도.[13] 이 중 법과 관련된 태도는 가치관계적 태도, 가치평가적 태도, 가치초월적 태도이다. 라드브루흐는 이로부터 법학, 법철학, 법의 종교철학을 이끌어냈다. "가치관계적 고찰, 즉 법을 문화사실로서 고찰하는 것—이것은 법학(Rechtswissenschaft)의 본질을 이룬다—및 가치평가적 고찰, 즉 법을 문화가치로서 고찰하는 것—이것에 의하여 법철학(Rechtsphilosophie)이 특징지워진다—. 마지막으로 법의 가치초월적 고찰, 즉 법의 본질 또는 무본질성을 고찰하는 것—이것은 법의 종교철학(Religionsphilosophie des Rechts)의 과제이다—의 셋이 그것이다."[14]

(2) 방법이원론과 가치상대주의

신칸트학파는 존재와 당위는 서로 다른 영역에 속하는 개념범주라고 주장하는 방법이원론(Methodendualismus)과 최상의 당위명제는 인식의 대상이 아니라 믿음의 대상이라는 가치상대주의(Relativismus)를 지도사상으로 삼는다.[15] 라드브루흐는 그의 '법철학'

---

12) Gustav Radbruch(최종고 역), 법철학(삼영사, 1975/2007), 34~35면.

13) 라드브루흐의 주장은 빈델반트(Wilhelm Windelband, 1848~1915), 리케르트(Heinrich Rickert, 1863~1936) 및 라스크(Emil Lask, 1875~1915)의 철학이론을 배경에 두고 있다. Gustav Radbruch(최종고 역), 법철학(삼영사, 1975/2007), 30면.

14) Gustav Radbruch(최종고 역), 법철학(삼영사, 1975/2007), 35면.

15) "가치고찰과 존재고찰은 독립된, 전혀 자신 속에 폐쇄된 원으로 병존한다. 이것이 방법이원론(Methodendualismus)의 본질이다." Gustav Radbruch(최종고 역), 법철학(삼영사, 1975/2007), 37면. 하지만 그는 때로는 법학의 분야에서 사물의 본성(Natur der Sache)으로부터 바른 규율을 끌어내야 한다는 것이 요청된다고 말했다. Gustav Radbruch(최종고 역), 법철학(삼영사, 1975/2007), 37면.

제2장(법의 가치고찰로서 법철학)에서 신칸트학파의 방법이원론과 가치상대주의를 다루었다.

사실은 존재(Sein)의 영역인 반면에, 규범은 당위(Sollen)의 영역이다. 존재는 '~~이다'의 영역인 반면에, 당위는 '~~해야 한다'의 영역이며, 존재는 '기술적'(descriptive), 당위는 '규정적'(prescriptive)으로 특징지워진다.[16] 사실과 규범, 존재와 당위는 어떠한 관계에 있는가? 존재(what is)에서 당위(what ought to be)는 이끌어지는가? 이 문제만큼 법철학에서 중요한 문제도 없다. 일찍부터 존재와 당위는 서로 분리될 수 없고, 존재에서 당위가 추론된다는 견해(존재론적 논의, 목적론적 논의)가 있어 왔다(一元論).[17] 자연법론에 따르면, 존재와 당위는 서로 분리될 수 없고 양자는 서로 연결되어 있다. '자연법'은 '존재하는 당위'(seiendes Sollen)이기 때문에, 자연법의 존재 자체로 인해 자연법을 따라야 하는 당위가 발생한다.

자연법론의 강력한 영향에 의해 근대 이전 사람들은 존재와 당위의 구분, 사실과 규범의 구분, 현실과 가치의 구분을 알지 못했다. 근대 이후에야 존재와 당위는 구분되었는데, 이는 근대 몰가치적 자연과학의 산물이었다.[18] 근대 이전에는 플라톤의 이데아론(Idea)이나 아리스토텔레스의 목적론(Entelechia)처럼 '자연'에서 규범을 이끌어냈지만, 근대 이후에는 자연은 '사실'의 영역으로 '규범'의 영역인 당위와는 차원을 달리 한다는 견해가 생겨났다(二元論). 당위명제는 오로지 다른 당위명제에 의해 근거지워질 수 있고 또 증명될 수 있

16) 심헌섭, 법철학 I(법문사, 1982/1998), 181면.

17) 심헌섭, 법철학 I(법문사, 1982/1998), 183면.

18) Hans Welzel(박은정 역), 자연법과 실질적 정의(삼영사, 2001/2005), 90면; "사실과 규범, 존재와 당위는 어떠한 관계에 있는가? 존재에서 당위는 이끌어낼 수 있는가"에 대한 자세한 고찰은 심헌섭, 법철학 I(법문사, 1982/1998), 177면 이하.

다고 주장되었다. 이에 따르면, 규범적 진술(normative statement)은 사실적 기술(factual description)로부터 도출될 수 없다.[19] 당위가 존재로부터 도출된다는 것에 최초로 의문을 제기한 사람은 흄(David Hume, 1711~1776)이었다.[20]

> "도덕 체계에서는 명제의 일반적인 계사인 '이다'와 '아니다' 대신에 '해야만 한다'와 '해서는 안 된다'로 연결되지 않은 명제가 없다는 사실을 발견하고 나는 매우 놀랐다. 이러한 계사의 변화는 부지불식간에 이루어지지만 매우 중요한 것이다. '해야만 한다거나 해서는 안 된다'는 것은 어떤 새로운 관계 또는 단언을 표현하기 때문에 이는 반드시 지적되고 설명되어야만 한다. 동시에 이러한 새로운 관계가 자신과는 전혀 무관한 다른 관계들로부터 어떻게 연역되는가에 대한 근거도, 왜냐하면 이것은 거의 불가능한 듯이 보이기 때문에, 반드시 제시되어야만 한다. 그러나 도덕 체계의 저자들은 대체로 이러한 점에는 별로 주의를 기울이지 않았으므로 나는 독자들이 이 점에 유의하기를 바란다. 그리고 나는 이러한 조그만 주의가 도덕성에 관한 통속적인 체계 전체를 전복시키리라고 확신한다(David Hume, 인간 본성에 관한 논고, p. 469~470)."[21]

이처럼 흄에 의해 "존재에서 당위를 도출할 수 없다"는 '존재—당위 오류'가 처음으로 제기되었고,[22] 흄의 영향을 받은 칸트(Immanuel

---

19) H. Stuart Hughes(김창희 역), 지식인들의 망명(개마고원, 2007), 69~70면.

20) 흄은 26세의 나이에 '인간 본성에 관한 논고'(A Treatise of Human Nature)를 저술하나, (인쇄기로부터 바로 죽은 채로 태어났다는 그의 말처럼) 주목을 끌지 못했다. 이 후 흄은 '인간 본성에 관한 논고'를 토대로 더 대중적인 책을 저술하는데, '인간 오성에 관한 탐구'(An Inquiry Concerning Human Understanding)와 '도덕 원리에 관한 연구'(An Inquiry Concerning the Principles of Morals)이다. Robert L. Arrington(김성호 역), 서양 윤리학사(서광사, 1998), 364~365면.

21) Robert L. Arrington(김성호 역), 서양 윤리학사(서광사, 2003), 377~378면에서 재인용함.

22) 무어(George Erward Moore, 1873~1958)도 그의 책 'Principia Ethica'에서 '선'

Kant, 1724~1804)도 '존재'와 '당위'를 구별했다. 신칸트주의의 영향을 받은 라드브루흐도 존재에서 당위가 근거지울 수 없으며, 당위에서만 당위를 근거지울 수 있다고 주장했다. "칸트철학은 우리에게 존재하는 것(was ist)에서부터 가치있는 것, 바른 것, 있어야 할 것(was sein soll)을 연역할 수 없다는 사실을 가르쳐 주었다. 그래서 그것이 존재한다고 해서, 또는 존재했다고 해서, 아니면 존재할 것이라고 해서 바른 것은 아닌 것이다. 이 점에서 존재하는 것에서 있어야 할 것을 추론하는 실증주의(Positivismus)도, 존재했던 것에서부터 있어야 할 것을 추론하는 역사주의(Historismus)도 부정되며, 생성되는 것에서부터 있어야 할 것을 추론하는 진화주의(Evolutionismus)도 부정된다."[23]

법규범을 근거지우는 당위를 '가치'로 파악하는 것에 반대하는 켈젠(Hans Kelsen, 1881~1973)과 달리, 라드브루흐는 법규범을 근거지우는 당위를 '가치'로 파악하였다. 라드브루흐에게 '방법이원론'(존재와 당위의 구분)은 '가치상대주의'로 자연스럽게 연결되었다.[24] "당위명제는 다른 당위명제에 의하여서만 성립될 수 있고 증명될 수 있는 것이다. 바로 그 때문에 마지막 당위명제는 입증할 수 없으며 공리와 같이 인식(Erkenntnis)할 수 없고 다만 고백(Bekenntnis)할 수 있는 것에 지나지 않는다. 그래서 마지막 당위명제에 관한 서로 대립하는 주장, 즉 서로 대립하는 가치관 및 세계관이 각각 싸우며 대치

이란 본질상 정의할 수 없는 것이고, 선을 다른 방식으로 표현하려는 사람들이 범하는 오류를 '자연주의적 오류'(natural fallacy)라고 명했다. 이는 18세기 철학자 데이비드 흄이 지적한 오류, 존재에서 당위를, 사실에서 가치를 도출해내는 오류와 비슷하다. David Edmonds/John Eidinow(김태환 역), 비트겐슈타인과 포퍼의 기막힌 10분(옥당, 2012), 92면.

23) Gustav Radbruch(최종고 역), 법철학(삼영사, 1975/2007), 36면.

24) Gustav Radbruch(최종고 역), 법철학(삼영사, 1975/2007), 39~40면.

되어 있을 때, 더 이상 그것들을 과학적 일의성으로 해결한다는 것은 불가능하다. 과학적 가치고찰은 참으로 무엇을 할 수 있는가, 무엇을 하려고 하는가를 가르쳐 줄 수는 있지만, 무엇을 해야 하는가를 가르쳐 줄 수는 없다."[25] 라드브루흐가 그의 방법론을 '상대주의'라고 명칭한 것은 하나하나의 가치판단의 정당성을 일정한 가치관 및 세계관의 범위 안에서만 확정하려 하지, 가치관 및 세계관 자체의 정당성을 확정하지 않기 때문이다.[26]

라드브루흐의 상대주의는 그 스스로 옳다고 여긴 것을 남에게 절대적인 요청으로 강요하지 않으려는 비판적인 사상가의 겸양지덕의 소산이었다.[27] 하지만 '방법이원론'에 따른 '상대주의'는 법을 힘에 넘겨주고 말았다는 비판을 받았다.[28] "상대주의적 관점에 따르면 이성과 학문은 이 과제를 수행할 수 없기 때문에, 의지와 힘이 이 일을 맡아야 한다." "법을 관철할 수 있는 자는 이로써 법을 제정할 부름을 받았다는 것을 증명한다. 이렇게 상대주의는 필연적으로 법을 힘에 넘겨주고 마는 것이다."[29] "이를 통해 신칸트학파는 실증주의를 보완하는 이론이라는 비판에 직면했다. 심리학자 에리히 앤쉬(Erich Jaensch)는 신칸트학파를 '실증주의를 보완하는 이론'으로 일컬었는데 […] 신칸트주의 법철학은 법실증주의의 보완이론임이 드러난다."[30] "신칸트학파 법철학을 거부하는 보다 심층적인 근거는 이념적 '규준'과 관련한 형식주의나, 상대주의 혹은 역사주의에 있는 것이

25) Gustav Radbruch(최종고 역), 법철학(삼영사, 1975/2007), 40면.

26) Gustav Radbruch(최종고 역), 법철학(삼영사, 1975/2007), 41~42면.

27) Günter Spendel(박은정 역), 전환 시대의 법학자, in: 박은정 편역, 라드브루흐의 법철학(문학과지성사, 1989), 29~30면.

28) Günter Spendel(박은정 역), 전환 시대의 법학자, in: 위의 책, 30면.

29) Gustav Radbruch, Rechtsphilosophie, 3판, 1932, 81면; Hans Welzel(박은정 역), 자연법과 실질적 정의(삼영사, 2001/2005), 266~267면에 재인용함.

30) Hans Welzel(박은정 역), 자연법과 실질적 정의(삼영사, 2001/2005), 269면.

아니라, 실증주의적 법개념을 유지하고 심화시켰다는 데 있다."[31]

(3) 옐리네트 '사실의 규범력' 이론과의 비교

라드브루흐는 (켈젠과 마찬가지로) 옐리네크(Georg Jellinek, 1851~1911)의 '사실적인 것의 규범력'(normative Kraft des Faktischen)에 대해 반대했다. "'사실적인 것의 규범력'은 하나의 패러독스이다. 존재에서는 당위가 결코 발생될 수 없다. 어떤 일정한 시대의 견해와 같은 하나의 사실은 어떤 규범이 이것에 규범성을 부여했을 때에만 규범적으로 될 수 있다."[32] '사실적인 것의 규범력'을 주장하는 옐리네크는 "처음에 순수한 사실력이 사람들의 머리 속에서 승인될 때, 다시 말해서 사실적인 것이 규범적이라는, 즉 '있는' 그대로 '있어야' 한다는 확신이 덧붙여질 때 법이 된다"고 말했다.[33]

살피건대, 존재와 당위가 일치할 수 있는 가능성을 보여주는 예는 '관습법'이다. '관습법'은 '사실적인 것의 규범력'을 보여주는 예로 옐리네크가 드는 것이다. "사실적인 것의 규범적인 것에 대한 관계가 가장 날카롭게 나타나는 것은 법의 발생의 경우이다. 어떤 민족의 모든 법은 본래적으로는 사실적 관행 이외의 아무것도 아니다. 지속된 관행은 이러한 관행의 규범적합성의 관념을 창출하며, 또한 그것에 의해서 규범 그 자체가 공동체의 권위적 명령으로서, 즉 법규범으로서 보여지게 된다. 이로써 관습법의 문제 역시 그 해결을 보게 된다."[34] '사실의 규범력'의 또 다른 예로 옐리네크는 '교회와 국가의 권위들이 발하는 명령'을 들었다. "교회와 국가의 권위들이

31) Hans Welzel(박은정 역), 자연법과 실질적 정의(삼영사, 2001/2005), 269면.
32) Gustav Radbruch(최종고 역), 법의 지혜(교육과학사, 1993), 43면.
33) Georg Jellinek, Allgemeine Staatslehre(3. Aufl., 1959), 338면, 342면; 심헌섭, 법철학 I(법문사, 1982/1998), 92면에서 재인용함.
34) Georg Jellinek(김효전 역), 일반 국가학(법문사, 2005), 278면.

발하는 명령은 먼저 최초는—그것이 두려움에서든 그 이외의 동기에서든—준수되고, 그리하여 그것으로부터 몇 번이나 반복된 명령 그 자체가 그 명령의 연원과는 떨어지게 되고, 그 내적인 의무화하는 힘에 의해서 하나의 여하튼 준수되어야 할, 그러므로 관습적인 규범이 된다는 생각이 발달해 온다."[35]

라드브루흐는 존재에서 당위가 발생될 수 없다고 주장했다. 하지만 이는 (라드브루흐의 다음 언급처럼) 가치평가는 존재사실에서 유래하는(verursachen) 것이 아니라는 점을 말한 것이 아니라 가치평가는 존재사실 위에 정초하는(begründen) 것이 아니라는 것을 주장한 것이다.[36] 라드브루흐는 옐리네크의 '사실의 규범력' 이론을 '존재와 당위의 분리(사실과 규범의 분리)'를 주장하면서 물리친다. 하지만 '존재와 당위의 분리'는 당위규범이 존재사실 위에 정초하는 것이 아님을 주장할 뿐, 당위규범이 존재사실에서 유래하는 것을 부정하는 것은 아니다.

(私見에 따르면) 옐리네크가 주장하는 '사실의 규범력'의 2가지 예('관습법'과 '교회와 국가의 권위들이 발하는 명령') 중에서 '관습법'의 경우는 존재와 당위의 일치를 확인할 수 있다. '존재와 당위의 분리(사실과 규범의 분리)'를 주장하는 라드브루흐와 '사실의 규범력'을 주장하는 옐리네크가 '관습법'에서 조우할 가능성이 있는 것이다. '관습법' 규범은 '관행'이라고 하는 존재사실에 기초해서 근거지울 수 있는 것은 아니지만, '관행'으로부터 유래하는 것이기 때문이다.[37]

---

35) Georg Jellinek(김효전 역), 일반 국가학(법문사, 2005), 278면.

36) Gustav Radbruch(최종고 역), 법철학(삼영사, 1975/2007), 39면.

37) 다음과 같은 주장도 있다. "흄(Hume) 이래 많은 학자들은 사실로부터 정당함을 논리적으로 연역할 수 없으며, 있는 상태(존재)로부터 있어야 할 상태(당위)를 연역할 수 없다고 지적하여 왔다. 그러나 행동이 관습과 부합하는 경우 또는 상황이 전통적인 것인 경우에는 어떠한 논리적 연역도 행하여지

3. 라드브루흐 공식

나치정권의 폭정 이후 라드브루흐에게는 법실증주의를 본의 아니게 뒷받침한 가치상대주의 법철학을 수정하는 일이 불가피했다.[38] 하지만 이는 상대주의를 전적으로 포기한 것이 아니며, 상대주의를 유지한 채 법에 합당한 내용적 정당성을 얻기 위한 모색이었다.[39] (사울이 바울이 되었다는 등의 표현으로 사상적 변혁으로 보는 시각도 있지만) 라드브루흐의 자연법에의 전향은 상대주의의 포기를 의미하지 않았다("그 이전의 생각 중에서 본질적인 것을 변경시킬 필요는 없었고, 다만 강조점만을 다르게 둘 필요가 있었다").[40] 전기 법철학에서 후기 법철학으로의 변화는 변혁이 아닌 발전으로 풀이된다.[41]

1946년에 라드브루흐는 '법률적 불법과 초법률적인 법'(Gesetzliches Unrecht und übergesetzliches Recht)이라는 유명한 논문을 '남독일 법률신문'에 발표하는데, 여기서 그는 '라드브루흐 공식'을 통해 자연법론과 법실증주의의 대립을 극복하고자 시도하였다. "정의와 법적 안정성 사이의 갈등은 다음과 같이 해결할 수 있을 것이다. 즉 규정과 권력에 의해 보장된 실정법은 그 내용이 정의롭지 못하고 합목적성이 없다고 할지라도 일단은 우선권을 갖는다. 그러나 실정법률

지 않는다. 있어야 할 것이 있는 것과 다르다고 주장할 때만 증명은 필요하다. 따라서 입증 책임은 관습적 행동이 부정의롭다고 주장하는 사람에게 주어지고, 관습과 부합하게 행동하는 사람에게 주어지는 것은 아니다. 있는 것은 있어야 할 것이라고 추정된다. 그 추정을 깨뜨릴 때만 증명은 주어져야 한다." Chaim Perelman(심헌섭, 강경선, 장영민 역), 법과 정의의 철학(종로서적, 1986), 79면.

38) Günter Spendel(박은정 역), 전환 시대의 법학자, in: 박은정 편역, 라드브루흐의 법철학(문학과지성사, 1989), 30면.

39) 박은정 편역, 라드브루흐의 법철학(문학과 지성사, 1989), 머리말, 4면.

40) Gustav Radbruch, Kulturlehre des Sozialismus, 제3판 후기(1949); 박은정 편역, 라드브루흐의 법철학(문학과 지성사, 1989), 109면, 174면에서 재인용함.

41) 박은정 편역, 라드브루흐의 법철학(문학과 지성사, 1989), 177면.

의 정의에 대한 위반이 참을 수 없을 정도에 이르렀다면, 부정당한 법인 그 법률은 정의에게 자리를 물려주어야 할 것이다. 물론 어떠한 경우에는 법률적 불법이며 어떠한 경우에는 비록 부정당한 내용을 지녔지만 그럼에도 효력을 갖는 법률인지를 확연하게 구별하는 것은 불가능하다. 그러나 한 가지 경계선만은 명백하게 확정할 수 있다. 즉 결코 정의를 추구하지 않는 경우, 다시 말해서 실정법을 제정하면서 정의의 핵심을 이루는 평등을 의식적으로 부정한 경우 그 법률은 단순히 '불법'에 그치지 않고, 법의 성질 자체를 갖고 있지 않다."[42]

'라드브루흐 공식'은 다음 3가지로 정리할 수 있는데, 첫째, 정의와 법적 안정성 사이의 갈등은 어느 한 쪽의 절대적 우위를 확정하는 식으로 해결하는 것은 불가능하고, 단지 상대적 우위관계를 고려할 수 있을 뿐이다. 둘째, 이 상대적 우위관계는 일단 법적 안정성에 유리하게 규정되어, 법적 안정성이 상대적 우위를 점한다. 법적 안정성의 상대적 우위를 척도로 삼아 정의와 법적 안정성의 대립을 완화시키는 것이다. 셋째, 법적 안정성의 우위를 상대화하는 기준, 즉 법적 안정성이 하위에 놓이게 되는 기준은 '실정법률의 정의에 대한 참을 수 없는 모순의 발생'이다.[43]

'라드브루흐 공식'은 정의의 절대적 우위를 주장하는 자연법론과 법적 안정성의 절대적 우위를 주장하는 법실증주의를 모두 거부하고, 정의와 법적 안정성의 상대적 우위를 내세움으로써(법적 안정성의 상대적 우위를 먼저 내세우고, 그 다음에 정의의 상대적 우위를 내세웠다) 자연법론과 법실증주의의 모순을 해결하고자 하였다. 라드브루흐 공식은 실정법이 불법을 포함하고 있다 하더라도 일단은 구속력을

42) Frank Saliger(윤재왕 역), 라드브루흐 공식과 법치국가(길안사, 2000), 15~16면.
43) Frank Saliger(윤재왕 역), 라드브루흐 공식과 법치국가(길안사, 2000), 19면.

갖는다고 보는데, 이는 자연법론의 입장에 반한다. 또한 라드브루흐 공식은 실정법의 정의에 대한 모순이 참을 수 없을 정도에 이르면 실정법의 효력을 부정할 수 있게 함으로써 입법자는 어떠한 내용이라도 법률의 형식으로 제정할 수 있다는 법률실증주의에 반대한다.44)

〈표〉 라드브루흐 공식

<table>
<tr><th>라드브루흐 공식</th><th>강한 자연법론</th><th>강한 법실증주의</th></tr>
<tr><td>법적 안정성의 상대적 우위:
실정법은 일단 구속력을 가짐
- 강한 자연법론에 반대</td><td rowspan="2">정의의 절대적 우위:
자연법에 반하는 실정법은 폐기됨</td><td rowspan="2">법적 안정성의 절대적 우위:
어떠한 내용도 법률의 형식으로 제정할 수 있음</td></tr>
<tr><td>정의의 상대적 우위:
정의의 모순이 참을 수 없으면 법적 안정성을 정의에 자리를 내어 줌
- 강한 법실증주의에 반대</td></tr>
</table>

44) Frank Saliger(윤재왕 역), 라드브루흐 공식과 법치국가(길안사, 2000), 23면, 25면.

II 켈 젠

1. 켈젠의 생애

한스 켈젠(Hans Kelsen, 1881~1973)의 일생은 그의 자서전을 통해 잘 알 수 있다.[1] 그는 라드브루흐보다 3년 뒤인 1881년 프라하에서 태어났다. 그는 1905년(24세)에 '단테 알레기에리의 국가론'으로 박사논문을 쓰고, 1911년(30세)에 '법규이론에서 전개된 국가법의 주요문제들'이라는 제목으로 교수자격논문을 썼다. 박사논문과 교수자격논문을 쓰는 가운데 켈젠은 극도의 방법순수성을 목표로 삼는 신칸트학파에 깊이 빠져들었다. 1908년(27세) 그는 하이델베르그에서 한 학기 동안 연구할 기회를 가졌다. 하이델베르그에서 공부할 때 그는 경제적으로 많이 힘들었지만 자신의 학문분야에서 새로운 길을 개척한다는 감정에 도취되어 행복한 시간을 가졌다고 자서전에서 말하고 있다. 그는 변호사가 되려 하지 않았는데, 변호사란 직업이 학문연구를 위한 시간을 주지 않는다는 이유에서였다.[2] 1차 세계대전이 일어나기 직전인 1914년(33세) 빈대학 공법전임이 되는데, 이를 통해 학문적 연구가 필요한 대상에 전 시간을 바칠 수 있어 자신에게는 아주 의미 깊은 발걸음이라고 평하였다.[3]

켈젠이 장학생으로 하이델베르그로 간다는 것을 지도교수인 베르나칙 교수에게 알렸을 때, 베르나칙 교수는 켈젠이 교수가 될 전망이 거의 없으며 변호사나 은행원이 되는 것이 낫다고 암시했다 한

1) 켈젠의 자서전은 심헌섭 교수에 의해 번역되었다: Hans Kelsen(심헌섭 역), 켈젠의 자기증언(법문사, 2009). '켈젠의 자기증언'은 1927년의 자기서술(Selbstdarstellung)과 1947년에 나온 자서전, 두 부분으로 되어 있다.

2) Hans Kelsen(심헌섭 역), 켈젠의 자기증언(법문사, 2009), 59~60면.

3) Hans Kelsen(심헌섭 역), 켈젠의 자기증언(법문사, 2009), 67면.

다.[4] 켈젠은 1차 세계대전때 육군성에서 장교로 일했는데, 이때의 지위로 인해 1915년(34세)에 정외교수의 명칭을 획득했다. 켈젠은 이 지위가 유대인 출신으로 자신이 도달할 수 있는 최상의 것이었다고 말하고 있다.[5] 하지만 1919년(38세) 베르나칙 교수가 심장마비로 갑자기 사망한 후 켈젠은 베르나칙 교수의 후임으로 빈대학의 교수가 되었다.[6]

1919년(38세)부터 1929년(48세)까지 10년 동안 켈젠은 빈대학 법과대학 국가(헌)법 정교수로 활동하였다. 그 기간 동안 그는 여러 권의 책을 저술하였다. 육군성에서 활동한 3년 반 동안 연구한 주권문제를 1920년(39세)에 '주권의 문제와 국제법의 이론'이라는 제목으로 출판한 것을 시작으로,[7] '민주주의의 본질과 가치'(1920), '사회학적 및 법률학적 국가개념'(1922), '국가의 일반이론'(1925), '자연법과 법실증주의의 철학적 기초들'(1928) 등을 잇달아 출간하였다. 제자 프리츠 잔더(Fritz Sander)와의 악연이 있었지만(잔더는 켈젠이 자신의 이론을 표절했다고 강하게 비난하였다), 그의 제자들인 아돌프 메르켈(Adolf Julius Merkel), 알프레드 페어드로스(Alfred Verdross) 등과 함께 자신의 순수법학을 발전시켜 나갔다.[8]

---

4) Hans Kelsen(심헌섭 역), 켈젠의 자기증언(법문사, 2009), 57면.

5) Hans Kelsen(심헌섭 역), 켈젠의 자기증언(법문사, 2009), 78면.

6) Hans Kelsen(심헌섭 역), 켈젠의 자기증언(법문사, 2009), 82면.

7) Hans Kelsen(심헌섭 역), 켈젠의 자기증언(법문사, 2009), 80~81면.

8) 잔더, 메르켈, 페어드로스는 모두 1911년에서 1914년 사이에 켈젠의 강의를 들었던 제자들로 켈젠의 집에서 정규적으로 열렸던 개인세미나의 멤버들이었다. Hans Kelsen(심헌섭 역), 켈젠의 자기증언(법문사, 2009), 80면. 켈젠은 스승과 제자 사이의 관계를 다음과 같이 자서전에서 밝히고 있다. "나는 하나의 스승이 자기의 제자들로부터 자기만 따르는 제자이기만을 바라는 것보다 더 큰 잘못은 있을 수 없다고 생각한다. 내가 법이론의 한 학파를 수립하기에 성공하게 되었다면, 그것은 아마도 무엇보다 나를 중심으로 형성된 공동체 내에 진실로 생산적인 인재들이 자유롭게 발전할 수 있었기 때문이었

사회민주당(SPD)에 입당하고 사회민주주의자로 살았던 라드브루흐와는 달리, 켈젠은 정당에 가입하지 않았다. 이는 사회과학 분야의 교수와 연구자는 정당소속이 학문적 독립성을 침해하기 때문에 어떠한 정당에도 가입하지 않아야 한다는 그의 소신 때문이었다.[9)]

켈젠은 (빈대학 법과대학 교수로 활동하면서 동시에) 오스트리아 헌법재판소 헌법재판관으로 활동하였다. 그는 헌법재판제도를 만든 장본인으로, 헌법재판제도를 가장 소중히 여겼고 자신의 작품으로 여겼다.[10)] 하지만 헌법재판소는 면제(특별허가)혼인 사건에 대한 재판으로 정부와 갈등을 빚었고, 1929년(48세) 헌법개정으로 오스트리아의 헌법재판제도는 와해되었다.[11)] 이에 크게 실망한 켈젠은 1929년 가을 독일 쾰른대 법과대학의 초빙을 받아들여 '국제법' 교수로 자리를 옮겼다. '국제법' 교수라는 직책은 그로 하여금 이제껏 그리 강도 높게 다루지 않았던 국제법을 연구하게 되는 계기를 마련해주었다.[12)]

1933년(52세) 나치정권에 의해 유대인이었던 켈젠은 대학교수직에서 쫓겨났다. 이후 제네바에서 '자연법론의 비판과 결부된 법실증주의의 체계적 이론'을 연구하였고(준비연구를 하는 동안 자연법론사가 불가결하다고 보았다), 제네바와 프라하를 오가며 프라하 독일대학에서 '국제법' 교수로 강의하기도 했다. 켈젠은 강의실에 들어갔을 때 학생들이 아무도 자리에서 일어나지 않는 모욕을 당하고(대학풍습에 따라 학생들은 교수가 들어설 때에 자리에서 일어나야 했다), '타도하자 유대인 교수'라는 말까지 들어야 했다고 자서전에 기록하고 있다.[13)]

을 것이다." Hans Kelsen(심헌섭 역), 켈젠의 자기증언(법문사, 2009), 90면.

9) Hans Kelsen(심헌섭 역), 켈젠의 자기증언(법문사, 2009), 83~84면.

10) Hans Kelsen(심헌섭 역), 켈젠의 자기증언(법문사, 2009), 97면.

11) Hans Kelsen(심헌섭 역), 켈젠의 자기증언(법문사, 2009), 97~99면.

12) Hans Kelsen(심헌섭 역), 켈젠의 자기증언(법문사, 2009), 111면.

13) Hans Kelsen(심헌섭 역), 켈젠의 자기증언(법문사, 2009), 121면.

이 후 미국으로 건너가 하바드대학 로스쿨에서 올리버 웬델 홈즈강좌를 맡았고, 1942년(61세) 캘리포니아 버클리대학교에서 1년간의 방문교수로 초청을 받은 후, 1945년(64세) 정치학과 정교수가 되었다. "나의 강의활동은 정말 만족스러웠다. 나의 순수법학은 사실 법과대학에 맞을 것이다. 그러나 미국의 로스쿨은 법의 학문적 이론에는 별로 관심이 없다. 그것은 트레이닝 스쿨이고 법직업학교이다. 그 기능은 실제적인 직업인 변호사의 준비이다. 거기에서는 거의 전적으로 미국법만 가르치고 그것도 케이스 메소드에 의한다. 미국 법원이 판결을 본질적으로 선례에 따라 내리므로 로스쿨들이 강의목표를 학생들로 하여금 가능한 한 많이 케이스에 익숙토록 하는 데 두는 것은 이해된다. 변호사로서의 자기직업을 위해서는 미국의 법과대학생이 오스트리아나 독일 법률가보다 더 낫게 준비하는 것은 확실하다. 학문적 대상으로서의 법은 아마 철학과, 역사학과, 사회학과에 더 잘 맞는다. 내가 여기 정치학과에 섭섭한 것은 똑똑하고 열심이고 개인적으로 모두가 매우 호감이 가는 학생들이 학문적 연구에는 비교적 낮은 관심을 갖고 있다는 것이다."[14)]

그의 주저인 '순수법학'은 1934년(53세)에 출판되었고, '법과 국가의 일반이론'은 1945년(64세)에 출판되었다. 규범이론적 연구에 대한 켈젠의 사후 원고는 '규범의 일반이론'(Allgemeine Theorie der Normen)이라는 제목으로 출간되었다.[15)]

2. 법학의 순수성

켈젠은 전통법학이 심리학, 사회학, 윤리학, 정치이론과 혼합되

14) Hans Kelsen(심헌섭 역), 켈젠의 자기증언(법문사, 2009), 128~129면.

15) '규범의 일반이론'은 최근에 우리말로 번역되었다. Hans Kelsen(Kurt Ringhofer, Robert Walter 편, 김성룡 역), 규범의 일반이론 1, 2(아카넷, 2016).

어 있다는 점을 비판하면서, 자신의 '순수법학'을 통해 낯선 요소들로부터 법학을 해방시키고자 했다(전통법학 vs. 순수법학, 방법혼합주의 vs. 방법순수성).[16] 그가 보기에, 법학의 방법과 다른 학문의 방법을 섞는 방법혼합주의는 법학의 본질을 흐리게 하고, 법학의 대상적 속성으로 인해 법학이 갖는 한계를 불분명하게 만든다.[17] 따라서 법학의 방법순수성은 자연과학과 구분되어야 할 뿐 아니라, —그보다는 훨씬 더 — 윤리학, 도덕과 분명하게 구별되어야 한다(법학과 도덕의 분리).[18] 특히 켈젠은 법학에 저자의 정치적 성향이 반영되어 법학 이론이 흐려지는 것을 극도로 경계하였다(법학과 정치의 분리).[19]

가치상대주의와 '존재와 당위의 二元論(방법이원론)'을 핵심으로 하는 신칸트주의의 영향 하에 켈젠은 존재에서 당위가 발생될 수 없다고 주장하였다.[20] 켈젠과 라드브루흐 모두 '가치상대주의'를 받아들였지만, 가치(價値)가 법학에 들어오는 것에 대해서는 입장을 아주 달리했다. 라드브루흐는 '고백의 대상으로서 가치'를 법학에서 추구하는 것을 받아들였지만(라드브루흐 자신도 사회민주당의 당원으로서 사회민주당이 추구하는 가치에 따른 법이론을 주장하였다),[21] 켈젠은 거

---

16) Hans Kelsen(변종필, 최희수 역), 순수법학(지산, 1999), 23~24면; 경제학에서 주관적 가치 판단을 포함한 정치적(윤리적) 가치 판단을 제거하고 순수과학을 지향한다는 선언을 한 신고전주의 학파가 경제학의 주류를 차지한 반면에, 한스 켈젠의 '순수법학'이 법학의 주류가 될 수 없었던 이유는 무엇일까? 이는 법학이 경제학과 달리 규범학이기 때문에, 가치를 벗어나 법학을 사유하는 것이 불가능하기 때문일 것이다.

17) Hans Kelsen(변종필, 최희수 역), 순수법학(지산, 1999), 23~24면.

18) Hans Kelsen(심헌섭 역), 켈젠의 자기증언(법문사, 2009), 110면.

19) Hans Kelsen(심헌섭 역), 켈젠의 자기증언(법문사, 2009), 33면, 83~84면.

20) Gustav Radbruch(최종고 역), 법철학(삼영사, 1975/2007), 39면; Hans Kelsen(변종필, 최희수 역), 순수법학(지산, 1999), 30~33면, 51~52면.

21) Gustav Radbruch(최종고 역), 법철학(삼영사, 1975/2007), 39~41면.

부했다.[22] 켈젠은 가치중립성을 법학에 도입하여 규범의 문제로('근본규범'이라는 형태로) 규범정립적 권위와 법의 정당성을 결합시켰다. 하지만 근본규범이 과연 무엇이며, 왜 근본규범에 복종해야 하는가 하는 것은 아직 해결되지 않은 문제로 남아 있다.[23]

3. 근본규범

규범이 '효력이 있다'는 것은 규범이 인간의 행위에 구속력이 있다는 것을 의미하고, 규범이 정하는 방식대로 인간이 행위해야 함을 뜻한다.[24] 켈젠은 '존재와 당위의 분리'를 기초로 존재사실에서 당위규범이 도출될 수 없음을 밝히고, 어떤 규범의 효력근거는 다른 규범의 효력을 전제할 때에만 가능하다고 주장했다.[25] 켈젠은 규범의 효력이 더 이상 상위규범에서 나올 수 없고, 그 효력의 근거가 더 이상 문제가 되지 않는, 최고의 것으로 전제되어 있는 최상위규범을 '근본규범'(Grundnorm)이라고 명명했다.[26] 켈젠에 따르면, 근본규범은 최고의 규범으로서 '전제되어 있고', 그 객관적 효력은 더 이상 의문시되지 않는다.[27] 켈젠의 근본규범은 '규범정립적 권위'를 위임하

---

22) Hans Kelsen(김선복 역), 정의란 무엇인가(책과사람들, 2010), 15~16면.

23) '근본규범'의 성격에 대한 다양한 견해에 대해서는 최봉철, 현대법철학(법문사, 2007), 207면 이하.

24) Hans Kelsen(변종필, 최희수 역), 순수법학(지산, 1999), 301면.

25) Hans Kelsen(변종필, 최희수 역), 순수법학(지산, 1999), 301면; 하지만 켈젠은 '존재·당위 이원론'이 존재와 당위가 서로 무관하게 병렬적인 관계에 있음을 의미하는 것은 아니며, 존재는 당위와 일치할 수 있다는 점, 즉 어떤 것은 그것이 존재해야 하는 방식대로 존재할 수 있다고 주장하였다. Hans Kelsen(변종필, 최희수 역), 순수법학(지산, 1999), 30~31면.

26) Hans Kelsen(변종필, 최희수 역), 순수법학(지산, 1999), 303면; 일정한 규범이 일정한 질서에 속한다는 점은 그 궁극적인 효력근거가 그 질서의 근본규범이라는 것에 근거하며, 따라서 근본규범은 다양한 규범들의 통일성을 형성한다(303면).

27) Hans Kelsen(변종필, 최희수 역), 순수법학(지산, 1999), 303면, 314면.

는 일, 규범정립자에게 규범을 정립할 수 있는 '권위'를 부여하는 일을 담당한다.[28]

켈젠은 효력근거의 속성에 따라 규범체계를 정적 유형과 동적 유형으로 구분했다.[29] 켈젠의 근본규범은 근본규범에 근거를 두고 있는 제반 규범들의 효력근거만을 제공할 뿐, 효력내용은 제공하지 않는다. 켈젠은 이러한 규범들을 '동적 규범체계'라고 명명하였다.[30] 동적 규범체계에 따르면, 법규범의 효력근거는 그 규범이 근본규범에 따라 창설되었다는 점에 있다.[31] 따라서 켈젠의 근본규범 이론은 어떠한 실정법질서도 그 규범의 내용 때문에 효력이 박탈되지 않는다는 법실증주의 법이론의 본질적인 요소를 담고 있다.[32]

> "법질서로 표현되는 규범체계는 그 본질상 동적 성격을 갖는다. 어떤 법규범이 효력을 갖는 것은 그것이 일정한 내용을 가지고 있기 때문이 아니라, 즉 그 내용이 전제된 근본규범으로부터 논리적 추론의 방식으로 도출될 수 있기 때문이 아니라, 그것이 일정한 방식으로, 더욱이 종국적으로는 전제된 근본규범에 의해 정해진 방식대로 창설되었기 때문이다. 그 때문에, 오로지 그 이유 때문에 그 법규범은 근본규범에 따라 창설된 규범들로 구성된 법질서에 속하게 된다. 따라서 어떠한 임

---

28) Hans Kelsen(변종필, 최희수 역), 순수법학(지산, 1999), 339~340면. 다른 말로는, 근본규범은 법정립행위의 주관적 의미를 그 객관적 의미로 바꾸는 일을 한다(339~340면); '규범창설적 권위' 외에 켈젠은 '관습'을 규범창설적 요건으로 보았다. 켈젠은 지참금의 예를 들고 있다. 어떤 부족공동체에서 처녀를 신부로 취한 남자는 신부의 아버지나 삼촌에게 일정한 지참금을 지불해야 한다는 규범이 효력을 갖는 이유는 이 공동체에서는 지참금을 지불하는 관습이 존재하였다는 점이다. 이 경우 근본규범은 관습을 규범창설적 요건으로 설정한다(305~307면).

29) Hans Kelsen(변종필, 최희수 역), 순수법학(지산, 1999), 303면.

30) Hans Kelsen(변종필, 최희수 역), 순수법학(지산, 1999), 304~305면.

31) Hans Kelsen(변종필, 최희수 역), 순수법학(지산, 1999), 308~309면.

32) Hans Kelsen(변종필, 최희수 역), 순수법학(지산, 1999), 339면.

의적인 내용도 법이 될 수 있다. 그 자체 그 내용 때문에 법규범의 내용이 될 수 있는 대상범위에서 배제되는 인간행위는 없다."[33]

반면에 근본규범으로 전제되어 있는 규범으로부터 그 효력근거뿐만 아니라 효력내용을 구하는 규범체계를 켈젠은 '정적 규범체계'로 부른다.[34] 정적 규범체계의 대표적인 예는 자연법론이다. 자연법론은 (법과 도덕의 관계에서) 법질서가 도덕질서의 구성부분이라고 하면서, 법규범이 (스스로 효력을 갖는) '절대적 도덕가치'에 합치될 때만 법으로 간주한다.[35] (법실증주의 법이론과 달리) 자연법론에 따르면, 실정법의 내용이 자연법의 내용과 일치하지 않으면 실정법의 효력은 박탈될 수 있다.[36]

켈젠은 정적 규범체계와 자연법론에 대해 비판적이었다. 켈젠은 하나의 자연법규범이 실재할 때에만 자연법은 확고한 기준을 제공할 수 있는데, 자연법론의 역사를 보면 자연법론의 주창자들은 하나의 자연법이 아니라 매우 상이하고 서로 모순되는 여러 가지 자연법을 선언해 왔다는 점을 지적했다.[37] 또한 켈젠은 기존의 법질서 및 그 중요한 정치적·경제적 제도들을 자연법에 합치되는 것으로 정당화하는데 자연법이 이용되었음을 지적했다.[38] 더 나아가 켈젠은 윤리적으로 선한 것과 악한 것, 윤리적으로 정당화될 수 있는 것과 정당화될 수 없는 것에 관한 도덕적 견해는 법과 마찬가지로 언

33) Hans Kelsen(변종필, 최희수 역), 순수법학(지산, 1999), 308면.

34) Hans Kelsen(변종필, 최희수 역), 순수법학(지산, 1999), 304면.

35) Hans Kelsen(변종필, 최희수 역), 순수법학(지산, 1999), 116~117면.

36) Hans Kelsen(변종필, 최희수 역), 순수법학(지산, 1999), 341면.

37) Hans Kelsen(변종필, 최희수 역), 순수법학(지산, 1999), 121~122면, 124면, 342~343면.

38) Hans Kelsen(변종필, 최희수 역), 순수법학(지산, 1999), 124면; Hans Kelsen(변종필, 최희수 역), 정의의 문제, in: 순수법학(지산, 1999), 631면.

제나 가변적이라는 점과 법질서 또는 법질서의 어떤 규범은 그것이 효력을 가졌던 시대에는 그 당시의 도덕적 요청에 부합될 수 있었더라도 현재에는 극히 비도덕적인 것으로 평가될 수 있다는 점을 강조했다(켈젠은 이를 더욱 더 중요한 통찰이라고 보았다).[39]

4. 정의론

켈젠은 신칸트학파의 '존재와 당위의 구분'과 '가치상대주의'에 기초해 자신이 생각하는 정의(正義)에 대해서 언급했다. 켈젠에 따르면, 가치문제는 무엇보다도 가치충돌의 문제인데, 이는 합리적인 인식의 수단으로 해결할 수 없다. 서로 모순되는 견해에 기초한 두 가치판단 중에서 어느 것이 옳은지를 합리적인 방법으로 결정하는 것은 불가능하다. 왜냐하면 가치는 판단하는 주체에게만 타당하고 그러한 의미에서 상대적이기 때문이다.[40] 켈젠은 "탈출이 불가능한 집단 수용시설의 노예나 수용자에게 자살이 도덕적으로 허용되는가?"라는 질문에 상이한 가치판단에 근거한 상이한 대답만이 가능하다는 점을 그 예로 들었다.[41] 켈젠은 많은 개인들의 가치판단이 일치하더라도, 이는 결코 가치판단이 객관적 의미에서 타당하다는 것을 증명하지 않는다고 보았다.[42]

켈젠은 상대주의적 가치이론에 따라 자신의 정의관을 도출하는데, 이는 '관용의 원칙'이다. 관용은 사상의 자유를 의미하는데도, 최고의 도덕적 이상은 이를 지지하였던 사람들의 비관용에 의해 현저히 손상되었다.[43] 모든 무질서의 기원은 관용이 아니라 비관용이

39) Hans Kelsen(변종필, 최희수 역), 순수법학(지산, 1999), 124면.
40) Hans Kelsen(김선복 역), 정의란 무엇인가(책과사람들, 2010), 15~16면.
41) Hans Kelsen(김선복 역), 정의란 무엇인가(책과사람들, 2010), 17면.
42) Hans Kelsen(김선복 역), 정의란 무엇인가(책과사람들, 2010), 21면.
43) Hans Kelsen(김선복 역), 정의란 무엇인가(책과사람들, 2010), 50면.

다.[44] 상대주의적 가치이론은 관용의 원칙을 이끌고, 이는 민주주의 원칙으로 연결된다.[45] 학문은 자유로울 때만 발전할 수 있는데 민주주의만큼 학문에 호의적인 국가형태는 없다.[46] 켈젠의 저서 '정의란 무엇인가'는 다음 문장으로 끝을 맺고 있다. "사실 정의가 무엇인지, 절대적 정의, 이러한 인간의 아름다운 꿈을 알지 못하고는 말할 수 없다. 나는 상대적 정의로 만족하여야만 하고 내게 있어 정의가 무엇인지만을 말할 수 있다. 학문은 나의 직업이고 그래서 내 인생에서 가장 중요한 것이므로 학문, 그리고 학문과 함께 진리와 정직이 번창할 수 있도록 보호하는 그 정의를 말한다. 그것은 자유의 정의, 평화의 정의, 민주주의의 정의, 관용의 정의다."[47]

5. 주의주의, 홉스 이론과의 비교

주의주의에 따르면, 신의 의지를 구속하는 영원법은 존재하지 않고 영원한 입법자로서 신만이 존재한다. 영원한 것은 법률이 아니라 입법자이다.[48] 신의 의지만이 법의 '정당한' 효력근거가 된다. 주의주의자인 윌리암 오컴(William Ockham, 1290~1349)에 따르면, 신은 절도, 간통, 심지어 살인도 명령할 수 있고, 신이 절도행위와 간통행위, 살인행위를 명령했다면 그것이 참이 된다.[49] 신의 권위(權威)와

44) Hans Kelsen(김선복 역), 정의란 무엇인가(책과사람들, 2010), 51면.

45) 켈젠은 자서전에서 다음과 같이 말했다. "1920년 나는 전문연구서인 '민주주의의 본질과 가치'를 출간했으며, 이 속에서 나는 무엇보다 민주주의 이데올로기가 상대주의적·경험적 근본견해에 합치되고, 이에 반해 권위주의적 형태에로의 경향은 절대주의적·형이상학적 근본견해에 관계된다는 사상을 전개시켰다." Hans Kelsen(심헌섭 역), 켈젠의 자기증언(법문사, 2009), 39면, 110면.

46) Hans Kelsen(김선복 역), 정의란 무엇인가(책과사람들, 2010), 52면.

47) Hans Kelsen(김선복 역), 정의란 무엇인가(책과사람들, 2010), 52면.

48) Hans Welzel(박은정 역), 자연법과 실질적 정의(삼영사, 2001/2005), 115면.

49) 다음 세 가지 성경 구절이 이를 말해 준다. "여호와께서 애굽 사람들에게 이스라엘 백성에게 은혜를 입히게 하사 그들이 구하는 대로 주게 하시므로 그

정당성은 함께 하며, 혼동되지 않는다. 신은 가장 탁월한 존재자이자 최초의 작용인인 동시에 궁극적 목적인이기 때문이다.[50)]

여기서 영원법은 부정하지만 자연법은 부정되지 않는다. 왜냐하면 이제 자연법은 영원법에서 도출되지 않고, 신의 절대적인 권력·권위에 기초한 명령에서 나오기 때문이다.[51)] 신의 의지야말로 기독교도들의 궁극적인 규범이 된다(코플스폰).[52)] "신 위에 더 높은 법칙은 없으며, 그의 의지가 비로소 모든 법칙을 만든다. 그러므로 그의 행위는 그가 행하는 대로 언제나 반드시 올바른 것이 된다."[53)]

신의 절대적인 권능에 기초해 법규범의 정당성을 주장하는 주의주의는 이후 입법자의 규범정립적 권위를 강조하는 '법실증주의' 사상에 영향을 미쳤다.[54)] 호세 욤파르트(José Llompart)는 그의 책 '법철학의 길잡이'에서 "스코투스와 오컴은 신학의 이론에서는 입법

들이 애굽 사람의 물품을 취하였더라(출애굽기 12장 36절)." "여호와께서 내게 이르시되 이스라엘 자손이 다른 신을 섬기고 건포도 과자를 즐길지라도 여호와가 그들을 사랑하나니 너는 또 가서 타인의 사랑을 받아 음녀가 된 그 여자를 사랑하라 하시기로 내가 은 열다섯 개와 보리 한 호멜 반으로 나를 위하여 그를 사고(호세아 3장 1, 2절)", "여호와께서 이르시되 네 아들 네 사랑하는 독자 이삭을 데리고 모리아 땅으로 가서 내가 네게 일러 준 한 산 거기서 그를 번제로 드리라(창세기 22장 2절)."

50) Johannes Duns Scotus(박우석 역), 제일원리론(누멘, 2009), 181면. 하지만 "이 모델의 약함은 그 전제의 강함에 있다. 신학은 종교적인 전제를 따르지 않는 법철학과 도덕철학 논의에서 합의를 도출할 능력이 없다." Ulfrid Neumann, Die Tyrannei der Würde(ARSP, 1998), 164면.

51) 이상영/이재승, 법사상사(한국방송통신대학교 출판부, 2005/2008), 78면.

52) Robert L. Arrington(김성호 역), 서양 윤리학사(서광사, 1998), 253면.

53) Hans Welzel(박은정 역), 자연법과 실질적 정의(삼영사, 2001/2005); "그가 사물들을 인정하는 정도에 따라서 그것들은 좋은 것이며, 그 반대는 아니다(113면)." "그 밖의 모든 행위규범들은 신의 의지의 우연적인 설정이다. 그가 다르게 행동할 수 있듯이, 그는 다른 법률을 올바른 것으로 제정할 수 있다. 신의 의지에 의해 받아들여지지 않는 법률은 올바르지 않기 때문에, 그가 제정하자마자 그 법률은 올바른 것이 된다(114면)."

54) 오세혁, 법철학사(세창출판사, 2012), 80면.

자는 신이라 했으나 신을 보편의 인간인 입법자로 바꿔 놓으면, 이 학설들은 근대의 법실증주의와 마찬가지가 됩니다"라고 간략하게 정리하였다.[55)]

토마스 홉스(Thomas Hobbes, 1588~1679)는 국가의 '절대적인' 규범정립적 권위를 그의 '사회계약론'과 '법적 안정성' 사상에서 이끌어냈다. 홉스는 "진리가 아니라 권위가 법을 만든다(auctoritas, non veritas fact legem)"고 주장하면서, '영원불멸의 하나님'(immortal God)을 대신하여 '필멸하는 신'(mortal god)인 리바이어던(Leviathan)을 등장시켰다.[56)] 홉스는 자연상태의 '전쟁상태'와 리바이어던 아래에서의 '법적 안정성'을 극적으로 대비시킴으로써, 국가의 '절대적인' 규범정립적 권위를 정당화했다. '주의주의'에서 말하는 '신'은 그 자체로 정당성을 띠는 최고존재로 (제일원리로서) 규범정립적 권위가 주어지는 데 반해, 홉스의 '리바이어던(국가)'은 자연상태의 법적 불안정성을 물리치고 법적 안정성을 가져온다는 이유로 규범정립적 권위가 부여된다.

반면에 켈젠은 '근본규범'을 통해 규범정립적 권위를 정당화한다. 켈젠의 근본규범은 규범정립자에게 규범을 정립할 수 있는 '권위(權威)'를 부여한다. 당위는 당위로부터 도출되지만, 가치(이 또한 당위이다)에 기초할 수 없다는 생각에 기초해, 켈젠은 최상위규범인 '근본규범'을 구상하였다. 순수법학자인 켈젠은 규범주의자인 동시에 법실증주의자로서, 근본규범에서 법규범의 정당성을 이끌어냈다.

주의주의자는 규범정립적 권위로서 신을, 홉스는 규범정립적 권위로서 국가를 제시했다. 반면에 켈젠은 규범정립적 권위가 어디에 있는가는 말하지 않지만, 규범정립적 권위를 부여하는 근본규범

55) José Llompart(정종휴 역), 법철학의 길잡이(경세원, 2000/2006), 70면.
56) Thomas Hobbes(진석용 역), 리바이어던 1(나남, 2008), 22면, 232면.

을 제시했다. 이들 모두는 각자의 이론구성에 기초해 규범정립적 권위의 정당성을 주장하였다. 신은 사물의 제일원리이자 탁월한 선행자, 최초의 작용인, 목적인이라는 점에서, 국가는 홉스의 '사회계약론'과 '법적 안정성' 사상에서, 근본규범은 최고의 규범으로 전제된 최상위규범이라는 점에서 '규범정립적 권위'의 정당성이 부여된다.

주의주의자, 홉스, 켈젠의 법이론에서 '규범정립적 권위'의 정당성은 그 이론 구성에 의해 확보되지만, (다른 쪽에서 보면) 그 정당성에 문제가 없지 않다. (법규범의 정당성이 법률의 내용적 특징과 무관하지 않다고 주장하는 쪽에서 보면) 규범정립적 권위의 정당성에서만 법규범의 정당성이 도출된다는 점도 문제이다.[57] 주의주의자, 홉스, 켈젠의 법이론은 모두 규범정립적 권위에 의해 창설되었다는 점에서 법규범의 정당성을 근거지운다. 이는 "진리가 아니라 권위가 법을 만든다(Non veritas sed auctoritas facit legem)"는 명제에 잘 나타나 있다. 법규범의 정당성은 규범정립적 권위에 의해 창설되었다는 것을

〈표〉 규범정립적 권위의 정당성과 법규범의 정당성

	규범정립적 권위	규범정립적 권위의 정당성	법규범의 정당성
주의주의	신(神)		신의 규범정립적 권위
토마스 홉스	국가	사회계약과 법적 안정성	국가의 규범정립적 권위와 법적 안정성
한스 켈젠	규범정립적 권위	근본규범	법규범이 근본규범에 따라 창설되었다는 점

57) 법규범의 정당성(효력)에 대한 입장은 "권위가 아니라 진리가 법을 만든다(veritas non autoritas facit legim)"는 입장과 "진리가 아니라 권위가 법을 만든다"는 입장으로 구분된다.

통해 입증되기에, 여기서는 규범정립적 권위의 정당성을 입증하는 것이 관건이다.

일련의 사상가들은 규범정립적 권위의 정당성에 대해 주의주의자, 홉스, 켈젠의 요구보다 더 높은 요구를 하였다. 권위의 정당성에 대한 높은 요구 때문에 로크의 사회계약론에 기초한 '규범정립적 권위', 루소의 사회계약론에 기초한 '규범정립적 권위' 이론이 등장하고, 오늘날 의회민주주의에 기초한 '규범정립적 권위' 이론 등이 주장하는 것이다.

법규범의 정당성이 법률의 내용적 특징과 무관하지 않다고 주장하는 쪽에서는 규범정립적 권위에 의해 어떠한 임의적인 내용도 법이 될 수 있다는 주장을 비판한다. 규범창설적 요건에 정해진 방식대로 창설되었다는 이유로 어떠한 임의적인 내용도 법이 될 수 있는 것은 아니다. 의회법률주의에 따라 의회에서 법규범을 제정하였다 할지라도, '헌법'에 위배되고 '인권과 기본권'을 부당하게 제한한다면 법규범의 정당성은 의심받는다(물론 이 경우에도 헌법재판소에 의한 위헌결정이 있기 전까지는 법규범의 정당성은 일견 인정된다).

주의주의자, 홉스, 켈젠이 자신들의 이론에서 규범정립적 권위의 정당성과 법규범의 정당성을 직접적으로 연계시키는 것은 오늘날 국민주권론에 기초한 의회민주주의(이에 따르면 의회가 규범정립적 권위를 가지고, 그 정당성은 국민으로부터 도출된다)에서 보면 부족해 보인다. 이 때문에 주의주의자, 홉스, 켈젠의 법이론은 법규범의 정당성을 규범정립적 권위의 정당성과 혼동하고 있다는 의심을 받는다(물론 그 자신의 이론에 기초해서는 규범정립적 권위의 정당성에서 법규범의 정당성이 도출된다는 점에 변함이 없다).[58]

---

58) 프리드리히(Carl Joachim Friedrich)에 따르면, 권위 문제의 합리적인 측면은 자주 실증주의자들 사이에서 간과되어 왔다. 이에 따르면, 권위는 정당성 위

6. 슈미트의 '결정 이론'과의 비교

칼 슈미트(Carl Schmitt, 1888~1985)는 '결정'을 주권 개념 속으로 가지고 들어온 보댕(Jean Bodin, 1530~1596)의 이론을 언급하며 자신의 이론을 전개했는데, 이에 따르면 법질서는 규범이 아니라 결정에 기초한다.[59] 슈미트는 "진리가 아니라 권위가 법률을 만든다"고 주장한 홉스를 결단주의적 유형의 고전적 대변자로 소개한다.[60] '예외'와 '결정'으로 주권의 본질을 드러내는("주권자란 예외상태를 결정하는 자이다.")[61] 슈미트는 켈젠의 규범이론을 반대하는데, 켈젠의 규범이론이 '사실들의 규범적 힘'에 스스로를 내맡기는 타락한 결단주의일 뿐인 실증주의와 결합되어 있다고 보았다.[62]

에 있는 것이 아니라, 정당성 위에 근거지워져야 한다는 주장이 가능하다. Carl Joachim Friedrich(이병훈 역), 역사적 관점에서 본 법철학(교육과학사, 1996), 292면, 295면.

59) Carl Schmitt(김항 역), 정치신학(그린비, 2010), 19~20면, 22면.

60) Carl Schmitt(김항 역), 정치신학(그린비, 2010), 19~20면, 50면 이하, 72면.

61) Carl Schmitt(김항 역), 정치신학(그린비, 2010), 16면; 칼 슈미트의 저서는 김효전 교수에 의해 꽤 많이 번역되었다. Carl Schmitt(김효전 역), 유럽법학의 상태: 구원은 옥중에서(교육과학사, 1990); Carl Schmitt(김효전 역), 헌법의 수호자 논쟁(교육과학사, 1991); Carl Schmitt(김효전 역), 로마 가톨릭주의와 정치형태 — 홉스 국가론에서의 정치형태(교육과학사, 1992); Carl Schmitt (김효전 역), 합법성과 정당성(교육과학사, 1993); Carl Schmitt(최재훈 역), 대지의 노모스(민음사, 1995); Carl Schmitt(김효전 역), 독재론(법원사, 1996); Carl Schmitt(김효전 역), 파르티잔(문학과지성사, 1998); Carl Schmitt(김효전, 박배근 역), 입장과 개념들(세종출판사, 2001; Carl Schmitt(김효전/정태호 역), 정치적인 것의 개념(살림, 2012); Carl Schmitt(나종석 역), 현대 의회주의의 정신사적 상황(길, 2012); Carl Schmitt(홍성방 역), 법률과 판결(유로서적, 2014); Carl Schmitt(김도균 역), 합법성과 정당성(길, 2016); 칼 슈미트 이론에 대한 1986년 특별 세미나 논문을 실은 책으로는 Helmut Quaritsch 外(김효전 역), 반대물의 복합체(산지니, 2014).

62) Carl Schmitt(김항 역), 정치신학(그린비, 2010), 11면. "켈젠이 법학을 순수성으로 끌어올려 도달하려는 규범 과학은 결코 규범적일 수 없는데, 법률가는 자신에게 고유한 자유로운 행위를 통해 판단을 내린다는 의미에서 그렇다. 법률

슈미트는 '결정'에 기초해서 주권이론을 정립하는 데 반해, 켈젠은 '규범'에 기초해서 법질서를 수립한다는 점에서 두 이론은 매우 상이하다. 하지만 양자는 규범의 내용 때문에 그 효력이 박탈될 수 없다는 법실증주의의 본질적인 요소를 담고 있다. 켈젠의 규범이론은 (내용의 올바름 문제와는 별도로) 법규범의 효력근거를 근본규범에 따라 창설되었다는 점에서 찾는다.[63] 슈미트의 결정이론은 (내용의 올바름 문제와는 별도로) 결정 권한이 어디에 있느냐가 중요한 문제가 된다.[64]

순수 규범주의자가 비인격적 규칙 속에서 사유하는 반면에, 결단주의자는 올바로 인식된 정치적 상황에 맞는 좋은 법을 인격적 결정 속에서 관철시킨다.[65] 켈젠은 인격적 명령권이라는 표상이야말로 국가주권론의 본질적 오류라고 보고, 주권 개념을 배제하였다.[66] 하지만 켈젠의 근본규범이 규범정립자에게 규범을 정립할 수 있는 '권위'를 부여하는 내용이라는 점을 보면, 켈젠의 규범이론과 슈미트의 결정이론은 극과 극의 이론은 아닌 것 같다.[67]

(참고) 신학개념의 세속화·규범화로서 근본규범

켈젠은 '규범정립적 권위'를 부여하는 '근본규범'을 설명하면서, '순수법학'의 여러 곳에서 신의 규범정립적 권위를 언급하였다.[68] 신은 그 자체로 규범정립적 권위자로 인정되지만, 신에 버금가는 규범

가는 그에게 주어진(실정적으로 주어진) 가치를 활용할 수 있을 뿐이다(35면)."

63) Hans Kelsen(변종필, 최희수 역), 순수법학(지산, 1999), 308~309면.

64) Carl Schmitt(김항 역), 정치신학(그린비, 2010), 52면.

65) Carl Schmitt(김항 역), 정치신학(그린비, 2010), 10면.

66) Carl Schmitt(김항 역), 정치신학(그린비, 2010), 36면, 45면.

67) 슈미트 결단주의의 주적(主敵)은 켈젠의 규범이론이나 의회 민주주의가 아니라, 무정부주의자들이다. Carl Schmitt(김항 역), 정치신학(그린비, 2010), 옮긴이 해제, 113면.

68) Hans Kelsen(변종필, 최희수 역), 순수법학(지산, 1999), 302면, 306면, 315면.

정립적 권위가 그 자체로 정당화되기는 어렵다. 그렇기에 '존재와 당위의 二元論'과 '법학의 순수성'에 토대를 둔 켈젠에게는 규범정립적 권위를 세우는 '근본규범'이 필요했다.

켈젠은 신이라는 초인적 존재에 의해 정립되었다는 사실에서 규범의 효력이 근거지워지는 것이 아니라(신의 명령은 소전제일 뿐이다), '신의 명령에 복종해야 한다는 규범'이 대전제로서 효력의 근거가 된다고 주장했다.[69] "왜 인간은 신의 명령에 복종해야 합니까?"라고 묻지 않듯이, 근본규범 또한 최상위규범으로 전제되는 것이다.[70]

'신(神)'과 '근본규범'은 너무나도 다르지만, 사물의 제일원리인 신과 최상위규범인 근본규범은 최고·최상이라는 점에서 유사한 면이 있다. 신은 규범정립적 권위로 존재하는 존재자지만, 당위를 품고 있는 존재자라는 특징이 있다. 신은 그 자체로 최고규범의 성질을 띤다. 신에게 절대적인 규범정립적 권위가 부여되었다는 점은 사실이자 동시에 규범인 셈이다. 신은 절대적인 존재당위(Seinsollen, seiendes Sollen)로 존재한다. 반면에 켈젠의 근본규범은 그 효력의 근거를 더 이상 문제삼을 수 없고, 최고의 것으로 전제되어 있다는 점에서 주의주의의 신 개념과 유사하다. 신 위에 더 높은 법칙은 없다. 신의 존재와 효력은 최고의 것으로 전제되어 있기에, 그 효력의 근거를 더 이상 문제삼을 수 없게 된다.

저자는 켈젠이 '신학 개념의 세속화·규범화'로서 '근본규범'을 다루고 있다고 본다.[71] 신의 규범정립적 권위는 당연히 인정되는 데

---

69) Hans Kelsen(변종필, 최희수 역), 순수법학(지산, 1999), 301~302면.

70) Hans Kelsen(변종필, 최희수 역), 순수법학(지산, 1999), 303면.

71) 저자는 "오늘날의 정치학 개념은 모두 신학 개념이 세속화(환속화)된 것이라는 점에서 정치신학에 불과하다"는 칼 슈미트의 언급에 주목하였다. "현대 국가론의 중요 개념은 모두 세속화된 신학 개념이다. 예를 들어 전능의 신이 입법자가 되었다는 식으로 여러 개념이 신학에서 국가론으로 옮겨 갔다는

반해, 입법자의 규범정립적 권위는 근본규범에 의해 부여되어야 한다. 주의주의에 따르면, 신이 어떠한 내용의 명령을 내리더라도 이는 신의 절대적인 규범정립적 권위 때문에 정당화된다. 규범정립적 권위인 신의 명령이기 때문이다(이 때 강조점은 '명령'에 있지 않고 '신'에 있다). 신의 명령은 신이 규범정립적 권위이기 때문에 정당하게 되며, 따라서 신의 명령은 어떠한 내용이라도 정당화된다.

하지만 켈젠은 신의 규범정립적 권위가 아닌 '신의 명령에 복종해야 한다는 근본규범'에서 법규범의 효력근거를 도출해낸다.72) 부모님의 명령에 복종해야 한다는 규범의 효력근거는 신의 명령에 복종해야 한다는 근본규범에서 도출된다.73) 켈젠에 따르면, 어떤 법규범이 효력을 갖는 것은 근본규범에 의해 정해진 방식대로 창설되었기 때문이다. 근본규범에 따라 창설된 규범은 그 내용이 어떠한 내용을 담고 있더라도 법으로서 효력을 갖는다.74)

역사적 발전을 봤을 때만이 아니라, [···]" Carl Schmitt(김항 역), 정치신학(그린비, 2010), 54면; 저자는 다음의 언급에도 주목하였다. "우리는 심사숙고 끝에 신학으로부터 법학으로 우리의 구분 모델을 옮겼다. 두 분야의 유사성은 놀라운 정도이기 때문이다(Gottfried Wilhelm von Leibniz)." Carl Schmitt(김항 역), 정치신학(그린비, 2010), 54면에서 재인용함; "이제는 고전이 된, '왕의 두 신체: 중세 정치 신학 연구'라는 제목의 책에서 칸토로비츠(Ernst Kantorowicz)는 주권 이론의 가장 핵심적인 부분 중 하나를 형성하는 데 있어 법학이 신학에 얼마나 속박되어 있었는지를 보여주었다." Giorgio Agamben (정문영 역), 아우슈비츠의 남은 자들(새물결, 2012), 101면; 종교적 관념이 서구의 법사상에 미친 강력한 영향에 대해서는 Carl Joachim Friedrich(이병훈 역), 역사적 관점에서 본 법철학(교육과학사, 1996), 27면 이하(제2장 신의 의지로서의 법).

72) "그는 자연법의 경우와 비슷하게 신학적 교설 역시 '신이 명하는 바를 준수해야 한다'는 내용으로 정식화될 수 있는 근본규범을 암묵적으로 전제하고 있다고 주장한다." 박준석, "켈젠, 규범성, 권위", 법철학연구 제14권 제2호(2011), 140면.

73) Hans Kelsen(변종필, 최희수 역), 순수법학(지산, 1999), 315면.

74) Hans Kelsen(변종필, 최희수 역), 순수법학(지산, 1999), 308면.

Ⅲ 하 트

1. 오스틴 법이론에 대한 비판

존 오스틴(John Austin, 1790~1859)은 그의 책 '법리학 영역의 결정'(The Province of Jurisprudence Determined)에서 법을 주권자의 명령(commands of a sovereign)으로 보아, 법의 개념을 명령(commands)과 습관(habits)이라는 요소로 파악하였다.[1] "어느 사람이 타인에게 위협을 가하면서 명령을 하고 이러한 '하지 않을 수 없다'라는 의미에서 타인에게 따르지 않을 수 없게 되는 경우에 명백히 법의 본질, 또는 적어도 '법리학의 열쇠'(the key to the science of jurisprudence)가 나타난다고 보는 사람들이 있다. 이 점이 영국 법리학에 다대한 영향을 끼쳐 왔던 오스틴(J. Austin)의 분석의 출발점이다."[2]

하트(H.L.A. Hart, 1907~1992)는 오스틴의 명령설(imperative theory)을 비판했다. 하트에 따르면, 사령이라는 관념은 '권위'와 밀접한 관련성이 있는데, 오스틴은 '위협'을 배경으로 하는 권총 강도의 명령을 '사령'이라고 잘못 부르고 있다.[3] '권위'를 근거로 하지 않고 '위협'을 근거로 한다면, 법규범에 의해 인간의 행위가 구속되는 점, 인간의 행위가 임의적이 아니고 의무적이라는 점을 설명할 수 없게 된다.[4] 법을 '명령'으로 파악하면 법을 강제할 수는 있으나, 의무지울 수는 없다. 오스틴은 주권자의 명령에 의해 우리는 '그렇게 하지 않

1) H.L.A. Hart(오병선 역), 법의 개념(아카넷, 2002), 25면 이하 참조; '법의 개념' 외에도 하트의 '법, 자유, 도덕 — 인간의 존엄과 가치의 창출'(이영란 역, 나남출판, 1996)이 번역되었다.
2) H.L.A. Hart(오병선 역), 법의 개념(아카넷, 2002), 8~9면.
3) H.L.A. Hart(오병선 역), 법의 개념(아카넷, 2002), 28면.
4) H.L.A. Hart(오병선 역), 법의 개념(아카넷, 2002), 8면.

을 수 없다'(being obliged)는 점에 법리학의 열쇠가 있다고 보았다.[5] 하지만 법을 '명령'으로 보는 오스틴의 견해는 '어떤 일을 하지 않을 수 없었다'(was obliged to do)는 주장과 '그것을 할 의무를 지고 있었다'(had an obligation to do)는 주장 사이의 뛰어넘을 수 없는 차이를 간과하게 된다.[6] 하트는 오스틴의 주장이 어떤 것을 하도록 강요되는(obliged) 것과 그것을 할 의무를 갖는(obligated) 것 사이의 구별을 없앤다고 지적했다.[7] 또한 하트는 권총 강도가 은행원에게 상시적 명령을 발하지 않는데 반해, 법은 상시적 또는 계속적 특징을 가진다는 점을 대조했다.[8]

> "규칙은 명령과 다른데 다른 어떤 형식보다 규범적(normative)이라는 것에 의해서, 즉 그것이 설정하는 행위의 규준은 그것의 대상자들에 대해 위협을 넘어서는 힘(call)을 갖는다는 점에서 다르다. 단순히 물리적 힘을 갖고 있는 사람이 원하기 때문에 규칙이 구속력을 가질 수 있는 것은 결코 아니다. 그는 규칙을 발행할 권위를 갖고 있어야 하며 그렇지 않으면 그것은 규칙이 아니다. 그리고 그 권위는 그 규칙이 적용되는 사람에 대해 이미 구속력이 있는 다른 규칙으로부터 나온다. 이것이 바로 타당한 법과 강도의 명령 사이의 차이이다."[9]

오스틴은 '하지 않을 수 없다'는 의미를 통해 주권자의 명령으로 법의 개념을 설명하지만, 하트는 '할 의무가 있다'는 의미를 통해 법의 본질이 '명령'이 아니라 '규범정립적 권위'에 있음을 밝혔다. 물론 오스틴이 '규범정립적 권위'를 언급하지 않은 것은 아니다. 오스틴

---

5) H.L.A. Hart(오병선 역), 법의 개념(아카넷, 2002), 8~9면.
6) H.L.A. Hart(오병선 역), 법의 개념(아카넷, 2002), 109면; Ronald Dworkin(염수균 역), 법과 권리(한길사, 2010), 81면.
7) Ronald Dworkin(염수균 역), 법과 권리(한길사, 2010), 81면.
8) H.L.A. Hart(오병선 역), 법의 개념(아카넷, 2002), 31면.
9) Ronald Dworkin(염수균 역), 법과 권리(한길사, 2010), 81면.

또한 모든 사람이 습관적으로 복종하면서 그 자신은 법적 제한에서 면제되는 주권자를 상정하였다. 하지만 그는 주권자의 '규범정립적 권위'에 초점을 맞추어 법이론을 전개하지 않았다. 오스틴의 주권자 개념은 (그 당시 상황에는 타당했는지 몰라도) 오늘날 법체계의 입법적 권력에 비추어 보면 타당하지 않다.

켈젠은 이미 '순수법학'에서 '강도의 명령'과 '세무공무원의 명령'을 다음과 같이 비교하였다. "강도의 명령이 아니라 세무공무원의 명령만이 수범자에게 의무를 지우는 효력 있는 규범으로서의 의미를 가지며, 강도의 행위가 아니라 세무공무원의 행위만이 규범정립 행위이다. 왜냐하면 세무공무원의 행위는 세법에 의해 수권되어 있는 반면, 강도의 행위는 그에게 수권하는 그러한 규범에 근거하고 있지 않기 때문이다."[10] (근본규범의 정당성 여부를 떠나서 고찰해 볼 때) 켈젠은 오스틴의 법이론에 대한 하트의 비판을 이미 행하고 있다. "어느 누군가가 그 어떤 것을 명령한다는 사실은 그 명령을 수범자를 구속하는 효력 있는 규범으로 볼 수 있게 하는 근거가 아니다. 권한 있는 권위만이 효력 있는 규범들을 정립할 수 있다. 그리고 그러한 권위는 규범을 정립할 권한 있는 규범에서만 생길 수 있다."[11]

2. 일차적 규칙과 이차적 규칙의 결합

하트는 모든 법을 '명령과 습관'이라는 한 가지 단순한 유형의 법으로 환원하는 오스틴의 시도는 다양한 유형의 법을 가진 현대 법체계를 설명할 수 없다고 보았다. 예컨대 '명령'으로 법을 파악하는 견해는 권한을 부여하는 법 유형을 설명할 수 없다.[12] 단순한 유형의

10) Hans Kelsen(변종필, 최희수 역), 순수법학(지산, 1999), 33~34면.
11) Hans Kelsen(변종필, 최희수 역), 순수법학(지산, 1999), 302면.
12) H.L.A. Hart(오병선 역), 법의 개념(아카넷, 2002), 44면.

법으로 환원하는 견해의 문제점은 많은 대가를 지불하면서 모든 법을 취향에 맞는 통일된 양태로 환원한다는 점에 있다.[13)]

하트에 따르면, 규칙의 관념 없이는 법의 가장 기본적인 형태도 설명할 수 없다. 명령, 복종, 습관 그리고 위협이라는 관념들은 규칙의 관념을 포함하지 않을 뿐 아니라, 그들의 결합으로도 규칙의 관념을 산출할 수 없다.[14)] 하트는 법체계를 '의무를 부과하는 일차적 규칙'(duty-imposing primary rules)과 '권한을 부여하는 이차적 규칙'(power-conferring secondary rules)의 결합으로 보았다. 하트는 모든 법을 통일된 양태로 환원하는 것은 상이한 유형의 법적 규칙이 수행하고 있는 상이한 사회적 기능을 왜곡하는 것이라고 보았고,[15)] 두 가지 유형의 규칙의 결합 속에 '법리학의 열쇠'가 있다고 보았다.[16)] 그는 '의무의 일차적 규칙'과 '승인, 변경, 재판의 이차적 규칙'의 결합으로 법체계를 파악하는 것이야말로 법체계의 핵심뿐만 아니라 법학자와 정치 이론가 모두에게 의문을 일으켰던 많은 것들에 대한 분석의 가장 강력한 도구가 된다고 믿었다.[17)] 일차적 규칙은 개인이 반드시 하여야 할 또는 반드시 하지 말아야 할 행위에 관한 규칙이다. 이차적 규칙은 일차적 규칙에 관한 것이라는 의미에서 2차적인데, 이는 일차적 규칙이 결정적으로 확인되고, 도입되고, 폐지되고, 변경되는 방식과 그 위반의 사실이 확정적으로 결정되는 방식을 명시한다.[18)]

---

13) H.L.A. Hart(오병선 역), 법의 개념(아카넷, 2002), 52면.

14) H.L.A. Hart(오병선 역), 법의 개념(아카넷, 2002), 107면.

15) H.L.A. Hart(오병선 역), 법의 개념(아카넷, 2002), 52면.

16) H.L.A. Hart(오병선 역), 법의 개념(아카넷, 2002), 107면.

17) H.L.A. Hart(오병선 역), 법의 개념(아카넷, 2002), 128면.

18) H.L.A. Hart(오병선 역), 법의 개념(아카넷, 2002), 124면; "일차적 규칙 체제의 불확실성에 대한 가장 단순한 형식의 구제책은 '승인의 규칙'(rule of recognition)이라 부를 수 있는 것을 도입하는 것이다." H.L.A. Hart(오병선

하트의 법이론을 비판적으로 다루는 드워킨은 그의 책 '법과 권리'(Taking Rights Seriously) 제2장과 제3장에서 하트의 법이론을 다음과 같이 잘 요약하고 있다.

> "우리는 규칙의 권위에 대한 두 가지 가능한 원천이 있다는 것을 알게 된다고 그는 우리에게 말한다. (a) 규칙을 사람들의 어떤 집단이 그 집단의 관행을 통해서 그 규칙을 공동체의 행위의 규준으로 수용하기(accept) 때문에 그 집단에 구속력이 있을 수 있다. […] 하나의 관행이 규칙의 수용이 되는 것은 오직 그 관행에 따르는 사람들이 그 규칙을 구속력이 있는 것으로 간주하고, 그 규칙을 자신의 행위를 위한 이유나 정당화로서 그리고 그 규칙에 복종하지 않는 사람들의 행위를 비판하기 위한 근거로서 인식할 때뿐이다. (b) 규칙은 또한 그와는 아주 상이한 방식으로, 즉 어떤 방식으로 제정된 규칙은 구속력이 있다고 규정하는 이차적 규칙에 따라 제정됨으로써 구속력을 가질 수 있다. […] 우리는 타당성(validity)의 개념을 이런 것과 연결해 사용한다. 어떤 이차적 규칙에 의해서 규정된 방식으로 만들어졌기 때문에 구속력이 있는 규칙은 '타당한' 규칙이라고 불린다."[19]

> "규칙은 (a) 그것이 수용되었기 때문에, 또는 (b) 그것이 타당하기 때문에 구속력을 가질 수 있다."[20]

> "원시공동체는 일차적 규칙만을 갖는다. 그 규칙이 구속력을 갖는 것은 전적으로 수용의 관행 때문이다. 그런 공동체는 '법'을 갖는다고 말할 수 없는데, 그것은 다른 사회적 규칙으로부터 법적 규칙의 집합을 구별할 방법이 없기 때문이다. 그런데 그것을 구별하는 것을 실증주의

역), 법의 개념(아카넷, 2002), 124면. "일차적 규칙 체제의 정적 특성에 대한 구제책은 '변경의 규칙'(rule of change)이라 부를 수 있는 것을 도입함에 있다(125면)." "분산된 사회적 압력의 비효율성을 구제하기 위한 일차적 규칙의 단순한 체제에 대한 세 번째의 보충은 '재판의 규칙'(rule of adjudication)에 있다(127면)."

19) Ronald Dworkin(염수균 역), 법과 권리(한길사, 2010), 82면.

20) Ronald Dworkin(염수균 역), 법과 권리(한길사, 2010), 83면.

의 첫번째 신조가 요구한다. 어떤 특정한 공동체가 법적 규칙을 확인하는 방식을 규정하는 근본적인 이차적 규칙을 발전시켰을 때 법적 규칙의 집합의 이념이 생기고 그렇게 해서 법의 이념이 태어난다. 하트는 그러한 근본적인 이차적 규칙을 '승인규칙'(rule of recognition)이라고 부른다. 주어진 한 공동체의 승인규칙은 비교적 단순하거나("왕이 제정한 것은 법이다") 또는 매우 복잡할 수도 있다(많은 해석상의 난점이 있기는 하지만 미국의 헌법은 하나의 단일한 승인규칙으로 생각될 수 있다). 그렇기 때문에 어떤 특정한 규칙이 타당함을 증명하는 것은 그 특정한 규칙으로부터 궁극적으로 근본적인 승인규칙으로 복잡한 타당성의 고리를 추적해나가는 것을 요구한다. 예를 들면 뉴헤이번 시의 주차법은 타당하다. 왜냐하면 그 법은 미국의 헌법의 요구사항에 어긋나지 않게 채택된 코네티컷 주의 헌법이 정한 절차와 권한에 따라, 코네티컷 주에 의해서 채택된 자치 법이 정한 절차와 권한 내에서 시의회에서 채택되었기 때문이다."[21)]

"물론, 승인규칙은 가설상 궁극적인 것이고 그래서 더 근본적인 규칙에 의해서 규정된 기준을 충족시킬 수 없기 때문에 그것 자신은 타당할 수 없다. 승인규칙은 법체계 안에서 그 구속력을 수용에 의존하는 유일한 규칙이다. 만일 우리가 어떤 특정한 공동체가 어떤 승인규칙을 채택하고 따르는지 알기 원한다면, 우리는 그 공동체의 시민들과 특히 그 공동체의 관리들이 어떻게 행동하는지 관찰해야만 한다. 우리는 그들이 특정한 규칙의 타당성을 보여주기 위해서 받아들이고 다른 관리나 제도를 비판하기 위해서 사용하는 궁극적 논변이 무엇인가를 관찰해야만 한다. 우리는 어떤 기계적인 기준도 적용할 수 없지만, 공동체의 승인규칙을 공동체의 도덕규칙과 혼동할 위험은 없다. 승인규칙은 그 규칙의 적용되는 범위가 입법부, 법원, 행정부, 경찰 그리고 그 밖의 정부기구의 운영이라는 사실에 의해서 확인된다."[22)]

---

21) Ronald Dworkin(염수균 역), 법과 권리(한길사, 2010), 83면.
22) Ronald Dworkin(염수균 역), 법과 권리(한길사, 2010), 83~84면.

하트의 승인율(rule of recognition)은 켈젠의 근본규범과 다르지만, 켈젠의 근본규범과 매우 유사한 기능을 수행한다. 켈젠의 근본규범과 하트의 승인율 모두 '규범창설적 요건'을 규정하고 있기 때문이다. 켈젠은 다음과 같이 말했다. "동적 유형의 특징은 전제된 근본규범이 다름아니라 *규범창설적 요건을 도입하고 규범정립적 권위에게 권한을 부여하며*, 또는 — 같은 의미이지만 — 그 근본규범에 바탕한 질서 내의 일반적 규범들과 개별적 규범들이 어떻게 창설되어야 하는가를 규정하는 규칙을 포함하고 있다는 점이다."[23]

하지만 켈젠의 근본규범은 하위규범을 근거짓는 '최상위규범'임에 반해("창조를 규율하는 규범은 상위규범이며, 규정에 따라 창조된 규범은 하위규범이다. 법질서는 동등한 서열에 속하는 병존적 법규범들의 체계가 아니라 상이한 위상을 지닌 법규범들의 단계구조이다"),[24] 하트의 승인율은 의무의 일차적 규칙과 관련된 '이차적 규칙'이다.[25] 하트의 승인율은 법체계 안에서 그 구속력을 수용에 의존하는 유일한 규칙이다. 하트의 승인율은 켈젠의 근본규범과 비슷하게 자신의 효력은 다른 법규범으로부터 도출되지 않는 유일한 규범이다. 다만 근본규범은 '법질서 내의 최고규범으로서' 법규범을 정립하는 규범창설적 기능을 수행하는 반면에, 승인율은 '법 이전의 세계에서 법의 세계로'(from the prelegal into the legal world) 의무부과적 규범들을 변환하는 기능을 가진다는 점에 차이가 있다. 근본규범은 켈젠의 이론적 구성물로 규범의 문제인 반면에, 승인율의 존재와 효력은 사회적 관행에서 생기는 사실(사실과 결합된 규범)의 문제라는 큰 차이점이 있다.[26]

---

23) Hans Kelsen(변종필, 최희수 역), 순수법학(지산, 1999), 305면(이탤릭체는 저자에 의한 것임).

24) Hans Kelsen(변종필, 최희수 역), 순수법학(지산, 1999), 345면.

25) H.L.A. Hart(오병선 역), 법의 개념(아카넷, 2002), 124면.

26) 이상영/김도균, 법철학(한국방송대학교출판부, 2006/2012), 79~80면; 승인율

3. 규칙으로서의 법

하트는 자신의 법이론에 대한 드워킨(Ronald Dworkin, 1931~2013)의 비판을 다음과 같이 요약했다. "이 책에 대한 드워킨의 비판 중에 오랫동안 가장 잘 알려진 것이 바로 다음과 같은 점이다. 법을 단순히 적용되거나 안 되거나 하는 '양자택일적'(all-or-nothing)인 규칙만으로 구성된 것으로 본 점은 잘못이라는 것이며, 그 결과, 법적 추론과 재판에서 중요하고도 특징적인 역할을 수행하는 상이한 종류의 법적 표준, 즉 법원리들을 무시하게 되었다는 것이다."[27] 또한 드워킨은 법의 본질적 요소인 법원리가 법원의 관행에서 나타나는 승인율이 제공하는 판단 기준에 의해 확인될 수 없으며, 따라서 승인규칙의 이론은 포기되어야 한다고 주장한다.[28] 드워킨에 따르면, 법원리는 그가 주장하는 구성적 해석을 통해서만 확인할 수 있다.[29]

법에는 규칙 외에도 원리가 있다는 드워킨의 주장에 대해 하트는 다음과 같이 언급함으로써 자신의 법실증주의 법이론을 옹호했다. "그의 말대로 내가 법이 원리를 포함하는 것으로 받아들인다면 나는 내가 주장해 왔던 다음과 같은 입장을 계속 유지할 수 없을 것이다. 첫째, 법체계는 법원의 관행에서 수락된 승인의 규칙이 제공하는 판단 기준에 의하여 확인된다는 점, 둘째, 법원은 판결을 내릴 만한 현행의 실정법이 없는 경우에 보충적 법 창설 권한 또는 재량을 행사한다는 점, 셋째, 법과 도덕 사이에는 어떠한 필연적이거나 개념적인 연결성이 없다는 점이다. 이러한 논점들은 내 법이론의

(승인규칙)의 규범성을 관행에 기초짓는 견해에 대해서는 안준홍, "승인규칙의 규범성에 대한 일고찰", 법철학연구 제16권 제3호(2013), 78면 이하.

27) H.L.A. Hart(오병선 역), 법의 개념(아카넷, 2002), 336면.

28) H.L.A. Hart(오병선 역), 법의 개념(아카넷, 2002), 342면.

29) H.L.A. Hart(오병선 역), 법의 개념(아카넷, 2002), 342면.

중심적 원리일뿐더러 현대 법실증주의의 핵심을 이루는 것으로 종종 취급되고 있다. 따라서 이들을 포기하는 것은 중대한 문제가 된다."[30]

30) H.L.A. Hart(오병선 역), 법의 개념(아카넷, 2002), 336~337면.

Ⅳ 드워킨

드워킨(Ronald Dworkin, 1931~2013)은 옥스퍼드대학 법철학 석좌교수였던 하트의 후임자였지만 법사상의 측면에서는 하트와 치열하게 대립했다.[1] 그는 여러 저서를 남겼고 많은 저서가 번역되었다.[2] 이 장에서는 하트와의 비교를 중심으로 드워킨의 초창기 저술인 '법과 권리'(Taking Rights Seriously, 1977)에 나오는 내용 중 일부만을 서술하려 한다.[3]

1. 규칙과 원칙의 구별

(앞에서 살펴본 바대로) 하트에 따르면, 오스틴의 명령설은 법규범의 특징을 제대로 파악할 수 없다는 단점과 다양한 법규범의 모습을 설명할 수 없다는 단점이 있다. '하지 않을 수 없게 만드는' 명령으로 법규범을 파악하게 되면, '할 의무가 있다'는 법규범의 특징을 설명할 수 없게 된다. 이처럼 인간의 행위를 구속하고 의무지우는 법규범의 성질은 '명령'으로 설명할 수 없다. 또한 명령으로 법규범을 파악하게 되면, 법규범의 여러 다른 모습과 기능을 설명할 수 없게 된다. 예컨대 권한부여의 법규범은 명령으로 설명할 수 없다.

---

1) 드워킨의 생애와 사상에 대해서는 장영민, "드워킨 1931~2013", 법철학연구 제19권 제1호(2016), 7면 이하.

2) Ronald Dworkin(장영민 역), 법의 제국(아카넷, 2004); Ronald Dworkin(염수균 역), 자유주의적 평등(아카넷, 2005); Ronald Dworkin(염수균 역), 법과 권리(한길사, 2010); Ronald Dworkin(홍한별 역), 민주주의는 가능한가(문학과지성사, 2012); Ronald Dworkin(박경신, 김지미 역), 생명의 지배영역(로도스, 2014); Ronald Dworkin(박경신 역), 정의론(민음사, 2015). 유작으로 「Ronald Dworkin(김성훈 역), 신이 사라진 세상(블루엘리펀트, 2014)」이 있다.

3) 드워킨의 정치철학에 대해서는 이 책 제3장 'II. 평등지향적 자유주의'에서 서술하였다.

하트는 '규칙'으로 법규범을 설명하면서 오스틴의 '명령설'이 가지는 2가지 큰 단점을 극복하고자 했다. 하트의 '규칙설'이 오스틴의 '명령설'에 비해 한층 발전된 법실증주의 이론임에는 틀림없지만, 양자는 여전히 법실증주의라는 비슷한 점이 있다. 드워킨은 양자가 명령이나 규칙이 없거나 명령이나 규칙이 모호한 경우에 법관의 재량을 인정한다는 점에서 유사하다고 보았다. 오스틴은 주권자는 법을 집행하는 사람들(법관들)에게 새로운 또는 골치 아픈 사안이 제기되었을 때 새로운 명령을 내릴 수 있는 재량을 부여한다고 주장했다.[4] 이와 비슷하게 하트 또한 규칙이 없거나 규칙이 적용되어야 할지 불명확한 경우에 법관은 재량을 갖는다고 보았다.[5]

> "(오스틴에 따르면) 주권자는 법을 집행하는 사람들(법관들)에게 새로운 또는 골치 아픈 사안이 제기되었을 때 새로운 명령을 내릴 수 있는 재량을 부여한다. 그러면 법관들은 새로운 규칙을 만들거나 이전의 규칙을 적용한다. 그리고 주권자는 법관들이 만든 규칙을 폐지하거나 폐지하지 않음으로써 암묵적으로 그러한 규칙을 인정한다."[6]

> "실증주의의 하트 버전은 오스틴의 버전보다 더욱 복잡하고 타당한 법의 규칙에 대한 그의 기준은 더욱 정교하다. 그러나 한 측면에서는 두 모델은 매우 유사하다. 오스틴과 같이 하트는 법적 규칙이 흐릿한 가장자리를 갖고 있음을 인정하고(그는 법적 규칙들이 '열린 구조'(open texture)를 갖는다고 말한다), 오스틴과 마찬가지로 난해한 사안에 대해서는 법관들이 새로운 입법에 의해 그런 사안을 판결할 수 있는 재량을 갖고 행사한다고 말함으로써 설명한다."[7]

---

4) Ronald Dworkin(염수균 역), 법과 권리(한길사, 2010), 78면.
5) Ronald Dworkin(염수균 역), 법과 권리(한길사, 2010), 85면.
6) Ronald Dworkin(염수균 역), 법과 권리(한길사, 2010), 78면.
7) Ronald Dworkin(염수균 역), 법과 권리(한길사, 2010), 85면.

하트의 법이론은 다음 3가지로 설명된다. 첫째 법은 규칙들의 집합이며, 둘째 규칙이 없거나 규칙이 적용될지 여부가 불명확한 난해한 사안(hard cases)의 경우에 법관의 재량이 인정되고, 셋째 이 경우에 법관은 적용할 법적 권리를 찾을 의무가 없다.[8)]

이에 반해 드워킨의 법이론은 다음 3가지로 설명된다. 첫째 법은 규칙으로만 이루어지지 않고 규칙(rule) 외에도 원칙(principle)이 존재하며, 둘째 난해한 사안(hard cases)의 경우 법관은 재량이 아닌 원칙에 따른 재판을 행해야 하며, 셋째 이 경우에 법관은 적용할 법적 권리를 찾을 의무가 있다.

> "나는 어떤 정립된 규칙이 그 사안을 처리하지 못할 때라 하더라도 한쪽 당사자는 승리할 권리를 가진다고 주장할 것이다. 난해한 사안에서조차 소급적으로 새로운 권리를 발명해내는 것이 아니라 당사자들의 권리를 발견하는 것이 법관의 임무로 남는다."[9)]

드워킨은 타당한 규칙이 없음에도 불구하고 당사자들의 권리를 발견해야 하는 초인적인 기술과 학습과 인내와 예리함을 갖춘 법률가를 상상 속에서 만들었는데, 이러한 법률가를 '헤라클레스'라고 불렀다.[10)]

2. 원칙에 의한 판결

하트의 법이론과 드워킨의 법이론은 적용할 규칙이 없거나 규칙이 모호하여 적용 여부가 불명확한 난해한 사안(hard cases)의 경우에 법관이 어떻게 판결해야 하는가를 두고 대립한다. 이는 '자연법의 존재와 효력'을 두고 다투는 자연법론과 법실증주의의 전통적인

8) Ronald Dworkin(염수균 역), 법과 권리(한길사, 2010), 76~77면.
9) Ronald Dworkin(염수균 역), 법과 권리(한길사, 2010), 187면.
10) Ronald Dworkin(염수균 역), 법과 권리(한길사, 2010), 228면.

대립과는 다른 차원이다.

드워킨은 '원칙에 따른 판결'의 예로 '리그 대 팔머'(Riggs v. Palmer) 판결과 '헤닝슨 대 블룸필드 자동차 회사'(Henningsen v. Bloomfield Motors, Inc.) 판결을 든다. 미국 법원은 리그 대 팔머 판결에서는 "아무도 자신의 잘못으로부터 이득을 취할 수 없다"는 원칙으로, 헤닝슨 대 블룸필드 자동차 회사 판결에서는 "법원은 자신이 불공평과 부정의 도구로 이용되는 것을 허용하지 않는다"는 원칙으로 판결하였다. 원칙에 의한 판결 이전에는 우리 민법 제1004조(상속인의 결격사유) 제1호(고의로 직계존속, 피상속인, 그 배우자 또는 상속의 선순위나 동순위에 있는 자를 살해하거나 살해하려 한 자)와 같은 규칙이 없었고, '제조물책임법'(2000. 1. 12 제정)과 같은 규칙이 존재하지 않았다.

> 유명한 리그 대 팔머(Riggs v. Palmer) 사안에서 1889년에 뉴욕 법원은 할아버지의 유언장에 상속자로 지명된 손자가 재산을 물려받기 위해서 할아버지를 살해했음에도 유언에 따라 재산을 물려받을 수 있는지에 관해 결정해야만 했다. 법원은 다음과 같은 점을 인정하면서 추론을 시작했다. 즉, "유언장의 작성 및 증거와 효력 그리고 재산의 양도에 대해 규제하고 있는 제정법은, 만일 그것이 글자 그대로 해석한다면 그리고 그것들의 효력은 어떤 방식으로도 그리고 어떤 여건 하에서도 억제되거나 수정되어서는 안 된다면, 이 재산을 살인자에게 준다는 것은 사실이다." 그러나 법원은 계속해서 이렇게 말했다. "모든 계약과 마찬가지로 모든 법은 보통법(common law)의 일반적이고 근본적인 준칙에 의해 작용과 효력이 통제될 수 있다. 어떤 사람도 자신의 사기로부터 이익을 얻거나, 자신의 잘못으로부터 이익을 취하거나, 자신의 불공평을 근거로 요구를 한다거나 자신의 범죄로부터 재산을 획득하는 것은 허용될 수 없을 것이다." 그 살인자는 상속받지 못했다.[11]

11) Ronald Dworkin(염수균 역), 법과 권리(한길사, 2010), 87면.

> 1960년대에 뉴저지의 한 법정에서는 헤닝슨 대 블룸필드 자동차 회사(Henningsen v. Bloomfield Motors. Inc.) 사안에서 자동차가 결함이 있는 경우에 자동차 제조업자의 책임에 한계를 둘 수 있는지 없는지(또는 얼마나 많은 책임을 져야 하는지)라는 중요한 문제를 다루었다. 헤닝슨은 차를 한 대 샀으며, "자동차의 결함에 대한 제조자의 책임은 결함 있는 부분을 '고쳐주는 것'으로 한정한다 — 이 보증은 모든 다른 보증, 의무, 책임을 분명히 대신하는 것이다"라고 씌어져 있는 계약서에 서명했다. 헤닝슨은 적어도 그의 경우에는 자동차 제조업자가 이러한 한정에 의해서 보호되어서는 안 되며 충돌사고로 상해를 당한 사람의 의료비와 다른 비용에 대해서 마땅히 책임을 져야 한다고 주장했다. 그는 제조업자가 그 계약서에 의거하지 못하도록 하는 어떤 제정법이나 확립된 법규칙을 지적할 수 없었다. 그런데도 법원은 헤닝슨의 편을 들어주었다. [⋯] (c) "계약의 자유는 우리가 관심을 갖고 있는 그 영역 안에서 어떠한 수정도 받아들이지 않을 정도로 그렇게 불변인 이론이 아니다." (d) "자동차가 일반적이며 일상생활을 위한 필수품인 우리 사회 같은 사회에서, 그리고 자동차의 사용이 운전자나 승객과 공중에게 위험을 내포하고 있을 때는 자동차 제조업자는 자신의 자동차의 제작, 선전, 판매와 관련해서 특별한 의무를 진다. 결과적으로 법원은 소비자와 공중의 이익이 공정하게 취급되는지를 보기 위해서 구매계약을 면밀하게 검토해야 한다." (e) "법원은 자신이 불공평과 부정의 도구로 이용되는 것을 허용하지 않을 것이라는 기본 법원리보다 더 친숙하고 영미법의 역사 속에 확고히 뿌리박혀 있는 원칙이 있는가?" (f) "더 구체적으로 말하면, 법원은 일반적으로 어떤 집단이 다른 집단의 경제적 필요를 부정하게 이용하는 '계약'의 집행에 자신이 동원되는 것을 거부한다."12)

원칙에 따른 판결 후에는 이를 토대로 새로운 규칙이 만들어질 수 있다. 리그 대 팔머(Riggs v. Palmer) 판결 후에 "살인자는 그가 살

---

12) Ronald Dworkin(염수균 역), 법과 권리(한길사, 2010), 88~89면.

해한 자의 유언에 따라 재산을 상속받을 자격이 없다"는 규칙이 만들어졌다. 법원은 새로운 규칙을 채택하고 적용하기 위한 정당화로 "아무도 자신의 잘못으로부터 이득을 취할 수 없다"는 원칙을 인용한다. "살인자는 그가 살해한 자의 유언에 따라 재산을 상속받을 자격이 없다"는 규칙은 리그 대 팔머 사안이 판결되기 전에는 존재하지 않았다.[13)]

3. 정책과 원칙의 구별

드워킨은 (벤담의 철학에서 나오는) 지배적 법이론의 두 부분을 '법실증주의'와 '공리주의'로 보았고, 양자가 서로 관련된다고 주장하였다.[14)] 드워킨은 지배적 법이론의 두 부분 모두를 비판하며, 두 부분이 서로 독립적이라는 주장에 반대했다.[15)]

드워킨은 법실증주의나 공리주의에서 찾을 수 없는 '개인의 권리(인권)' 이념을 부각시켰는데, 이는 '원칙의 논변'으로 나타난다. 벤담은 인권을 '죽마 위에서의 허튼 소리'(nonsense on stilts)로 보았지만, 드워킨은 개인이 지닌 '정치적 으뜸패'(trumps)로 보았다. 드워킨은 권리를 진지하게 받아들일 것을 요청했다('법과 권리'의 원제목은 'Taking Rights Seriously'이다).[16)]

> "개인의 권리는 개인이 지닌 정치적 으뜸패(trumps)이다. 어떤 이유에서 하나의 집단적 목표가 개인들이 개인으로서 갖고 싶어 하거나 하고 싶어 하는 것을 주지 않거나 못하게 하기에 충분한 정당화가 아닐 때, 또는 그들에게 어떤 손실이나 해를 입히기에 충분한 정당화가 아닐 때

---

13) Ronald Dworkin(염수균 역), 법과 권리(한길사, 2010), 96면.
14) Ronald Dworkin(염수균 역), 법과 권리(한길사, 2010), 33~34면.
15) Ronald Dworkin(염수균 역), 법과 권리(한길사, 2010), 34면.
16) Ronald Dworkin(염수균 역), 법과 권리(한길사, 2010), 357면.

개인은 권리를 갖는다."[17]

드워킨은 다음과 같이 말했다. "법률가들이 법적 권리나 법적 의무에 관해서 추론하고 토론할 때, 특히 그런 개념에 대한 우리의 문제들을 첨예하게 드러내주는 난해한 사안에서 그들이 추론하고 토론할 때, 법률가들은 규칙으로 기능하는 것이 아니라 그와는 다르게 원칙(principle), 정책(policy), 그리고 다른 종류의 규준으로 작용하는 규준을 사용한다는 사실이다. 나는 실증주의가 규칙체계의 하나의 모델이자 그런 체계를 위한 모델이라고 주장할 것이다. 그리고 법의 하나의 근본적 기준에 관한 실증주의의 중심 견해는 규칙과는 다른 규준의 중요한 역할에 대해 우리에게 알려주지 못한다고 주장할 것이다."[18]

드워킨은 난해한 사안에서 '정책의 논변'보다 '원칙의 논변'이 옳다고 보았다. "원칙의 논변은 개인의 권리를 확립하기 위해서 의도된 논변이다. 정책의 논변은 집단적 목표를 확립하기 위해서 의도된 논변이다. 원칙은 권리를 기술하는 명제이다. 정책은 목표를 기술하는 명제이다."[19] 그는 '원칙의 논변'이 옳다는 예로 스파르타 철강(Spartan Steel) 사안을 든다.

---

17) Ronald Dworkin(염수균 역), 법과 권리(한길사, 2010), 40면.

18) Ronald Dworkin(염수균 역), 법과 권리(한길사, 2010), 85~86면.

19) Ronald Dworkin(염수균 역), 법과 권리(한길사, 2010), 202면: "정책의 논변은 하나의 정치적 결정을 그 결정이 전체로서의 공동체의 어떤 집단적 목표를 증진시키거나 보호한다는 것을 보여줌으로써 정당화한다. 항공기 제조업자에 대한 정부의 보조를 지지하기 위해 그 보조가 국가의 방위를 향상시킬 것이라고 주장하는 논변은 정책의 논변이다." "원칙의 논변은 하나의 정치적 결정을 그 결정이 어떤 개인 또는 집단의 권리를 존중하고 보장한다는 것을 보여줌으로써 정당화한다. 차별금지법을 지지하기 위해 소수는 평등한 존중과 배려를 받을 권리가 있다고 주장하는 논변은 원칙의 논변이다." Ronald Dworkin(염수균 역), 법과 권리(한길사, 2010), 190면.

"만일 지금 문제되는 사안이 정립된 어떤 규칙도 그 어떤 방향으로의 판결도 지시하지 않는 난해한 사안이라면, 적절한 판결이 정책에 의해서도 이루어질 수도 있고 원칙에 의해서 이루어질 수도 있다. 예를 들면 최근의 스파르타 철강(Spartan Steel) 사안의 문제를 생각해 보자. 피고의 고용인들은 원고에게 전력을 공급하는 발전소의 전선을 절단했다. 그리고 원고의 공장은 그 전선이 복구될 때까지 문을 닫았다. 법원의 타인의 재산에 대한 과실손괴의 결과로 발생한 경제적 손실에 대해 보상받는 것을 원고에게 허용할 수 있는지를 판결해야 했다. 법원은 그것의 판결에 도달하면서 원고의 입장에 있는 회사가 보상에 대한 권리를 갖는지를 물어볼 수도 있고, 원고가 주장하는 방식대로 사고에 대한 책임을 지우는 것이 경제적으로 현명한지를 물어볼 수도 있다. 전자가 원칙의 문제라면 후자는 정책의 문제이다. […] 나는 민사사안에서 사법적 판결들은 스파르타 철강 사안 같은 난해한 사안에서조차도 특징적으로 정책이 아니라 원칙에 의해서 이루어지고 있으며, 또 그렇게 이루어져야 한다는 테제를 제안한다."[20]

이처럼 드워킨은 원칙을 규칙과 구별하고, 정책과 구별하면서, 원리에 기초한 법이론을 펼쳤다.[21] 하지만 드워킨은 더 나아가 '법의 제국'(Law's Empire, 1986)에서 'integrity'('정합성', '통합성' 등의 단어로 번역되지만 우리말로 정확하게 표현하기 어렵다)와 '법의 태도'를 강

---

20) Ronald Dworkin(염수균 역), 법과 권리(한길사, 2010), 191~192면.

21) "드워킨의 이러한 이론 구성은 어떤 의미를 가지는가? 이는 단순히 다른 용어를 채택한 것에 불과하다고 피상적으로 말할 수 있겠지만, 원칙이라는 용어의 채택은 드워킨의 이론에서 매우 중요한 것이다. 이 용어는 첫째로 사법재량론을 반박한다. 사법재량론은 규칙이 존재하지 않는 경우에 판사는 재량을 행사하여 사안을 해결한다고 보지만, 드워킨은 규칙이 없는 경우에도 구속력 있는 원칙들이 존재함으로써 판사는 재량을 가지지 않는다고 본다. 둘째로 법을 규칙과 (도덕적) 원칙의 연합체로 봄으로써 정책적인 고려, 공리주의적인 고려의 여지가 없다고 함으로써, 법원을 일종의 정책기관으로 보는 견해나 공리주의적인 견해를 부정한다." 최봉철, 현대법철학(법문사, 2007), 163면.

조하는 독자적인 법이론을 전개함으로써 법이 규칙이나 원칙의 목록으로 끝나지 않음을 보였다.

> "통합성으로서의 법관념은 판사에게 가능한 한 법이 정의와 공정성 그리고 적정절차에 관한 일단의 정합적 원리에 의해서 조직화되어 있는 것으로 생각하라고 하며, 판사로 하여금 이를 자신이 맡은 새로운 사안에서 시행해서 각 인의 상황이 동일한 기준에 따라 공정하고 정의롭게 되게 하려고 한다."[22)]

> "법이란 무엇인가? 지금 저자는 다른 종류의 대답을 내놓는다. 법이란 그 나름의 어떤 구체적인 개개의 분야를 지배하는 각각의 규칙이나 원리의 목록으로 다하지 않는다는 것이다. […] 법의 제국은 영토나 권한이나 절차에 의해서 정의되는 것이 아니라 태도에 의해서 정의된다. […] 그것은 가장 넓은 의미의 정치에 대한 해석적, 성찰적 태도이다. 각 시민에게 자기의 사회가 가진 원리에의 공적 다짐이 무엇인지를, 그리고 이러한 다짐이 새로운 상황에서 무엇을 요구하는가를 상상할 의무를 지게 만드는 것은 바로 프로테스탄트적 태도인 것이다. […] 법의 태도는 구성적이다: 법은 해석적 정신을 가지고 과거에 대한 올바른 믿음을 유지하면서, 보다 나은 미래로의 최선의 길을 보여주는 원리를 실천에 부여하는 것을 목적으로 한다. 그것은 궁극적으로 박애적 태도이다. 그것은 우리의 계획, 이익, 신념이 각기 다름에도 불구하고, 우리가 어떻게 공동체에서 결합되어 있는가를 보여주는 표현인 것이다."[23)]

---

22) Ronald Dworkin(장영민 역), 법의 제국(아카넷, 2004), 344면. "헌법재판관은 판결을 지도하는 원리를 천명해야 하고, 그 원리가 이제까지 법원이 내려온 판결들과 부합한다는 것을 보일 의무가 있습니다. 이를 표현하기 위해 제가 구호처럼 쓰는 말이 '통합성'입니다." 드워킨과의 대화(김비환, 김정오, 박경신, 염수균, 장영민, 함재학), 자유주의의 가치들(아카넷, 2011), 40면; "드워킨은 ① 일관성과 ② 정의, 공정성, 적법절차와 같은 실질적인 도덕성을 추구하고 ③ 일관성, 정의, 공정성, 적법절차의 이상을 진지하게 융합하여 법이 최선의 모습을 나타낼 수 있도록 추구하며 ④ 이를 반성적으로 추구할 경우 정합성을 추구한다고 말할 것이다." 최봉철, 현대법철학(법문사, 2007), 185면.

23) Ronald Dworkin(장영민 역), 법의 제국(아카넷, 2004), 574~575면.

제2장 법해석학 — 법과 사회

현대 법사상사 소고

I 몽테스키외

몽테스키외(Montesquieu, 1689~1755)는 1689년에 프랑스 보르도에서 태어났다. 법학을 공부해 변호사가 되었고, 27세의 나이에 큰아버지의 사망으로 보르도 법원장직을 물려받았다. 젊은 시절에 쓴 '페르시아의 편지'로 유명해졌다. 1827년(38세)부터 약 3년 동안 외국을 여행하면서 그의 주저인 '법의 정신' 집필에 필요한 자료들을 수집했다. 이후 파리로 돌아온 그는 여행 동안 수집한 자료를 정리하면서 1748년(59세)에 '법의 정신'을 출간했다. 그는 '법의 정신'을 20년에 걸친 역작이라고 자평하였다. 그는 '법의 정신' 서문에서 20년 동안 자신의 책이 시작하고, 커지고, 앞으로 나가고, 끝나는 것을 보았다면서, 자신의 역작을 잠시 속독에 의하여 판단하지 말아 달라고 당부했다.[1)]

몽테스키외는 법사회학의 선구자로 평가된다. '존재하여야 할 것'이 아니라, '존재하는 것', 현실에 실제로 있는 것을 연구대상으로 하였다는 점에서 그렇다.[2)] 그는 경험주의적 연구방법을 법학에 도입하였다.[3)] 몽테스키외 이전의 사상가들은 자연법의 존재와 효력에

---

1) Montesquieu(하재홍 역), 법의 정신(동서문화사, 2007/2009), 17면; Montesquieu(이재형 역), 법의 정신(문예출판사, 2015), 18면: 몽테스키외는 자신보다 먼저 그로티우스, 푸펜도르프, 로크와 같은 위대한 인물들이 '법의 정신'과 같은 주제로 썼다는 사실에 감탄하면서, 자신이 용기를 잃지 않았다고 밝혔다. 그는 '법의 정신' 서문 마지막 부분에서 "나도 화가인데"('코레조'라고 불린 이탈리아 화가 안토니오 알레그리가 라파엘의 그림 앞에서 도발적으로 했다는 말)라는 말을 인용하며, 자신도 '법의 정신'과 같은 주제를 다룰 수 있다는 점을 언급했다. Montesquieu(이재형 역), 법의 정신(문예출판사, 2015), 18면.

2) 홍태영, 몽테스키외 & 토크빌 — 개인이 아닌 시민으로 살아가기(김영사, 2006/2013), 88면, 136면.

3) Montesquieu(하재홍 역), 법의 정신(동서문화사, 2007/2009), 역자 해제, 709면.

대해 탐구한 반면에, 몽테스키외는 실정법의 존재와 효력을 현실 속에서 탐구하였다. 홉스(1588~1679), 로크(1632~1705), 루소(1712~1778)가 사회계약론을 통해 사회의 기본구조와 법질서를 구상하기도 했지만, 이 또한 '현실에 있지 않은' 사회계약을 통해 실정법의 내용을 구성하는 작업이었다. 이에 반해 몽테스키외는 '법과 풍토성과의 관계'와 '법과 정체와의 관계' 등을 다루면서, 법사회학의 선구자다운 작업을 펼쳤다. "그것(법률)은 국토의 '자연 조건'인 기후의 한랭, 무더위, 온랭, 토지의 성질, 위치, 크기와 상대적으로 농경, 수렵, 유목 등에 따르는 그 민족의 생활양식에 관련된 것이 아니어서는 안 된다. 그것들은 정체가 허용할 수 있는 자유 정도, 주민 종교, 그들의 성향, 부, 수효, 상업, 풍습, 습관과 걸맞는 것이어야 한다. 끝으로 법률은 그것들 상호간에 관계를 갖는다. 법률은 그것들 자체의 기원, 입법자 의도, 그것이 제정된 기초가 되는 사물의 질서 등과 관계되고 있다. 법은 바로 이런 모든 관점에서 생각하고 연구하지 않으면 안된다. 이것이 바로 내가 이 책에서 시도해 보려는 점이다."[4]

법실증주의는 유명론의 관점에서도 생겨났지만, 법사회학의 입장에서도 발생하였다. 몽테스키외는 역사를 초월한 자연법론을 거부하고 법사회학의 입장에서 법실증주의의 탄생을 도왔다.[5]

1. 법과 풍토성과의 관계

몽테스키외는 '풍토가 실정법에 미치는 영향'에 대해 '법의 정신' 제3부(제14편~제19편)에서 다루었다. 몽테스키외는 '법의 정신'을 쓰기 위해 여러 나라를 다니면서 그 나라의 기후, 종교, 습속, 생활양

4) Montesquieu(하재홍 역), 법의 정신(동서문화사, 2007/2009), 30면(괄호는 저자 첨가).

5) José Llompart(정종휴 역), 법철학의 길잡이(경세원, 2006), 124면.

식 등을 탐구했고, 한 지역의 풍토가 그 지역에 사는 인간에 어떠한 영향을 미쳤는지를 살폈다. 예컨대 그는 추운 풍토에 사는 사람과 더운 풍토에 사는 사람을 비교했다. 몽테스키외에 따르면, 추운 풍토에 사는 사람은 쾌락에 대한 감수성을 거의 갖고 있지 않는 반면에, 더운 풍토에 사는 사람은 섬세한 감각기관을 가지고 있다. 북방 풍토에서는 악덕이 거의 없고 상당한 미덕을 갖춘 반면에, 남방 풍토에서는 도덕 자체에서 멀어지며 격렬한 정념이 범죄를 증가시킨다.[6] 더운 나라의 민족은 노인처럼 소심한 반면에, 추운 나라의 민족은 젊은이처럼 용감하다. 북방 민족이 남국으로 옮겨졌을 때, 자기들의 풍토 속에서 용기를 발휘해서 싸울 수 있는 그들의 동포와 동일한 정도로 훌륭한 활동을 할 수 없다.[7]

몽테스키외는 실정법이 지역의 풍토, 지역에 사는 인간의 특성과 불가분의 관련을 맺는다고 보았다. “만일 정신적 특성과 마음의 열정이 여러 풍토에서 뚜렷한 차이를 보이는 것이 사실이라면, 법률도 그 정념이나 성격의 차이와 관련을 맺어야 한다.”[8] “여러 가지 생활양식을 만들어낸 것은 상이한 풍토의 서로 다른 욕구다. 그리고 이 여러 가지 생활양식이 여러 종류의 법률을 만들어냈다. 사람들이 서로 많이 소통하는 국민에게는 그에 적합한 법률이 필요하며, 전혀 소통하지 않는 국민에게는 또 다른 법률이 필요하다.”[9] 예컨대 ‘법과 토질의 관계’에서는 어느 한 나라의 땅이 기름지면 자연적으로 종속제가 성립된다고 보았다. 국민의 대다수를 차지하는 농민은 개인적으로 할 일이 너무 많아 거기 몰두해 있기 때문에 자기들의 자

6) Montesquieu(이재형 역), 법의 정신(문예출판사, 2015), 158~161면.
7) Montesquieu(하재홍 역), 법의 정신(동서문화사, 2007/2009), 251~252면.
8) Montesquieu(이재형 역), 법의 정신(문예출판사, 2015), 159면.
9) Montesquieu(이재형 역), 법의 정신(문예출판사, 2015), 165면.

유를 그다지 소중히 여기지 않는다. 아티카 땅은 메말랐기 때문에 민중정체가 자리 잡았고, 스파르타는 땅이 기름졌으므로 귀족정체가 자리 잡았다.10) 또한 광범위한 법전이 필요한지 여부도 사람들이 풍토에 따라 어떠한 일에 종사하는지에 따라 달라진다. 상업 및 항해에 종사하는 민족이 토지를 경작하는 민족보다 더 광범위한 법전이 필요하다. 이는 상업 및 항해에 종사하는 민족, 토지를 경작하는 민족, 목축으로 살아가는 민족, 수렵으로 생활하는 민족 순이다.11)

종국적으로 몽테스키외는 모든 사회에 타당한 자연법이나 만민법이 아닌, 그 사회의 풍토에 적합한 개별적인 실정법이 존재한다는 주장을 펼쳤다.12) "그들의 개별적인 법률은 그것들이 만들어진 민족에게 아주 적합한 것이어야 하므로 어느 한 민족의 법률이 다른 민족에게도 적합할 수 있는 일이 있다면 그것은 매우 드문 우연한 경우이다."13)

몽테스키외는 풍속이나 생활양식을 바꾸고 싶더라도 절대 법으로 바꿔서는 안 되며 생활양식에 의해 형성된 것은 생활양식으로 바꾸어야 한다고 주장했다. 이는 국민이 그들의 관습에 매우 집착하기 때문이며 폭력적인 방법으로 관습을 빼앗길 때 불행해지기 때문이다.14)

몽테스키외가 들려주는 다음 예화는 몽테스키외 자신의 주장을 잘 대변하는데, 그는 모든 입법자가 귀담아들어야 한다고 강조했다.

어떤 사람이 솔론에게, 그가 아테네 사람들에게 만들어준 법이 가장

---

10) Montesquieu(이재형 역), 법의 정신(문예출판사, 2015), 188면.

11) Montesquieu(이재형 역), 법의 정신(문예출판사, 2015), 190~191면.

12) 홍태영, 몽테스키외 & 토크빌 — 개인이 아닌 시민으로 살아가기(김영사, 2006/2013), 64면.

13) Montesquieu(하재홍 역), 법의 정신(동서문화사, 2007/2009), 30면.

14) Montesquieu(이재형 역), 법의 정신(문예출판사, 2015), 203~204면.

좋은 법이었는지 물었다.
그러자 그는 대답했다.
"나는 그들이 견뎌낼 수 있는 법 중에서 가장 좋은 법을 주었다."[15)]

2. 법과 정체와의 관계

몽테스키외에 따르면, 실정법은 지역의 풍토에 적합할 뿐 아니라, 나라 정체의 성질과 원리에도 맞는 것이어야 한다.[16)] 몽테스키외는 '법의 정신' 제1부(제2편~제8편)에서 '법과 정체와의 관계'를 다루었다.

몽테스키외는 (아리스토텔레스 이래 행해졌던) 군주정체, 귀족정체, 민주정체로 나누던 전통적 분류법을 취하지 않고, 덕, 명예, 공포라는 활동원리에 기초해 공화정제, 군주정체, 전제정체로 나누는 새로운 분류법을 제시했다.[17)] "공화정제는 집단을 이룬 국민이나 단지 일부 국민이 주권을 갖는 정체다. 군주정체는 단 한 사람만이, 그러나 제정된 불변의 법에 의거하여 다스리는 정체다. 반면에 전제정체에서는 통치자가 법이나 규칙 없이 자신의 의지나 뜻에 따라 모든 것을 끌고 간다."[18)] 몽테스키외는 성직자의 권력에 대해 공화정체에는 위험하지만 군주정체, 특히 전제정치로 이어지는 군주정체에는 적합하다고 보았다. 이는 전제주의가 인간 성품에 끔찍한 고통을 안겨준다는 점에서 그것을 제한하는 악 자체는 오히려 선이 되기 때문이다.[19)]

입법자가 제정하는 법은 반드시 정체 원리와 관련되어야 한

15) Montesquieu(이재형 역), 법의 정신(문예출판사, 2015), 205면.
16) Montesquieu(하재홍 역), 법의 정신(동서문화사, 2007/2009), 30면.
17) Montesquieu(하재홍 역), 법의 정신(동서문화사, 2007/2009), 역자 해제, 717면.
18) Montesquieu(이재형 역), 법의 정신(문예출판사, 2015), 29면.
19) Montesquieu(이재형 역), 법의 정신(문예출판사, 2015), 38면.

다.[20] 예컨대 교육에 관한 법은 각 정체마다 서로 다른데, 공화정체에서는 덕성을, 군주정체에서는 명예를, 전제정체에서는 두려움을 교육법의 목표로 삼는다.[21] 법의 지배에 대해서도 몽테스키외는 정체와 관련하여 다음과 같이 언급했다. “전제국가에는 법이 아예 없다. 재판관 자신이 통례(通例)이다. 군주국가에는 법이 있다. 그리고 재판관은 법이 명문화되어 있을 경우 그에 따르고, 아닐 경우에는 그 법의 정신을 탐구한다. 공화정체에서는 재판관이 법조문에 따르는 것이 그 국가조직의 본질에 해당한다. 시민의 재산과 명예 또는 생명이 문제가 될 경우 그에게 불리한 쪽으로 법을 해석하는 일은 일어나지 않는다.”[22]

형벌과 관련해서는 가혹한 형벌은 명예와 덕성이 그 원동력인 군주정체나 공화정체보다 공포가 그 원리인 전제정체에 더 적합하다고 말했다.[23] 사치금지법에 대해서는 군주정체는 그 기본구조에 따라 부가 불평등하게 분배되어 있으므로 사치는 군주정체에 적합하며, 군주정체에는 사치금지법이 전혀 필요없다고 보았다.[24]

오늘날 우리의 정체인 민주공화정체와 관련해 몽테스키외는 다음과 같은 뼈있는 명제를 던졌다.

> “사실 민주정체 정신은 실제적 평등이지만, 그 같은 평등을 이루기란 아주 어려운 일이어서 거기에 대해 지나치리만큼 엄격하게 구는 것은 언제나 적당하다고는 할 수 없다. 격차를 줄이거나 어느 선에서 멈추게 하는 호구조사 제도를 만드는 것으로 충분하다. 그런 다음 부자에게는 세금을 무겁게, 가난한 사람에게는 가볍게 물려 불평등을 해소하

20) Montesquieu(이재형 역), 법의 정신(문예출판사, 2015), 63면.
21) Montesquieu(이재형 역), 법의 정신(문예출판사, 2015), 53면.
22) Montesquieu(이재형 역), 법의 정신(문예출판사, 2015), 88면.
23) Montesquieu(이재형 역), 법의 정신(문예출판사, 2015), 91면.
24) Montesquieu(이재형 역), 법의 정신(문예출판사, 2015), 97면.

는 특별법을 만드는 것이다. 오직 중간층 사람들만이 이런 종류의 균등책을 제시하거나 받아들일 수 있다. 큰 부자는 누가 자기들에게 권력과 명예를 안겨주지 않으면 그것을 일종의 모욕으로 간주하기 때문이다."[25]

"민주정체가 상업을 기반으로 하면 간혹 개인들이 엄청난 재산을 갖고 있어도 풍속이 문란해지지 않을 가능성이 매우 높다. 상업 정신이 검약과 절제, 중용, 노동, 지혜, 평화, 질서, 규율 등의 정신을 동반하기 때문이다. 그래서 그 정신이 존속되기만 한다면 축적된 부가 절대 나쁜 결과를 불러오지는 않는다. 그러나 부의 과잉이 이 상업 정신을 훼손하면 악이 발생한다."[26]

"큰 공화국에서는 공공복지가 무수한 고려에 희생된다. 그것은 여러 예외에 종속된다. 그리고 예상치 못한 일에 좌우된다. 작은 공화국에서는 공공복지가 더 잘 느껴지고, 더 잘 알려지고, 시민에게 더 가까이 있다."[27]

3. 삼권분립론

국가권력의 남용을 막기 위해서는 권력의 분립과 상호견제가 필요하다. 몽테스키외는 입법권과 집행권의 2권 분립을 주장한 로크(John Locke, 1632~1704)의 주장을 발전시켜, 입법권, 집행권, 재판권의 3권 분립을 주장하였다. 이는 '법의 정신' 제11편 제6장 '영국의 국가구조'에 나온다. "한 사람 또는 한 집정관 단체의 수중에 입법권과 집행권이 결합되어 있을 때에는 자유란 없다. 왜냐하면 같은 군주 또는 같은 원로원이 폭정적인 법률을 만들고 그것을 폭정적으로 집행할 우려가 있기 때문이다. 재판권이 입법권과 집행권으로부터

25) Montesquieu(이재형 역), 법의 정신(문예출판사, 2015), 69면.
26) Montesquieu(이재형 역), 법의 정신(문예출판사, 2015), 70~71면.
27) Montesquieu(이재형 역), 법의 정신(문예출판사, 2015), 106면.

분리되어 있지 않을 때도 자유는 없다. 만일 그것이 입법권에 결합되어 있으면 시민의 생명과 자유를 지배하는 권력은 자의적일 것이다. 왜냐하면 재판관이 입법자이기 때문이다. 만일 그것이 집행권에 결합되어 있으면 재판관은 압제자의 힘을 가지게 될 것이다. 만일 한 사람, 또는 귀족이나 시민 중 주요한 사람의 한 단체가 이 세 가지 권력, 즉 법률을 제정하는 권력, 공공의 결정을 실행하는 권력, 죄나 개인의 소송을 심판하는 권력을 행사한다면 모든 것은 잃고 말 것이다."[28]

몽테스키외의 유명한 말, 법관은 '법률의 문언을 말하는 입'(la bouche qui prononce les parole de la loi)이라는 말도 법의 정신' 제11편 제6장 '영국의 국가구조'에 등장한다. "통찰력을 갖추고 있으나 동시에 맹목적이기도 한 법률은 어떤 때엔 지나치게 가혹할 수도 있다. 그러나 국민의 재판관은 앞에서 말한 것처럼 법조문을 선언하는 입의 역할밖에 수행하지 못한다. 말하자면 그 힘도 엄격함도 조절 못하는 무생물이다."[29]

---

28) Montesquieu(하재홍 역), 법의 정신(동서문화사, 2007/2009), 179~180면.
29) Montesquieu(하재홍 역), 법의 정신(동서문화사, 2007/2009), 185~186면.

II 사비니와 개념법학

1. 사비니

사비니(Friedrich Carl von Savigny, 1779~1861)는 1779년 독일 프랑크푸르트에서 태어났다. 24세인 1803년에 쓴 '점유권론'으로 사비니는 꽤 유명해졌다. 1810년(31세)에 베를린대학 로마법 교수로 초빙되었고, 피히테(Johann Gottlieb Fichte, 1762~1814)에 이어 베를린대학 총장이 되었다. 1842년(63세)에 법무장관 직에 취임하였다.

그의 학문적 생애는 3단계로 분류된다. 사비니는 젊은 시절에 자신의 학문 계획을 수립했는데, 첫째 입법 정신을 다룬 책의 저술, 둘째 로마법의 역사적 발전을 다룬 저술, 셋째로 로마법에 대한 학문적 체계 구축이다. 이 3가지 학문 계획은 그의 학문적 여정과 일치했다. 첫 번째 계획은 1814년 티보(A. Thibaut)와의 독일 통일 민법전 편찬 논쟁에서 발표한 '입법과 법학을 위한 우리 시대의 사명'(Vom Beruf unserer Zeit für Gesetzgebung und Rechtswissenschaft)이라는 논문을 통해 실현되었다. 두 번째 계획은 6권으로 이루어진 '중세로마법사'(1815~1831)의 저술을 통해 실현되었고, 세 번째 계획은 8권으로 된 '현대로마법체계'(1840~1849)의 발간을 통해 이루어졌다.[1]

(1) 역사법학

역사법학의 선구자로는 프랑스의 몽테스키외(Montesquieu, 1689~1755)와 독일의 휴고(Gustav Hugo, 1764~1844)를 들 수 있다. 작은 일례로 사비니는 티보에 대항하여 역사법학의 강령을 선포한 1814년 '입법과 법학을 위한 우리 시대의 사명'에서 몽테스키외를 두 번 언

1) 남기윤, 법학방법론(고려대학교 출판부, 2014), 353면.

급하였다.[2] 몽테스키외는 '풍토'라는 경험적 요소를 법학에 도입한 반면에, 역사법학자들은 '역사'라는 경험적 요소를 법학에 도입하여 실증주의 법학을 이끌었다. 역사법학자들은 주어져 있는 타당한 질서인 자연법의 존재와 효력을 부정하고, 자연법에 따라 실정법이 형성되어야 한다는 견해에 반대했다. 대신 실정법은 역사를 통해 형성되고 발전된 민족정신의 산물이라고 주장하면서, 법형성의 역사적 제약성을 강조하였다.[3]

법을 역사적 시각에서 바라보는 역사법학파에는 로마법학파와 게르만법학파가 있다. 로마법학파에는 사비니, 후고, 푸흐타, 빈트사이트 등이 있었고, 게르만법학파에는 아이히호른, 그림, 게르버, 베젤러 등이 있었다. 양 학파는 '로마법에 대한 시각'에서 큰 차이가 났다. 로마법학자들은 로마법의 계수(Rezeption)가 독일법 발전에 필수불가결한 것이라고 본 반면에, 게르만법학자들은 로마법이 독일고유법보다 우위에 있다는 점을 부인하고 독일민족의 게르만법이 진정한 독일법이라고 주장하였다.[4] 이러한 선명한 입장 차이에도 불구하고 로마법학과 게르만법학의 대표격인 사비니와 아이이호른은 서로 협력하여 1814년에 역사법학지를 공동으로 창간하지만 나중에는 분열하고, 이후에는 로마법학파가 역사법학파의 주류가 되었다.[5]

1814년 하이델베르크 대학 민법 교수인 티보(A. Thibaut)와의 독일 통일 민법전 편찬 논쟁에서 사비니는 '입법과 법학을 위한 우리

---

2) 남기윤, 법학방법론(고려대학교 출판부, 2014), 345면.

3) 흔히 사비니를 독일 역사법학파의 창시자라고 하나, 이는 그의 독창적 산물이 아니라 당시의 정신사조에 기초한 학문적 결실이었다. 조규창, 독일법사 下(고려대학교 출판부, 2010), 61면.

4) 조규창, 독일법사 下(고려대학교 출판부, 2010), 74면.

5) 조규창, 독일법사 下(고려대학교 출판부, 2010), 75면; Hermann Kantorowicz (윤철홍 역), 법학을 위한 투쟁(책세상, 2006), 역자 해제, 119면.

시대의 사명'이라는 논문을 발표했다. 이 논문에서 사비니는 독일 통일 민법전 제정에 반대했다. 민법전 제정을 가능하게 하는 법학이 독일에 아직 없다고 보았기 때문이다. "좋은 법학이 없는 곳에는 좋은 법전이 이루어지지 않는다."[6)]

역사법학자의 관점에서도 통일 민법전 제정에 반대했다. 역사법학자로서 사비니는 "학문 자체에서 새로운 종류의 법창조가 끊임없이 진행된다"고 보았다. 사비니에 따르면, 민법전이 제정되면 필연적으로 법학의 시대적 성과가 민법전에 고정되어 이후 역사를 통한 법학 발전을 기대하기 어렵고,[7)] 법학은 민법전의 해석에 온힘을 쏟게 되어 '법률가의 법창조적 활동'은 제약받게 된다.

1815년부터 1831년까지 '중세로마법사' 6권을 저술하면서, 사비니는 역사법학의 근원으로 로마법사(法史)를 깊이 파고들었다. 하지만 여기에는 "왜 게르만법이 아니고 로마법인가?"라는 근원적인 질문이 제기된다. 독일인으로서 역사법학의 원천은 게르만법이 되어야 하는데, 이탈리아의 로마법이 과연 독일법의 역사를 설명할 수 있는가 하는 점이다. 역사법학 형성에 영향을 미친 몽테스키외는 모든 사회에 타당한 자연법이나 만민법이 아닌, 그 사회의 풍토에 적합한 개별적인 실정법이 존재한다는 주장을 펼치면서, 로마법의 보편성을 비판하였다.[8)] 토마지우스(Christian Thomasius)도 로마법이 역사법학과 맞지 않음을 언급하였다. 어느 환자를 위해 조제한 약이 다른 환자에게는 적합하지 않듯이 어느 민족의 입법은 다른 민족에게는 적합하지 않다.[9)]

---

6) 최종고, 위대한 법사상사들 1(학연사, 1998), 160~162면.
7) Martin Kriele(홍성방 역), 법발견의 이론(유로, 2013), 101면.
8) 남기윤, 법학방법론(고려대학교 출판부, 2014), 60~61면.
9) 남기윤, 법학방법론(고려대학교 출판부, 2014), 364면.

(2) 개념법학의 선구자

이후 사비니는 1840년부터 1849년까지 '현대로마법체계' 8권을 저술하였다. 사례 형식이었던 로마법에서 추상적인 법규로 체계적인 정리작업을 하면서, 역사적 연구와 체계적 연구 사이의 모순이 초래되었다. "역사법학은 그때부터 법의 역사에 본류를 두기보다는 법의 체계화에 그 본류를 두고, 방계로서 역사를 다루게 되어 버렸다."[10) 이전 단계의 의문은 "로마법이 독일 역사법학의 원천이 될 수 있는가?"였는데, 이번에는 "사비니가 역사법학을 아예 포기한 것이 아닌가?" 하는 의문이 제기되었다. 사비니는 로마법을 체계적으로 연구했을 뿐 역사법학의 근원을 연구하지 않았다는 의심을 받았다.[11)]

> "사비니는 '사명'과 함께 역사법학의 강령을 선포한 것으로 알려진 '역사법학잡지' 제1권의 권두 논문에서 이제까지의 학문을 역사학파와 비역사학파로 구별하고 전자의 학문적 우위를 강조한다. 그럼에도 그는 자신이 구축하려는 법학의 소재를 오로지 고전 형태의 순수한 로마법에 국한시켰는데, 이는 과연 그의 역사법학의 강령과 조화될 수 있는 것인가? 사비니에게 더욱 치명적일 수 있는 의문은, 종국적으로 그가 역사적 방법을 포기하고 체계적 방법만을 지향하면서 연역적이고 수학적 이론에 의해 지배되는 개념체계를 구축하려 함으로써 개념법학의 원조가 된 것이 아닌가라는 것이다."[12)]

사비니는 로마법에 의한 역사법학을 지향했지만 이후 로마법에 의한 독일법의 체계화를 추구하였다. 로마법을 독일법에 체계적으로 정리하면서 독일법의 로마법화를 가져왔다. 독일법은 '로마법'이라는

---

10) 최종고, 위대한 법사상사들 1(학연사, 1998), 169면.

11) José Llompart(정종휴 역), 법철학의 길잡이(경세원, 2006), 124면; 남기윤, 법학방법론(고려대학교 출판부, 2014), 364면.

12) 남기윤, 법학방법론(고려대학교 출판부, 2014), 346~347면.

완결된 형태를 입게 되어 독일의 역사적 현실과는 괴리된 모습을 보였다. 이는 사비니가 '사명'에서 독일 통일 민법전의 제정에 반대한 이유와 모순되었다. 게르만법학자들은 사비니가 로마법의 우수성에 매료되어 독일법이 아닌 로마법을 독일의 역사라고 착각하고 로마법의 계수를 추진했으며, 이를 통해 독일의 고유법인 게르만법이 훼손되는 결과를 초래했다고 비판하였다.

(3) 법학방법론

사비니는 1840년에 출간된 '현대로마법체계' 제1권에서 법해석의 방법으로 문법적 해석, 논리적 해석, 역사적 해석, 체계적 해석을 제시하였다. 사비니는 '입법자의 의사'를 고려하는 주관적 해석론인 역사적 해석에 대해서만 기술하고, '법의 목적'을 중시하는 객관적 해석론인 목적론적 해석은 제시하지 않았다. 이때는 객관적 해석론인 목적론적 해석은 아직 등장하지 않았고, 사비니 이후의 학자에 의해서 비로소 제기된다. 사비니는 법해석에 있어 매우 엄격한 자세를 취했는데, 확장해석과 제한해석은 법률의 근거, '입법이유'(ratio legis)를 고려하더라도 허용하지 않았다.[13] 사비니는 법문을 기계적으로 적용하는 '법률의 문언을 말하는 입'으로서의 법관상을 부정했지만,[14] 법해석을 자유자재로 하는 법관상 또한 배척했다. 사비니의 법해석론은 입법자의 의사를 고려한 역사적 해석을 넘지 않았다.

역사적 해석은 '입법자의 의사'를 중시하는 주관적 해석론이며, 목적론적 해석은 '법의 목적'을 중시하는 객관적 해석론이다. 역사적 해석을 취하는 주관적 해석론은 '법관의 법률에의 구속'을 전면에 내세워, 헌법으로부터 부여된 사법의 임무는 입법자의 의사에 따라 법

13) Martin Kriele(홍성방 역), 법발견의 이론(유로, 2013), 97~98면.
14) 남기윤, 법학방법론(고려대학교 출판부, 2014), 375면.

률의 의미를 발견하는 것이지 이를 넘어 입법자의 역할을 대신할 수는 없다고 주장한다. 반면에 목적론적 해석을 취하는 객관적 해석론은 '법적용의 구체적 타당성'을 우위에 두고, 법률 안에서 법의 발견은 개별적인 사례에서 발견되는 규범성을 법률과 상호 일치시켜 해당 사례에 적합한 법의 의미를 법률 안에서 형성하는 데 있다는 주장을 펼친다.[15]

엥기쉬(Karl Engisch)는 주관적 해석론이 옳다는 입장에서, 사비니에서 시작되고 그 이후에 여러 발전단계를 거쳐 형성된 전통적인 방법론은 오늘날의 법률가들도 그들의 사고활동의 기초로 삼기에 충분할 정도로 튼튼한 토대가 될 수 있다고 주장했다.[16] 반면에 목적론적 해석이 옳다는 입장에서는 사비니의 방법론에 만족하는 것은 마치 피아노선생이 현재에도 체르니의 피아노 연주방법에 안주하는 것과 같다는 비판을 한다.[17]

사비니의 법학방법론에 대한 비판에도 불구하고 사비니의 법해석론은 법해석의 방법을 체계적으로 제시했다는 점에서 큰 의미를 지닌다. 사비니의 법학방법론이 인정받는 이유는 모든 사람들이 수긍하기 때문이 아니라, 객관적 해석론(목적론적 해석)이 주관적 해석론(역사적 해석)에 대한 반론 형식으로 제기되어 법해석론의 발전으로 이어지기 때문이다.

---

15) 김영환, 법철학의 근본문제 (홍문사, 2012), 300~301면.
16) Karl Engisch(안법영, 윤재왕 역), 법학방법론(세창출판사, 2011), 11면, 161면.
17) Martin Kriele(홍성방 역), 법발견의 이론(유로, 2013), 66~67면.

〈표〉 역사적 해석과 목적론적 해석의 장단점[18]

	역사적 해석(주관적 해석론)	목적론적 해석(객관적 해석론)
장점	'법관의 법률에의 구속'이라는 법치국가적 요청	'법적용의 구체적 타당성'이라는 정의의 요청
단점	1. 입법자가 과연 누구인가가 대단히 모호함 2. 변화하는 생활관계에 따른 법문의 의미폭을 제대로 파악하지 못함	1. 법문언의 의미를 넘어서 법창조할 위험이 내재함 2. 해석과 입법의 한계가 불분명해짐. 즉 해석자가 입법자를 대신하게 되어 삼권분립에 정면으로 배치될 소지가 있음

2. 개념법학

(1) 판텍텐법학

사비니 이후 로마법학자들에 의해 로마법의 역사법학은 로마법의 개념법학으로 변화하게 된다. 로마법이 법학과 법전에 깊이 자리잡음으로 로마법은 더 이상 역사가 아닌 도그마틱이 되어버렸다. 이와 같은 관점을 더욱 발전시킨 학자로는 푸흐타(Georg Friedrich Puchta, 1798~1846)와 빈트샤이트(Bernhard Windscheid, 1817~1892)가 있다.

역사법학자들의 로마법 연구는 '판텍텐법학'이라는 개념법학으로 체계화되었다. '판덱텐'(Pandetae)은 로마법대전의 '학설유취'(Digesta)를 말한다.[19] 푸흐타는 법질서를 개념피라미드(Begriffpyramid)로 보

18) 김영환, 법철학의 근본문제(홍문사, 2012), 300면 이하 내용을 표로 작성한 것이다.

19) "'Digesta 또는 Pandetae'라고 부르는 학설휘찬에는 고전기 법학자들의 저술들이 수록되어 있다. 학설휘찬은 총 50권으로 구성되고 432개의 제목이 있다. Digesta라는 용어는 라틴어 동사 digerere에서 유래한 것으로, digerere 동사는 '제목 아래에 분류(설명)하다'라는 의미이다. […] 'Digesta'라는 말은 학설휘찬의 편찬방법을 아주 정확히 표현한 것이다. […] 반면 'Pandetae'라는 용어는 그리스어로 '총람, 전집, 백과사전'을 의미한다. […] 결론적으로 Digesta

아 상위개념에서 하위개념에 이르는 개념구조로 체계화하였다.[20] 1862년에 나온 빈트사이트의 '판텍텐법 교과서'는 판텍텐법학의 전형으로 평가된다. 사례법의 형식이던 로마법은 추상화된 일반개념으로 정립되었고, 민법총칙, 물권법, 채권법, 친족상속법으로 체계화되었다.[21] 이후 독일 민법전(BGB)이 1896년에 제정되고 1900년 1월 1일에 발효되었다.

판텍텐법학은 법규범을 완전한 규범으로 이해하고, 법의 흠결을 인정하지 않았다. 사건은 자기 완결성을 갖춘 법규범을 연역적으로 적용함으로써 해결된다. 사건이 법규범에 포섭되는지 여부는 법규범에 의해 이미 결정되어 있어, 법관에 의한 자유로운 법의 발견 내지 창조는 금지된다.

개념법학에 반대하여 자유법운동을 펼쳤던 칸토로비츠(Hermann Kantorowicz, 1877~1940)는 개념법학은 자연법의 형이상학을 극복했으나, 자연법의 방법론에는 무력했다고 평가하였다.[22] 그는 개념법학의 법률을 '자동기계'로 묘사했다.

와 Pandetae라는 명칭은 같은 책을 각각 라틴어와 그리스어로 표기한 것이다." 한동일, 유럽법의 기원(문예림, 2013), 165~166면.

20) 푸흐타는 사비니의 후임이었다. 사비니가 1842년 법무장관 직에 취임하여 베를린 대학 교수직을 사임하였을 때, 당시 라이프치히(Leipzig) 대학의 푸흐타는 사비니의 추천에 따라 그의 후임이 된다. 조규창, 독일법사 下(고려대학교 출판부, 2010), 69면.

21) "독일 민법의 체계는 총 5권, 즉 총칙(1~240), 채권법(241~853), 물권법(854~1296), 가족법(1297~1921) 및 상속법(1922~2385)으로 구분되어 있는바, 그 뿌리는 결국 로마 시대의 법학자 Gaius의 체계로 소급된다. Gaius는 기원후 161년경에 자신의 교과서(Gai Institutiones)의 내용을 personae, res, actiones 즉 인격(권리주체), 물건(권리객체), 행위(권리청구)로 분류하였으며, 여기서 res라 함은 물건과 청구권 기타 권리들을 포함하는 개념이었다." Rolf Knuetel(신유철 역), 로마법 산책(법문사, 2008), 111면.

22) Hermann Kantorowicz(윤철홍 역), 법학을 위한 투쟁(책세상, 2006), 55면

"이 견해를 적절하게 특징짓는다면, 개념법학이 말한 대로라면, 법률은 하나의 자동기계다. 그 위에 사건을 집어넣으면 밑에서는 판결이 잡혀 나온다. 만약 사건이 법률에 의해서 직접 결정되는 것이라면 한 번 넣기만 하면 판결이 굴러 떨어지고, 그렇지 않을 때는 이 자동기계를 탁탁 치거나 살짝 흔들어야 한다."[23)]

칸토로비츠는 개념법학의 법관상을 다음과 같이 표현했다.

"지배적이고 전형적인 법률가상이 여기 있다. 대학 교육받은 국가기관의 한 고위 관료는, 단지 사고하는 기계(Denkmaschine)로, 그러나 가장 완벽한 형식의 사고하는 기계로 무장한 채 직무실에 앉아 있다. 그의 유일한 가구는 그의 앞에 국가법전이 놓여 있는 녹색 책상이다. 사람들이 그에게 어떠한 사건을 의뢰하는데 그것은 실제로 일어난 사건이거나 혹은 가상의 사건일 수도 있다. 하지만 그는 자신의 의무에 합당하게 순수한 논리적 작업과 오직 자신만이 가지고 있는 비법을 가지고서 입법자가 법전 속에 미리 정해놓은 결정을 고도로 정확하게 증명해 낼 수 있는 능력을 지니고 있다."[24)]

실정법은 완전무결한 법규범이기 때문에 법텍스트(Text)를 해석할 때 콘텍스트(Context)인 사회의 변화 등은 고려하지 않아도 된다. 형식논리적으로 법을 적용할 뿐, 정치·사회·경제적 요소 등은 법의 해석에 개입될 여지가 없고, 법의 목적이나 이익 등을 고려한 가치판단도 개입될 수 없다.

(2) 장점과 단점

유럽에서 '로마법의 계수'는 '일괄 계수'(Rezeption in complexu)라고 할 정도로 광범위하게 진행되었다.[25)] 특히 독일은 로마법의 완

---

23) Hermann Kantorowicz, 법학과 사회학; Hermann Kantorowicz(윤철홍 역), 법학을 위한 투쟁(책세상, 2006), 역자 해제, 132면에서 재인용함.

24) Hermann Kantorowicz(윤철홍 역), 법학을 위한 투쟁(책세상, 2006), 21면

25) Rolf Knuetel(신유철 역), 로마법 산책(법문사, 2008), 75면.

전 계수를 통해 최고 수준의 로마법을 독일법에 정착하였다. 독일의 판텍텐법학자들은 사례법 형식의 로마법을 추상적인 개념으로 체계화했고, 로마법의 정신 또한 담아냈다. 게르만법학자들의 강력한 비판에도 불구하고, 독일법학은 로마법을 통해 세계가 부러워하는 학문적 성과를 낳았다.26) "판텍텐법학의 연구대상은 독일의 고유법이 아닌 '로마법의 현대적 관용'을 통해 보통법화된 로마법이었다. […] 판덱텐법학은 보통법화된 로마법을 연구대상으로 삼았을 뿐만 아니라 로마법적인 자유주의를 사상적 기초로 삼았다. 따라서 개인의 의사를 강조하는 의사주의적 민법학이 형성되었다. 예컨대 판덱텐법학은 로마법상 소유권의 개념이라 할 수 있는 추상적이고 절대적인 소유권과 계약의 자유를 강조했다. […] 오늘날 민법총칙, 채권, 물권, 친족상속법의 순서로 대표되는 판덱텐 시스템에 따른 민법전의 체계와 민법 내용의 추상화, 일반화는 바로 판텍텐법학의 산물이라 할 수 있다."27)

판텍텐법학의 큰 성과에도 불구하고, 개념법학에는 두 가지 큰 단점이 있다. 이는 이후 예링의 목적법학, 칸토로비츠의 자유법사상 등이 등장하는 계기가 되었다. 첫 번째 비판점은 개념법학이 법률을 완결된 체계로 파악하여, 법률 자체에 흠결이 없다고 보았다는 점이다. 이는 (법의 흠결이 발생한 경우에도) 법관의 연역적 법적용을 통해 모든 사건이 해결된다는 주장으로 이어졌다. 하지만 제정법에는 필연적으로 법의 흠결이 존재하고, 연역적 법적용을 통해 해결하지 못하는 사건들이 적지 않다. 칸토로비츠의 자유법운동은 제정법의 흠결이 발생했을 경우에 법관의 자유로운 법해석을 통해 그 흠결을 보

---

26) 조규창, 독일법사 下(고려대학교 출판부, 2010), 59면.

27) Hermann Kantorowicz(윤철홍 역), 법학을 위한 투쟁(책세상, 2006), 역자 해제, 123면.

충할 수 있다고 보았다. "독일에서는 예링의 목적법학(目的法學), 헤크의 이익법학(利益法學), 그리고 자유법학(自由法學) 등으로 나타났다. 이들은 법전만능주의를 비판하였다. 제정법에는 필연적으로 법의 흠결이 있다는 것, 현실의 사회생활 속에는 이러한 법의 흠결을 메우는 살아있는 법이 있다는 것, 법률 외적인 요소를 고려하여 법관의 자유로운 법해석(法解釋)을 통하여 제정법의 흠결을 보충해야 한다는 것, 살아있는 법규범(法規範)을 과학적으로 탐구해야 한다는 것을 주장하였다."[28]

두 번째 비판점은 개념법학이 개념의 자기완결성을 주장하면서, 개념 外의 요소들, 즉 정치적 판단이나 도덕적 가치판단을 배제한다는 점이다. 이 때문에 개념법학은 사회현상에 무관심하다는 비판을 받았다. 개념법학이 추구하는 실정법학적 방법론은 다양한 법현상을 풍부하게 분석할 수 없었다.[29] "법률실증주의의 강화로 법학은 그의 성립기반인 사회적 생활사실에서 분리되는 결과를 가져왔다. 이에 따라 규범과학으로서의 법학은 사회현실에 따라 변화하는 상황적응력을 상실하게 되었다. 법원은 민법제정 후에도 전과 마찬가지로 법적용의 원칙을 고수하여 설사 제정법의 흠결이 있거나 또는 불완전한 경우에도 법관은 법에 충실하였다. 법관은 법에 절대적으로 복종하여 사회생활관계에도 불구하고 이 원칙을 준수했다. 법관은 법률의 한계를 일탈할 수 없다는 원칙으로 인하여 흔히 경제적 강자의 일방적 지시에 따라 작성된 계약을 형식상 당사자 간의 자유로운 계약이라는 이름 아래 법관은 계약해석에 구속되는 결과를 가져왔다. [···] 1871년 독일제국이 건설된 후 제1차 대전에 이르기까지 노동자 계급의 사회적 지위가 지극히 악화되어 법관은 사안을 판단함에 있

28) 두산백과, '법전논쟁' 참조.

29) 이상영/김도현, 법과 사회(한국방송통신대학출판부, 2002/2008), 22면.

어서 노동자의 비참한 생활사정을 배려하지 않을 수 없었으나 법실증주의는 이를 허용하지 않았다. 특히 경제법과 노동법분야에서 일반조항에 의한 법발달을 저해하였을 뿐만 아니라 법사학을 단순한 고사학으로 격하시키는 결과를 가져왔다."[30]

---

30) 조규창, 독일법사 下(고려대학교 출판부, 2010), 99~100면.

III 이익법학과 자유법운동

1. 이익법학

젊은 시절 예링(Rudolph von Jhering, 1818~1892)은 개념법학의 길을 따랐다. 자신보다 더 논리적 방법의 광신자였던 사람은 거의 없다고 말할 정도였다. 그 당시 그는 연역의 필연적인 힘을 이해하지 못하는 친한 실무가들을 얕잡아 보았다.[1] 예링은 '법의 성립'에 대해서도 사비니와 푸흐타를 따랐다. 그는 '법의 설립에 관한 사비니와 푸흐타 이론'이 자신이 대학을 졸업한 뒤에도 수년 동안 계속해서 영향받았던 법의 성립에 관한 자신의 생각이었다고 말했다. 사비니와 푸흐타의 이론에 따르면, 법의 형성은 우리가 모르는 사이에 아무런 고통도 없이 마치 언어의 형성과 같이 소리없이 이루어진다는 것이며, 아무런 노력도 아무런 투쟁도 필요하지 않다.[2]

하지만 예링은 점차 개념법학에서 전향하여 '로마법의 정신' 제4권(1865)에서 논리적인 것을 열광적으로 숭배하는 것에 반대했다.[3] '법의 목적'(전2권, 1877~1883)에서는 소극적 반론에서 벗어나 바른 길을 적극적으로 모색하였다.[4] 그는 목적이 모든 법의 창조자이며(Der Zweck ist der Schöpfer des ganzen Rechts), 사회의 생존 조건을

---

1) Rudolph von Jhering(양창수 역), 다시 지상에서 — 어떻게 개선할 것인가?, in: 양창수 역, 독일민법학논문선 (박영사, 2005), 32면; 예링의 Scherz und Ernst in der Jurisprudenz(법학에 대한 농담과 진담 — 법률가에의 성탄절 선물, 1904, 제9판) 335~383면 번역문이다.

2) Rudolph von Jhering(심윤종 역), 권리를 위한 투쟁(범우사, 2005), 26~27면.

3) Rudolph von Jhering(양창수 역), 다시 지상에서 — 어떻게 개선할 것인가?, in: 양창수 역, 독일민법학논문선(박영사, 2005), 33면.

4) Rudolph von Jhering(양창수 역), 다시 지상에서 — 어떻게 개선할 것인가?, in: 위의 책, 34면.

보장하는 것을 목적으로 법이 생긴다는 점을 강조했다. 예링은 법은 무의식적 산물이 아니라 목적적 활동의 소산이라고 설명하며,[5] 법의 사회적 실용성을 중시한 목적법학(目的法學)의 입장을 분명히 했다.[6]

예링에 의해 개념법학에 대한 비판의 포문이 열렸다. 예링은 독일의 로마법학이 걸어온 길, 젊은 시절에 자신이 밟았던 길이 옳지 않다고 보았다.[7] 그는 개념이 단지 한 번 존재를 얻었다는 이유만으로 뒤집을 수 없는 논리적 진리로서 타당함을 주장하는 것은 착각이라고 말했다.[8] 변혁에 대항하기보다는 반대로 이를 즐거이 환영해야 한다. 법학은 변혁을 통해 새로운 개념형성 활동의 기회를 갖기 때문이다.[9] 로마법의 지혜는 로마법의 계수를 통해 독일을 비롯한 여러 나라의 법에 전수되었지만, 아이러니하게도 개념법학에 의해

5) 조규창, 독일법사 下(고려대학교 출판부, 2010), 110면.

6) 예링은 자신의 저서 '로마법의 정신'을 유명한 문장으로 시작한다. "로마는 세계를 향하여 세번 법칙을 명하였고, 여러 민족들을 세번 통일로 이끌었다. 그 첫째는 로마 민족이 아직 그 세력의 전성기에 있을 무렵에 달성한 국가의 통일이고, 그 둘째는 로마 민족이 이미 쇠퇴하기 시작한 후에 실현된 교회의 통일이며, 그 셋째는 로마법의 계수를 통하여 중세에 이루어진 법의 통일이다. 첫 번째 통일은 무기의 힘으로 외부적 강제를 통하여 이루어졌지만, 나머지 두 번의 통일은 정신의 힘으로 이루어졌다." '로마법의 정신'(Der Geist des römischen Rechts auf den verschiedenen Stufen seiner Entwicklung, 전4권)은 시민법에 불과했던 로마법이 만민법으로 확장해가는 모습을 생생하게 그려낸 역작으로 손꼽힌다. '로마법의 정신' 외에 그가 쓴 책으로는 '권리를 위한 투쟁'(Der Kampf ums Recht, 1872), '법에 있어서의 목적'(Der Zweck im Recht, 전2권, 1877~1883), '법학에서의 농담과 진담'(Scherz und Ernst in der Jurisprudenz, 1884)이 있다. 위키백과 '예링', 두산백과 '예링' 참조.

7) Rudolph von Jhering(양창수 역), 다시 지상에서 — 어떻게 개선할 것인가?, in: 양창수 역, 독일민법학논문선(박영사, 2005), 31면.

8) Rudolph von Jhering(양창수 역), 다시 지상에서 — 어떻게 개선할 것인가?, in: 위의 책, 38면.

9) Rudolph von Jhering(양창수 역), 다시 지상에서 — 어떻게 개선할 것인가?, in: 위의 책, 39면

이데올로기가 되어 버렸다. 이론은 점점 생활을 안중에 두지 않았다.[10] 예링은 로마법학의 스콜라주의를 비판하면서 '삶을 떠난 이론'은 있을 수 없다고 주장했다.

"선원은 자기 기분대로 이리저리 떠돌지 말고 육지에 닿아야 한다. 그리고 짐을 내림으로써 항해의 대가를 받아야 하는 것이다. 내가 개념법학을 비난하는 것이 바로 이 점이다. 즉 개념법학은 긴 항해 끝에 종착지에 도착하였을 때, 실제의 화물, 즉 생활(Leben)을 위하여 어떠한 가치가 있는 화물을 내릴 수 있는지에 개의하지 않고 항해를 하고 있다는 것이다. 개념법학은 개념을 엄밀하게 추급하는 중에 지나치게 정교하게 예민한 구별을 행하여서, 결국 개념은 그것으로 작업을 하여야 하는 실무가가 그것을 실행하는 단계에서는 괴멸하고 만다. 개념법학은 개념을 생각 없이 제시하고, 실무가가 이를 어떻게 적용할 것인가 하는 걱정은 실무가에게 넘기는 것이다. 그러나 실무가는 그것을 자신이 이용할 수 없는 이론적 장식물에 불과하다고 하여 그대로 방치한다. 그것은 悟性의 놀이로서, 이 놀이를 하는 이나 비슷한 방법으로 즐기는 버릇이 있는 이에게는 재미를 줄지 모르나, 생활에 대하여는 도움이 되지 않는다."[11]

개념법학이 주장하는 법률의 무흠결성과 완결성, 논리적·연역적 법적용으로 모든 사안이 해결될 수 있다는 믿음은 예링에 의해 깨어졌다. 예링과 헤크(Philipp Heck, 1858~1943)의 이익법학은 법의 흠결을 인정하고 판사는 입법자의 의사에 의거하여 흠결을 보충할 수 있다고 보았다. 판사는 '맹종하지 않는 복종'(denkende Gehorsamkeit)을 하게 된다.[12] 법률문언에 대한 수정적 해석뿐만 아니라 창조적

---

10) Rudolph von Jhering(양창수 역), 다시 지상에서 — 어떻게 개선할 것인가?, in: 위의 책, 52면.

11) Rudolph von Jhering(양창수 역), 다시 지상에서 — 어떻게 개선할 것인가?, in: 위의 책, 40면.

12) 남기윤, 법학방법론(고려대학교 출판부, 2014), 60~61면.

법보완도 허용된다.[13]

2. 자유법운동

칸토로비츠(Hermann Kantorowicz, 1877~1940)는 1906년에 플라비우스(Gnaeus Flavius)라는 가명으로 '법학을 위한 투쟁'(Der Kampf um die Rechtswissenschaft)을 출간했다. 이 책에서 그는 (자신이 명칭을 부여한) 자유법운동(freirechtliche Bewegung)으로 당시 주류 법학이던 개념법학에 반기를 들었다.[14]

자유법운동은 무엇보다도 개념법학이 주장하는 법의 무흠결성(Rechtslückenlosigkeit)이 타당하지 않음을 보였다. 법의 흠결은 간혈적으로 있는 것이 아니다.[15] 사회의 변화를 담지 못한 법률에는 흠결이 발생하기에 법률은 자기 완결성과는 거리가 멀다.[16] 법학은 법의 흠결을 보충해야 하는데,[17] 이는 법률과 법학과의 관계가 완전히 달라지는 결과를 초래했다. 법학은 단순한 대변자 역할, 입법자의 하수인 역할에 더 이상 만족할 수 없다.[18] 자유법운동은 법의 흠결을 보충하는 구체적인 방법으로 법관의 자유로운 법발견(freie Rechtsfindung)과 법창조(Rechtschöfung)를 인정하였다.

칸토로비츠는 개념법학과 자유법운동을 잘 드러내는 법조문으로 프랑스 민법 제4조와 스위스 민법전 예비초안 제1조를 대비시켰다. 프랑스 민법 제4조는 법의 흠결, 불명확, 불충분을 이유로 재판을 거부하는 법관은 재판 거부죄로 소추될 수 있다고 규정하였다.

---

13) Martin Kriele(홍성방 역), 법과 실천이성(유로, 2013), 110면.

14) Hermann Kantorowicz(윤철홍 역), 법학을 위한 투쟁(책세상, 2006), 31면.

15) Hermann Kantorowicz(윤철홍 역), 법학을 위한 투쟁(책세상, 2006), 33면.

16) Hermann Kantorowicz(윤철홍 역), 법학을 위한 투쟁(책세상, 2006), 역자 해제, 134면.

17) Hermann Kantorowicz(윤철홍 역), 법학을 위한 투쟁(책세상, 2006), 40면.

18) Hermann Kantorowicz(윤철홍 역), 법학을 위한 투쟁(책세상, 2006), 39면.

1900년 스위스 민법전 예비 초안 제1조는 다른 모든 법원이 적용될 수 없을 때에 법관 스스로가 입법자로서 제정하기를 원하는 규정에 따라 재판해야 한다고 규정하였다.[19]

칸토로비츠 이전에 자유법운동의 선구자로는 키르히만(Julis Heinrich von Kirchmann, 1802~1884), 에를리히(Eugen Ehrlich, 1862~1922), 푹스(Ernst Fuchs, 1859~1929)가 있다. 키르히만은 1847년 베를린에서 열린 법률가대회에서 '학문으로서 법학의 무가치성'(Über die Wertlosigkeit der Jurisprudenz als Wissenschaft)이라는 유명한 논문을 발표했다. 이 논문에서 키르히만은 "입법자가 세 마디만 고치면 도서관의 모든 법서는 휴지 조각이 된다"는 유명한 말을 남겼다. "법학의 대상인 법은 너무나 쉽게 개폐되는 변화무쌍한 것이며, 법은 아무리 노력해도 현실의 사회적 진보에 따라가지 못한다. 또한 법에는 입법자의 감정이나 파당성 더 나아가 자의가 혼입될 수밖에 없으며, 법학은 권력의 간섭 사슬에 얽매여 진리의 수호자 지위에서 폭군의 격정이나 입법자의 상비된 꾀의 무늬와 권력의 우매한 시녀로 전락했다."[20]

자유법운동은 법과 사회의 관련성에 대한 새로운 시각을 가능하게 했다. 법실증주의처럼 실정법이 완전하다는 생각에서 사회와의 관련성을 부정하는 것이 아니라, 적극적으로 사회와의 관련성 하에서 실정법을 해석하였다. "사회가 있는 곳에 법이 존재하는 것으로,

---

19) Hermann Kantorowicz(윤철홍 역), 법학을 위한 투쟁(책세상, 2006), 32~33면, 66면; 현재 스위스 민법 제1조는 다음과 같다. "제1항: 문자상 또는 해석상 이 법률에서 규정하고 있는 법률문제에 관해서는 모두 이 법률을 적용한다. 제2항: 이 법률에서 규정되지 않고 있는 경우에는 법관은 관습법에 따르고, 관습법도 존재하지 않는 경우에는 자기가 입법자라면 법규로 제정했을 것에 따라 재판해야 한다. 제3항: 전2항의 경우에 법관은 확정된 학설 및 선례에 따라야 한다."

20) Hermann Kantorowicz(윤철홍 역), 법학을 위한 투쟁(책세상, 2006), 역자 해제, 132면.

법은 사회현상의 하나다. 따라서 사회와의 관련 속에서만 그 본질과 기능을 제대로 이해할 수 있는데, 법실증주의는 이러한 사회와의 관련성을 간과하고 법을 미시적으로 보고 있다. 따라서 이들이 주장하는 법은 하나의 전자계산기나 자동기계에 불과하다는 비판을 받았다. 이들은 또한 실정법을 흠결이 없는 완결된 것으로 전제하고 법관은 법을 창조해도 안 되고, 법을 거부해서도 안 된다고 하면서 모든 문제를 실정법으로 해결할 수 있다고 주장했다. 그러나 이러한 실정법 만능주의에 의해 형식적 법치주의에 빠질 수 있다는 점 때문에 실정법은 기본적으로 한계를 지니고 있었고 이에 따라 많은 비판을 받았다. 예컨대 사회는 유동적인 데 반해 법규는 고정적이어서 법실증주의로는 이러한 사회 변동을 따라가지 못한다."[21)]

자유법운동은 법의 흠결을 인정하고, 이를 법관의 자유로운 법발견과 법창조로 보충하려 했지만, 이는 사법(司法)이 입법(立法)의 역할을 하여 삼권분립에 반한다는 비판을 받았다. "자유법운동이 개념법학의 형식논리적인 법해석을 배격한다는 점에서는 일리가 있으나, 법관에게 법의 발견 내지 법의 창조 기능까지 인정하자는 데는 비판이 집중되었다. 우선 법관에 의한 법의 창조는 입법권의 침해로서 삼권분립의 정신에도 반한다는 지적이 있었다. 또한 법적 개념의 구성을 극도로 경시하고 법 해석과 운용을 법관의 주관적 가치 판단에 맡기게 되어 법률을 해석할 때 가장 중요한 법적 안정성을 무시하는 결과를 초래할 수 있다는 점과 재판이 법관의 주관적인 판단에 좌우되면 가장 객관적이어야 할 법학에 감정이 개입되는 감정법학으로 변하게 된다는 점이 비판으로 제기되었다. 또한 신의성실의 원칙이나 정의 관념 등 추상적인 개념을 통해 법률문제를 해결하려는

21) Hermann Kantorowicz(윤철홍 역), 법학을 위한 투쟁(책세상, 2006), 역자 해제, 130면.

것은 일반조항으로 도피하는 것인 동시에 법률의 연성화를 초래할 수 있다는 비판이 제기되었다."[22]

22) Hermann Kantorowicz(윤철홍 역), 법학을 위한 투쟁(책세상, 2006), 역자 해제, 136면.

Ⅳ 법형식주의와 법현실주의

1. 법형식주의

실정법을 법흠결이 없는 완전무결한 법규범으로 파악하고 연역적 법적용을 주장했던 독일의 개념법학처럼, 미국의 법형식주의(legal formalism)도 법을 자기완결적인 것으로 보고 형식논리적 포섭을 통한 법적용을 주장하였다.[1] 법 자체가 완전무결하기 때문에 도덕 등 법외(外)적인 요소와 사회적 요소는 법적용에 있어 고려되지 않았다. 이는 법학과 도덕의 분리를 주장하며 법학의 방법적 순수성을 주장했던 켈젠의 순수법학과도 비슷하다.

법형식주의의 대표적 학자는 '소크라테스 방법'을 제시한 랑델(Christopher Columbus Langdell, 1826~1906)이다. 랑델은 있어야 할 법을 연구하는 법리학(Jurisprudence)과 있는 법을 연구하는 법학을 구별하고, 이중 후자를 중시했다. "랑델에 의하면 법학은 과학적인 방법으로 법원리를 찾아내야 하며 그 원리로부터 법규칙을 도출해야 한다. 그리고 그러한 규칙에 따라서 현실을 규율하는 것이 법학이 해야 할 일이다."[2]

랑델은 실용주의 원칙(principle of pragmatism)을 법학교육에 도입하였는데, 그 중심에 사례중심 방법(case method)이 있었다. 그는 사례중심 방법을 법학교육에 도입하여, 미국 법학교육에 큰 변혁을 가져왔다. 이처럼 랑델은 판례 연구를 매우 중요시했는데, 판례를 통

1) 이상수, 법형식주의에 대한 비판과 극복: 법현실주의, 법과사회운동, 비판법학, in: 김명숙, 안진, 양현아, 이상수, 홍성수, 황승흠, 법사회학–법과 사회의 대화(다산출판사, 2013), 110면, 114면.

2) 이상수, 법형식주의에 대한 비판과 극복: 법현실주의, 법과사회운동, 비판법학, in: 위의 책, 110면, 112면.

해서 '원리'를 익힐 수 있다고 보았기 때문이다. 그는 1870년부터 1895년까지 25년간 하버드 로스쿨 초대학장을 역임했다. 그 이전에 사례중심 방법을 활용하는 로스쿨은 없었지만, 이제는 미국 로스쿨 교육의 전형이 되었다.

랑델의 사례중심 방법은 법형식주의의 발전을 가져왔다. 법형식주의는 수많은 판례에 원리가 내재해 있다고 믿었고, 판례를 잘 연구하여 다툼이 없는 원리를 발견하는 것이 중요하다고 보았다. 법형식주의는 원리를 사실에 연역적으로 적용함으로써 문제가 해결된다는 입장이었지만, 법 외적인 것을 고려하지 않고 법규정을 형식논리적으로 적용하는데 주력하여 '기계론적 법학'이라는 비판을 받았다.[3)]

2. 법현실주의

법형식주의(legal formalism)에 대한 반발에서 법현실주의(legal realism)는 생겨났다. 법현실주의는 1920년대와 30년대 미국 법학계에서 선풍적으로 일어났던 운동으로, 컬럼비아 로스쿨과 예일 로스쿨을 중심으로 생겨났다. 법현실주의에 따르면, (법의 현실을 토대로 판단해 보면) 법은 자기완결적이지 않고 법적용은 형식논리적이지 않다. 법현실주의는 다음과 같이 주장했다. "일반적 명제가 구체적 사건을 결정하는 것은 아니다(General propositions do not decide concrete case). 판결은 어떤 분명한 대전제보다 더 미묘한 판단이나 직관에 달려 있다."[4)]

---

3) 이상수, 법형식주의에 대한 비판과 극복; 법현실주의, 법과사회운동, 비판법학운동, in: 위의 책, 111~113면; Wikipedia 사전 'legal formalism', 'Christopher Columbus Langdell' 참조.

4) 양건, 법 앞에 불평등한가? 왜?(법문사, 2015), 133면.

법현실주의의 선구자인 홈즈(Oliver Wendell Holmes) 대법관, 사회학적 법학의 창시자인 파운드(Roscoe Pound), 규칙 회의론자인 르웰린(Karl Llewellyn), 규칙 회의자론일 뿐 아니라 사실 회의론자이기도 한 프랭크(Jerome Frank)가 법현실주의자에 속한다. 법현실주의는 다양한 스펙트럼을 가지고 있음에도 법형식주의의 주요 주장에 반대했다는 점에 공통점을 가진다.[5] "법현실주의자들이 공유하는 문제의식은 법과 현실의 괴리였다. 당시의 법은 현실의 변화를 반영하지 못하고 있다는 것이며, 법원이 삼단논법의 추론과정을 통해서 판결을 내린다는 형식주의적 사고를 거부했다. 이들은 사회학, 심리학, 문화인류학 등의 성과를 원용하면서 법형식주의에 대한 맹렬한 비판을 수행했고, 법관의 판결과정에 영향을 미치는 법 외적 요소들을 정교하게 탐구했다."[6]

미국 1960년대 '법과 사회 학회'(law & Society Association), 1970년대 이후 '비판법학운동'(Critical Legal Studies, CLS) 운동은 모두 1920년대와 30년대 법현실주의에 기인한다. '법현실주의'는 당시 주류였던 법형식주의가 허구임을 드러내는데 성공한 반면,[7] 트루벡(David Trubek, 1935~), 케네디(Duncan Kennedy, 1942~), 웅거(Roberto Unger, 1949~)의 '비판법학운동'은 법학의 주류인 자유주의 법체계에 도전장을 던졌지만 그 아성을 무너뜨리지는 못했다.[8]

---

5) 양건, 법 앞에 불평등한가? 왜?(법문사, 2015), 133면.

6) 양건, 법 앞에 불평등한가? 왜?(법문사, 2015), 115~116면.

7) 양건, 법 앞에 불평등한가? 왜?(법문사, 2015), 137면.

8) 자유주의 법체계의 역사적 발전, 한계, 대안 등에 대해서는 김정오, 현대사회사상과 법 — 자유주의 법체계의 운명(나남출판, 2007), 211면 이하; 웅거의 다음 저서는 우리말로 번역되었다. Roberto Unger(김정오 역), 근대사회에서의 법(삼영사, 1994); Roberto Unger(이재승 역), 주체의 각성(앨피, 2012); Roberto Unger(김정오 역), 정치(창비, 2015).

(1) 홈 즈

홈즈(Oliver Wendell Holmes. Jr., 1841~1935) 대법관은 법현실주의의 선구자이다. 그의 주저에는 보통법(The Common Law, 1881)과 법의 길(The Path of the Law, 1897)이 있다. '법과 도덕의 구별'을 주장한다는 점에서는 법형식주의자인 랑델과 홈즈의 입장은 그리 다르지 않다. 홈즈는 법이 무엇인지 알기 위해서는 물질적인 이득에만 관심을 두는 악인(bad man)의 관점을 가져야 한다고 주장했다.

하지만 홈즈는 랑델과 달리 법의 생명은 법내적인 논리가 아니라 법외적인 경험이라고 주장했다. 홈즈는 논리를 강조하는 법형식주의에 반대하며, "법의 생명은 논리가 아니라 경험이다(The life of the law has not been logic; it has been experience)"는 유명한 말과 함께 "사람들을 규제하는 규칙을 결정함에 있어서 자각된 시대적 요청, 지배적인 도덕이론 및 정치이론, 공공연하든 무의식적이든 공공정책적 직관, 그리고 심지어 동료들과 공유하는 법관의 편견들이 삼단논법보다 더 많이 관련을 맺는다"고 주장했다. 전자의 표현이 잘 알려져 있지만, 홈즈의 사상을 명쾌하게 알 수 있는 것은 후자의 언급을 통해서다. '법은 법원이 무엇을 할 것인가에 대한 예언'이라는 홈즈의 정의에서도 '법은 실정법'이라는 법형식주의와의 차이를 확인할 수 있다.

> "법의 생명은 논리가 아니고 경험이다. 사람들을 규제하는 규칙을 결정함에 있어서 자각된 시대적 요청, 지배적인 도덕이론 및 정치이론, 공공연하든 무의식적이든 공공정책적 직관, 그리고 심지어 동료들과 공유하는 법관의 편견들이 삼단논법보다 더 많이 관련을 맺는다. 법은 수세기에 걸친 민족의 발전사를 담고 있으며, 공리나 정리만 담고 있는 수학책처럼 취급되어서는 안 된다. 법이 무엇인지 알기 위해서 우리는 법의 과거와 미래를 알아야 한다. 우리는 역사와 현재의 입법이

> 론을 교대로 참고해야만 하는 것이다. 그러나 가장 힘든 작업은 각 단계에서 그 둘이 결합하여 새로운 산출물이 만들어지는 것을 이해하는 것이다(보통법, The Common Law, 1881)."[9)]

홈즈는 논리 이전에 사회의 지배집단이 서로 경쟁하는 가치 중에서 어떤 가치를 입법하는가가 중요하다고 보았다. 최고 권력이 채택한 가치에는 논리를 부여되기 때문에 논리는 부차적인 것에 지나지 않는다.

> "논리적 방법과 형태는 확실성에 대한 동경과 모든 인간의 마음에 있는 평온에 대한 동경에 맞추어져 있다. 그러나 확실성이란 일반적으로 환상일 뿐이며, 평온은 인간의 운명이 아니다. 논리적 형태 이면에는 서로 경쟁하는 입법적 근거들의 상대적 가치 및 중요성에 대한 판단이 자리잡고 있으며, 이 판단들은 종종 불명확하고 무의식적인 것이다. 그럼에도 그런 판단들은 모든 과정의 근간을 이룬다. 여러분은 어떠한 결론에 대해서도 논리적 형태를 부여할 수 있다(법의 길, The Path of the Law, 1897)."[10)]

(2) 파운드, 르웰린, 프랑크

파운드(Roscoe Pound, 1870~1964)는 미국 사회학적 법학(sociological jurisprudence)의 창시자이다. 파운드의 사회학적 법학은 독일의 에를리히(Eugen Ehrlich, 1862~1922)의 사회학적 법학에 비견된다. 파운드는 '법전에 기록된 법'(Laws in the book)과 '실제 적용되고 있는 법'(Laws in action)을 구별하면서, 후자의 법을 연구해야 한다고 주장했다. 그는 법형식주의를 기계적 법학(mechanical jurisprudence)이라고 비판

---

9) 이상수, 법형식주의에 대한 비판과 극복: 법현실주의, 법과사회운동, 비판법학, in: 김명숙, 안진, 양현아, 이상수, 홍성수, 황승흠, 법사회학–법과 사회의 대화(다산출판사, 2013), 110면, 116~117면에서 재인용함.

10) 양건, 법 앞에 불평등한가? 왜?(법문사, 2015), 140면에서 재인용함.

하며 자신이 주장하는 사회학적 법학(sociological jurisprudence)과 대비했다.

파운드는 법학만 고립시켜서 연구할 것이 아니라 사회학적 방법을 법학에 도입하여 '사회 속의 법'을 연구하려 했다.[11] 또한 파운드는 법의 목적을 중시하였다. "법은 과학 자체를 위한 과학이 아니다. 법은 목적을 향한 도구로서의 과학이기 때문에 내적 구조의 정교함이 아니고, 그것이 이루어 내는 결과에 비추어 판단되어야 한다. 법은 논리적 과정의 수려함이나 법이 기초로 삼고있는 도그마로부터 규칙을 도출하는 엄밀성에 의해서가 아니고, 법의 목적에 부합하는 정도에 의해서 가치가 결정되어야 한다."[12] 이는 '목적이 모든 법의 창조자'라고 주장한 독일의 예링(Rudolph von Jhering, 1818~1892)에 비견된다.

르웰린(Karl N. Llewellyn, 1893~1962)은 "법 관련 공직자들이 분쟁에 대해서 하는 것이 법이다"라고 정의내렸다. 이는 르웰린을 언급할 때 가장 많이 인용되는 구절로서,[13] '법은 법원이 무엇을 할 것인가에 대한 예언'이라는 홈즈의 정의보다 더 급진적이다. 홈즈의 법

11) 고광림 저(최종고 편), 동서양의 법문화(교육과학사, 1990), 232면; 이 책에는 고광림과 파운드와의 인연이 소개되어 있다. 파운드 학장은 고광림 당시 대학원생에게 "한문능력은 지금부터 연구하여도 늦지 않을 것이며 또 군이 열심으로 하려고만 하면 돈은 어디에서라도 나올 것이 아닌가?"라고 하면서 동양법제사 연구를 권고했다(223면).

12) 이상수, 법형식주의에 대한 비판과 극복: 법현실주의, 법과사회운동, 비판법학, in: 김명숙, 안진, 양현아, 이상수, 홍성수, 황승흠, 법사회학 – 법과 사회의 대화(다산출판사, 2013), 110면, 120~121면.

13) 양건, 법 앞에 불평등한가? 왜?(법문사, 2015), 134면; (비슷한 법에 대한 정의로) 독일의 Oskar Bülow는 1885년에 간행한 '법률과 법관직'(Gesetz und Richteramt)이라는 저서에서, 법이란 법전에 수록된 일반법 규정이 아니라 법관에 의한 개별적 사안의 구체적인 판결인 지시, 명령, 결정, 처분이라고 정의내렸다. 조규창, 독일법사 下(고려대학교 출판부, 2010), 223면.

은 '법원의 행동에 대한 예언'인 반면에, 르웰린의 법은 '법 관련 공직자의 행동'이다. 르웰린에 따르면, 법 관련 공직자들이 분쟁에 대해서 행동으로 표현된 법이 '실제의 규칙'(real rules)이며, 이는 교과서에서 법이라고 말하고 있는 '지면상의 규칙'(paper rules)과 구분된다.[14] "르웰린은 지면상의 규칙과 실제의 규칙 간의 간극에 주목한다. 그는 지면상의 규칙을 안다고 하더라도 실제의 규칙을 알 수 없다고 한다. 그는 항소심의 사건을 연구하면서, 어떤 사건에서든지 그 사건에서 하나만의 올바른 답이 있다는 주장은 '바보 같은 가장'(foolish pretense)이라고 했다. 그는 소송을 하는 것이 무리가 아닐 정도로 충분히 의심스러운 사안에서라면 적용가능한 그럴듯한 전제가 적어도 두 개는 존재하며 그 두 가지 전제는 그 사안에서 상호 모순적으로 적용된다고 했다. 그러한 전제들 중에서 어느 것을 선택하는지는 법관에 달려 있는 것이다. 결국 동일한 법체계하에서도 거의 언제나 서로 반대되는 규칙이 도출될 수 있다는 것이다."[15] 르웰린이 하나만의 올바른 답이 있다는 주장을 '바보 같은 가장'(foolish pretense)라고 언급한 것은 드워킨의 '하나의 정답 테제'(one right answer these)와 대비된다. 르웰린에 따르면, 규칙 자체가 불확정적이기 때문에 법관은 법적용에 있어 법의 구속을 그리 받지 않는다. 프랭크는 르웰린을 '규칙 회의론자'(rule sceptics)라고 불렀다.

프랑크(Jerome Frank, 1889~1957)는 가장 철저한 규칙 회의론자(rule sceptics)였다. 그는 "법은 규칙들이 아니라 판결들로 구성되며, 판사가 사건에 대해 판결할 때마다 그 판사는 법을 만드는 것이다"

---

14) 이상수, 법형식주의에 대한 비판과 극복: 법현실주의, 법과사회운동, 비판법학, in: 김명숙, 안진, 양현아, 이상수, 홍성수, 황승흠, 법사회학, 법과 사회의 대화 (다산출판사, 2013), 110면, 122~123면.

15) 이상수, 법형식주의에 대한 비판과 극복: 법현실주의, 법과사회운동, 비판법학, in: 위의 책, 110면, 122~123면.

고 주장했다. 그는 법규칙의 논리적 적용을 통해서 법판단을 내린다는 법형식주의자들의 주장은 신화에 불과하다고 보았다.[16] "그에 의하면, 판결이 내려지기 전까지는 법은 존재하지 않는 것이며 다만 법률가들의 추측만이 존재할 뿐이다. 이는 실로 가장 법현실주의적인 법 개념이라고 할 만 하다."[17]

프랑크는 규칙 회의자론자일 뿐 아니라 사실 회의론자(fact sceptics)이기도 했다. "그는 법규칙의 의미내용이 아무리 명백하더라도, 사실관계가 달리 인식된다면 법규칙의 내용이 아무 소용없다는 점에 착안했다. 그런 점에서 프랑크는 르웰린보다 한층 더 급진화했다고 할 수 있다."[18]

---

16) 이상수, 법형식주의에 대한 비판과 극복: 법현실주의, 법과사회운동, 비판법학, in: 위의 책, 110면, 125면.

17) 이상수, 법형식주의에 대한 비판과 극복: 법현실주의, 법과사회운동, 비판법학, in: 위의 책, 110면, 124면.

18) 이상수, 법형식주의에 대한 비판과 극복: 법현실주의, 법과사회운동, 비판법학, in: 위의 책, 110면, 124~125면.

제 3 장 정치철학 – 현대 정의론

현대 법사상사 소고

법철학의 역사 초창기부터 19세기 이전까지 법사상을 주도했던 사상은 '자연법론'이었다. 자연법사상이 전면적으로 부정된 것은 19세기 이후의 일이었다. 벨첼(Hans Welzel, 1904~1977)은 자연법이 인권선언과 법전에 반영되면서부터 자연법의 몰락은 시작되었다고 주장했다. "18세기는 자연법의 시대였다. 17세기 사람들이 뿌렸던 씨앗은 손자대에서 다양한 열매를 맺었다. 이제 자연법은 사회생활을 형성하는 힘이 되었다. 그것은 미국과 프랑스의 인권선언에서 승리를 만끽했다. 그것은 오스트리아, 프로이센, 프랑스의 법전에 스며들었다. 그런가 하면 그것은 그 시대 법의식과 공동체의식을 지배하게 되었다. 그러나 수천 년 동안 기다린 끝에 자연법은 이제 마침내 현실을 지배하기 시작하자 그 몰락의 싹을 배태하게 되었다. 자연법은 처음부터 이념과 현실의 긴장관계 속에서 살았다. 그런데 자연법 자체가 이제 현실이 됨으로써 그것이 지금까지 공급해왔던 힘의 원천을 포기하게 된 것이다."[1]

벨첼에 따르면, 19세기에 이르러 자연법이 결정적으로 붕괴하게 된 계기는 역사를 선험적 이념이 자기를 실현하는 변증법적 과정으로 구성할 수 있고 이 과정은 현실과 일치해야 한다는 헤겔 사상의 붕괴였다. 헤겔 사상의 붕괴와 함께 이성의 자기파괴와 자기해체가 시작되었다.[2] 이런 배경 하에서 19세기에 이데올로기론, 생철

---

1) Hans Welzel(박은정 역), 자연법과 실질적 정의(삼영사, 2001/2005), 232면; "자연법사상의 역할이 어느 정도 현실화되어졌을 때, 이미 법사상은 자연법론으로부터의 전향이 있을 것임을 예고하고 있었다." 김부찬, 법학의 기초이론(대웅출판사, 1994), 167면.

2) Hans Welzel(박은정 역), 자연법과 실질적 정의(삼영사, 2001/2005), 260면; 현대 사상을 다룰 때 우리는 맑스(Karl Marx, 1818~1883), 프로이트(Sigmund Freud, 1856~1939), 니체(Friedrich Nietzche, 1844~1900)를 고려하지 않을 수 없다.

학,[3] 실존주의와 함께 실증주의가 등장했다.[4]

19세기 이전의 법사상사는 자연법론과 법실증주의의 대립의 역사였던 반면에, 19세기 이후의 법사상사는 여러 다양한 가치관들이 대립하는 역사이다. 절대적 정의가 빛을 비춘다고 믿었던 시대는 지나가고,[5] 여러 정의관(正義觀)이 공존하는 시대가 되었다. "법효력의

3) 니체의 생철학은 주어져 있는 객관적 당위질서를 겨냥하는데, 니체에 따르면, 객관적 당위질서는 단지 약정에 불과한 것으로서 그릇된 서열을 만들어 낼 뿐이다. Hans Welzel(박은정 역), 자연법과 실질적 정의(삼영사, 2001/2005), 285~286면. 니체가 보기에 객관적 당위질서가 옳다고 주장하는 것은 '의지 내지 힘의 빈곤에 대한 표시'일 뿐이며(285면), 니체는 '권력에의 의지'를 가진 초인을 통해 '가치 전도(價值 顚倒)'를 꾀하게 된다(286면). 니체에 따르면, '해야 한다'는 당위의 세계가 너무 강해 '하고자 한다'는 의지의 세계나 '하고 싶다'는 욕구의 세계가 죽어버린다. 따라서 초인은 주어진 당위세계를 전복하여 새로운 가치질서를 수립할 의지가 필요하다. 이제 더 이상 당위는 없다(Nichtmehrsollen). "니체철학의 첫머리에는 '신은 죽었다'가 버티고 있다. 이렇게 해서 '참된 것은 이미 아무것도 없다. 모든 것이 다 허용된다'(차라투스트라 IV, '그늘')는 허무주의가 생겨났다. 왜냐하면 이제 '너는 ~~해야 한다'가 없어져버렸기 때문이다. 니체의 사고에 있어서의 그 다음 단계는 주인된 사람의 '나는 ~~하고자 한다'라는 것이다. 그러나 이때 차라투스트라는 '나는 ~~하고자 한다'의 배후에서 '나는 ~~꼭 해야만 한다'는 것을 인식한다(정신의 세 가지 변화에 관한 첫 번째 이야기)." Friedrich Nietzche(정동호 역), 차라투스트라는 이렇게 말했다(책세상, 2000/2012), 38면 이하; Johannes Hirschberger(강성위 역), 서양 철학사 — 하권: 근세와 현대(이문출판사, 1983/2007), 688면; 니체의 주장은 칸트의 다음 주장과 반대되는 주장이다. 니체는 가언적 명령의 의미를 높이고, 정언적 명령의 의미를 낮추어 양자의 위치를 바꾸기 때문이다. "이 관계는, 그것이 경향성에 의거하건, 이성의 표상에 의거하건 간에, 오로지 가언적 명령들을 가능하게 할 뿐이다. 즉, 나는 다른 무엇인가를 의욕하기 때문에, 바로 그 때문에 무엇인가를 해야 하는 것이다. 그에 반해, 도덕적인, 그러니까 정언적 명령은, 내가 비록 다른 아무것도 의욕하지 않는다 할지라도, 나는 그러그러하게 행위해야 함을 말한다." Immanuel Kant(백종현 역), 윤리형이상학 정초(아카넷, 2005/2009), 170면.

4) Hans Welzel(박은정 역), 자연법과 실질적 정의(삼영사, 2001/2005), 260면.

5) 루카치의 '소설의 이론'의 첫 문장은 다음과 같다. "별이 총총한 하늘이 가야만 하는 길의 지도인 시대, 별빛이 그 길을 훤 밝혀주는 시대는 복되도다." Georg Lukács(김경식 역), 소설의 이론(문예출판사, 2007/2011), 27면; 오늘

여부를 진리 앞의 오류처럼 명료하게 가려내어 줄 '자연법'의 명백확고한 인식이 불가능하게 된 이후, 또 바로 그 이유로 해서 법효력의 문제는 철학, 정확히 말해서 법가치철학에로 넘겨진 것이다. 이에 다양한 (가치)철학들이 이의 해명을 위해 동원되었던 것이다."[6] 보수와 진보의 가치가 대립하고, 그 가치에도 여러 스펙트럼이 존재한다. 현대의 정의(正義)는 보수와 진보, 공리주의, 자유지상주의, 평등지향적 자유주의, 공동체주의 등에 따라 달리 구성된다.[7]

보수와 진보의 가치관, 자유주의와 공동체주의의 가치관은 실재를 구성하는 모델로 작용한다. 저자는 가치관이 스티브 호킹(Stephen Hawking)이 언급한 '모델 의존적 실재론'(model－dependent realism)과 비슷한 것이 아닌지 궁금하다. 스티븐 호킹은 그의 책 '위대한 설계'에서 '모델 의존적 실재론'을 주장한다. '모델 의존적 실재론'은 세계가 관찰자의 관찰과 상관없이 객관적으로 독립되어 존재하는 실재임을 부인하고, 관찰자의 관찰모형에 따라 존재하는 실재라고 주장한다. 모델에 의존하지 않고 실재를 파악할 수 있는 방법은 없으며, 관찰자의 모형이 실재를 창조하는 것이다.[8] '모형 의존적 실재론'은 루만(Niklas Luhmann)이 주장하는 '이차적 질서의 관찰'과 유사하다. '모형 의존적 실재론'이나 '이차적 질서의 관찰'을 주장하는 이들에 따르면, 실체존재론에 근거한 일차적 질서는 모형 의존형 실재론이나 이차적 질서의 관찰로 대체할 수 있다. "세계의 어떤 것도 직접적 인식을 통해 접근할 수 없고, 모든 것은 오로지 관찰자의 관점

날의 시대는 별빛이 그 길을 훤하게 비추어 주지 않는다.

6) 심헌섭, 법철학 I(법문사, 1982/1998), 83면.

7) 고봉진, 법철학강의(제주대학교 출판부, 2012); 고봉진, 법사상사 소고(한국학술정보, 2014) 참조.

8) Stephen Hawking/Leonard Mlodinow(전대호 역), 위대한 설계(까치, 2010), 11~12면, 177면, 217면.

에서만 파악할 수 있다고 생각한다면, 그것은 엄청난 결과를 만들어 낸다. 낡은 '존재론'은 교체되었다. 세계가 이러저러한 특징을 *가지고 있다*는 주장은 '관찰자, 즉 의식이나, 세계가 이러저러한 특징이 *있다고 주장하는 어떤 것이 언제나 존재한다*'는 진술로 대체된다."[9] 우리는 '가치'라는 스펙트럼을 통해 세계를 보는데, 세계를 바라보는 가치는 쉽게 바뀌지 않는다. 이때 세계는 지평으로서만 제공될 뿐이고, 실재(reality)는 가치라는 스펙트럼을 통해 구성된다.

9) Margot Berghaus(이철 역), 쉽게 읽는 루만(한울아카데미, 2012), 39면(이탤릭체는 저자에 의한 것임).

I 공리주의

1. 벤 담

제레미 벤담(Jeremy Bentham, 1748~1832)의 공리주의는 '자연법과 자연권'에 대한 그의 반감에서 나왔다. 벤담은 옥스퍼드 퀸스 칼리지에서 윌리엄 블랙스톤(William Blackstone)의 강의를 수강했는데, 여기서 자연법을 통해 법이론을 정립하는 블랙스톤의 오류를 발견했다. 벤담은 자연법이나 자연권 등에 대한 논의를 경멸했는데, 그가 보기에 이런 개념들은 쾌락과 고통이라는 관찰 가능한 실재들과 아무런 관련이 없기 때문이다.[1] 벤담은 블랙스톤의 강의에서 느낀 바를 자신의 고유한 법이론을 정립하는 계기로 삼았다.[2] 벤담은 블랙스톤의 '영국법 주해'를 비평하면서, '자연법'과 '자연권'에 대한 논의는 무의미한 것이고, 수사학적 난센스에 지나지 않는다고 주장하였다.

벤담은 '최대 다수의 최대 행복'(the greatest happiness of the greatest number)이라는 구호로 알려져 있는 '공리주의'를 그의 주저 '도덕과 입법의 원리 서설'에서 체계화하였다. 공리주의는 벤담이 처음 주장한 것은 아니지만, 벤담에 의해 체계화되었기에 그는 공리주의의 창시자로 알려져 있다. 벤담은 '공리성의 원리'를 자기 시대의 많은 문제들과 연결시키는데 다른 사람들보다 성공적이었다.[3]

벤담은 '도덕과 입법의 원리'를 설명하기 위해 형이상학(자연법)

1) Robert L. Arrington(김성호 역), 서양 윤리학사(서광사, 1998), 493면.
2) Samuel Enoch Stumpf/James Fieser(이광래 역), 소크라테스에서 포스트모더니즘까지(열린책들, 2008), 507면.
3) Samuel Enoch Stumpf/James Fieser(이광래 역), 소크라테스에서 포스트모더니즘까지(열린책들, 2008), 506면.

에 의존하는 것을 부정하고, 쾌락, 고통, 동기, 성향, 열정, 악덕 등의 용어를 사용했다.[4] 도덕이든 법이든 간에 모든 판단기준이나 준거의 틀은 가능한 한 구체적·실제적으로 검증할 수 있도록 마련되어야 한다는 그의 주장에서 벤담이 영국 경험론의 전통과 긴밀히 연결되어 있음을 알 수 있다.[5] '도덕과 입법의 원리 서설' 첫 부분부터 벤담은 자신의 주장을 강력하게 펼쳤다.

> "자연은 인류를 고통(pain)과 쾌락(pleasure)이라는 두 주인에게서 지배받도록 만들었다. 우리가 무엇을 할까 결정하는 일은 물론이요 무엇을 행해야 할까 짚어내는 일은 오로지 이 두 주인을 위한 것이다. 한편으로는 옳음(right)과 그름(wrong)의 기준이, 또 한편으로는 원인과 결과의 사슬이 두 주인의 왕좌에 고정되어 있다. 이들은 우리가 행하는 모든 행위에서, 우리가 말하는 모든 말에서, 그리고 우리가 생각하는 모든 사고에서 우리를 지배한다. 우리가 복종하는 일을 팽개쳐버리려고 갖은 노력을 기울일지라도 끝내는 오히려 그런 복종심을 드러내고 확인하게 될 뿐이다. 말로는 그 주인들의 제국을 팽개쳐버리는 척할 수 있다. 그러나 실제로는 끝끝내 거기에 붙잡혀 남아있게 될 것이다. 공리성의 원리는 그런 복종관계를 인식시켜 주고, 또한 이성과 법률의 손길로 행복의 틀을 짜는 목적을 지닌 체계의 기초로서 이런 복종관계를 가정하고 있다. 공리성의 원리에 의문을 제기하고자 하는 체계가 있다면 그것은 감각 대신에 소리를, 이성 대신에 변덕스러움을, 빛 대신에 어둠을 중시하는 것이다. 그런데 은유나 장광설은 이로써 충분하다. 도덕학(moral science)은 결코 그런 방법에 의하여 발전할 수 없다."[6]

4) Jeremy Bentham(고정식 역), 도덕과 입법의 원리 서설(나남, 2011), 12면.

5) Jeremy Bentham(고정식 역), 도덕과 입법의 원리 서설(나남, 2011), 옮긴이 머리말, 6면.

6) Jeremy Bentham(고정식 역), 도덕과 입법의 원리 서설(나남, 2011), 27~28면.

2. 존 스튜어트 밀

존 스튜어트 밀(John Stuart Mill, 1806~1873)은 그의 저서 '공리주의'에서 공리주의를 적극적으로 옹호했다. 밀이 보기에, 공리주의의 비판자들은 '공리주의'에 대해 그 이름만 알 뿐 아무 것도 모르면서 공리주의를 흠집내는 데 몰두했다.[7] 존 스튜어트 밀은 양적 공리주의의 틀을 벗어나 질적 공리주의를 통해 공리주의에 쏟아지는 비난이 맞지 않음을 보이고자 했다.[8]

'최대 행복 원리'를 따를 경우, 우리가 우리 자신의 이익을 고려하든 아니면 다른 사람의 이익을 고려하든, 가능한 한 고통이 없고 질적으로나 양적으로 할 수 있는 한 최대한 즐거움을 만끽할 수 있는 존재 상태에 이르는 것이 궁극적 목적이 된다.[9] 밀은 잘못된 교육과 왜곡된 사회 제도만 아니라면 거의 모든 사람이 이런 수준의 행복을 누릴 수 있다고 주장했다.[10] 또한 밀은 웬만한 판단 능력을 갖춘 사람이라면 이 세상에 만연한 구체적 해악의 대부분을 제거할 수 있고, 따라서 인간 사회가 지속적으로 발전한다면 그런 것이 크게 축소될 수 있다고 보았다. 예컨대 빈곤 문제는 개인의 건전한 상식과 건실한 태도가 합쳐진 사회적 지혜가 발휘된다면 완전히 해소할 수도 있다.[11]

밀은 공리주리에 대한 가장 큰 비판점을 '공리주의' 제5장 '정의는 효용과 어떤 관계를 맺고 있는가'에서 다루었다. 공리주의의 비판자들은 효용에다 편의(expediency)라는 이름을 붙이고 그것과 원리

7) John Stuart Mill(서병훈 역), 공리주의(책세상, 2007), 42면.
8) John Stuart Mill(서병훈 역), 공리주의(책세상, 2007), 26~29면.
9) John Stuart Mill(서병훈 역), 공리주의(책세상, 2007), 32면.
10) John Stuart Mill(서병훈 역), 공리주의(책세상, 2007), 35면.
11) John Stuart Mill(서병훈 역), 공리주의(책세상, 2007), 38면.

를 손쉽게 대비함으로써 비도덕적인 이론이라고 부당하게 낙인찍는다는 것이다.[12] 밀은 정의와 효용은 결코 분리될 수 없는 것이며, 효용에 바탕을 둔 정의가 모든 도덕성의 중요한 부분이 되고, 그 어떤 것보다 더 신성하고 구속력도 강하다고 주장했다.

> "철학이 시작된 이래, 효용이나 행복이 옳고 그름의 판단 기준이 된다는 이론에 대해 가장 강력한 반대를 제기했던 것 중 하나가 바로 정의(justice)에 관한 생각이다. […] 그래서 대다수 사상가들의 눈에는 이 말이 사물의 어떤 내재적 성질을 가리키는 것처럼 보였다. 다시 말해 많은 사상가들이 정의로운 것은 자연 속에서 온갖 종류의 편의적인 것과는 질적으로 구분되는 무엇인가 절대적인 것으로, 그리고 관념적으로도 편의적인 것과 반대되는 것으로 존재해야 한다고 생각했던 것이다. 그러나 사람들도 흔히 그렇게 생각하지만, 길게 보면 정의와 편의는 결코 그렇게 분리될 수 없다."[13]

> "정의와 편의 사이의 차이가 그저 가상의 구분에 불과한 것인가? 정의가 정책(policy)보다 더 신성한 것이며, 후자는 전자가 충족되고 나서야 관심을 기울여 볼 만한 대상에 지나지 않는다고 말하면, 그것은 오랜 착각에 지나지 않는 것인가? 결코 그렇지 않다. […] 나는 효용에 기반을 두지 않은 채 정의에 관한 가상의 기준을 제시하는 모든 이론을 반박하는 한편, 효용에 바탕을 둔 정의가 모든 도덕성의 중요한 부분이 되고, 그 어떤 것보다 더 신성하고 구속력도 강하다고 생각한다."[14]

3. 장점과 단점

공리주의가 사람들을 매혹시킬 수 있었던 이유는 대부분의 인간들이 이미 믿었던 바를 확인하는 방식을 가졌다는 점인데, 그것은

12) John Stuart Mill(서병훈 역), 공리주의(책세상, 2007), 49면.
13) John Stuart Mill(서병훈 역), 공리주의(책세상, 2007), 89면.
14) John Stuart Mill(서병훈 역), 공리주의(책세상, 2007), 118면.

모든 사람이 쾌락과 행복을 욕망한다는 사실이다.[15] "공리주의가 정치도덕으로서 매력적인 이론이라는 사실은 두 가지 특징에 의해 뒷받침될 수 있다. 첫째로, 공리주의자들이 추구하고자 하는 목표가 신의 존재나 영혼 또는 여타의 모호한 형이상학적 실체에 의존하지 않는다는 점이다. 다른 한편으로는 관련되어 있는 공리주의의 또 다른 매력은 바로 '결과주의'(consequentialism)이다."[16] "이러한 공리주의의 두 가지 매력은, 그것이 인간의 복지가 중요하다는 우리들의 직관과 합치된다는 점과 도덕법칙들이 이러한 직관에 비추어서 인간의 복지에 미치는 결과에 따라 평가받아야 한다는 점이다."[17]

공리주의는 오늘날 여러 다른 진영으로부터 많은 비판을 받고 있지만, 나름 시대적 사명을 잘 완수했다고 보여진다. 역사적으로 공리주의는 소수의 귀족 계층을 위해 다수의 권리가 무시되었던 시대에 생겨났다. 그렇기에 소수의 엘리트로부터 다수를 보호하는 것이 문제될 때 공리주의는 정의를 실현하는 사상적 기반이 되었다.[18] 공리주의는 민주주의의 확장, 형법상의 개혁, 복지조항 등을 주장했다.[19]

오늘날 공리주의에 대한 비판은 공리주의가 다수의 공익에 기여하는 경우에 소수자의 권리를 존중하지 않을 수 있다는 점과 모든 중요한 도덕적 문제를 쾌락과 고통이라는 하나의 저울로 측정하는 오류를 범한다는 점에 있다.[20] 공리주의는 다수의 이익을 위해서 약

---

15) Samuel Enoch Stumpf/James Fieser(이광래 역), 소크라테스에서 포스트모더니즘까지(열린책들, 2008), 505면.
16) Will Kymlicka(장동진 外 3인 역), 현대 정치철학의 이해(동명사, 2005), 14면.
17) Will Kymlicka(장동진 外 3인 역), 현대 정치철학의 이해(동명사, 2005), 15면.
18) Will Kymlicka(장동진 外 3인 역), 현대 정치철학의 이해(동명사, 2005), 65면.
19) Will Kymlicka(장동진 外 3인 역), 현대 정치철학의 이해(동명사, 2005), 62면.
20) Michael Sandel(이창신 역), 정의란 무엇인가(김영사, 2010), 58면, 73면.

자의 희생을 정당화시킬 위험성이 있다. 공리주의의 문제점을 지적하며 롤스(John Rawls)는 자신의 정의론을 들고 나왔다.

> "공리주의는 역사적으로 영국 사회가 여전히 (지방의 노동계급을 차지하던) 다수의 희생을 통해 소수의 특권받은 엘리트 계층의 이익을 보장하기 위해 조직되어 있던 시기에 발생했다. 이러한 엘리트적인 사회구조는 종종 이념적으로 왜곡된 전통, 본성 내지는 종교의 개념을 통해 정당화되었다. 이 시기에 가장 본질적인 정치논쟁들은 주로 다수의 권리를 신장시키기 위해 체제를 개편해야 하는지의 여부에 대한 것이었다. 이러한 상황 아래에서 세속화와 극대화에 대한 공리주의의 헌신은 분명히 역사적으로 특권받은 엘리트에 대항해서 억압받은 다수의 편을 든다는 것을 의미했다.
>
> 그러나 현대 자유민주주의 체제에 들어서서는, 핵심적인 정치쟁점들이 달라졌다. 대중의 다수(적어도 남성성원들)가 기본적인 정치적, 시민적 권리를 획득한 것은 이미 오래 전 일이다. 1950년대와 1960년대의 시민권 운동을 출발점으로, 논란이 되던 대다수의 정치문제들은 역사적으로 억압받은 소수(minority)의 권리로 초점을 맞추게 되었다 — 가령 흑인들, 동성애자들, 토착민들 혹은 신체적 장애를 갖고 있는 사람들의 권리로 말이다. 더욱이 이러한 권리는 전형적으로 다수에 반대해서 주장이 되었다 — 즉, 그것은 다수가 원하지 않거나 그들의 이익에 부합하지 않는 정책들을 강제하려는 의도를 담고 있었다. 이러한 경우에 있어서 공리주의는 더 이상 명확하거나 명료한 방향을 제시하지 못한다. 여기서 문제가 되는 소수는 수적으로도 적고 — 어쩌면 전체 인구의 2~5% 밖에 안 될 지도 모른다."[21]

> "간단히 말해서, 특권을 누리는 소수의 엘리트로부터 억압받는 다수를 보호하는 것이 쟁점일 경우에, 공리주의는 명확하고 진보적인 해법을 제시해 준다. 하지만 특권을 누리는 거대한 다수로부터 억압받는 소수

21) Will Kymlicka(장동진 外 3인 역), 현대 정치철학의 이해(동명사, 2005), 64~65면.

를 보호하는 것이 문제일 경우에, 공리주의는 단기적인 효과와 장기적인 효과를 어떻게 정의하고 비교하는가에 따라 모호하고 상충적인 해법들을 제시한다. 즉, 여기서 문제는 공리주의적 논증의 바람이 지나치게 여러 방향으로 분다는 것이다(Sher, 1975)."[22]

22) Will Kymlicka(장동진 外 3인 역), 현대 정치철학의 이해(동명사, 2005), 65면.

Ⅱ 평등지향적 자유주의

1. 롤 스

존 롤스(John Rawls, 1921~2002)는 '정의론'을 일평생 파고든 고승도치형 학자이다. 1971년 공리주의 정의론에 대항하여 자유주의 정의론을 펼친 '정의론'(Theory of Justice)을 출판함으로써 정의론의 부활을 주도했다. 롤스는 '무지의 베일'로 대표되는 '원초적 입장'에서 정의의 두 원칙을 도출하여 이상적인 정의관을 제시했다. 1993년 발간된 '정치적 자유주의'(Political Liberalism)에서는 합당한 다원주의로부터 중첩적 합의의 가능성을 주장하며 '정의론'보다는 현실적인 정의관을 제시하였다.[1] 번역된 그의 책에는 주저인 '정의론', '공정으로서의 정의', '정치적 자유주의', '만민법' 등이 있다.[2]

롤스는 '정의론'에서 정의의 관점에서 사회의 기본구조(사회의 주요제도가 권리와 의무를 배분하고 사회 협동체로부터 생긴 이익의 분배를 정하는 방식)를 세우고자 하는데,[3] 그에 따르면 사회의 기본구조는 정의의 일차적 주제이다.[4] 부정의를 어떻게 처리할 것인가에 대해 규제적 원칙을 제공하는 '부분적 준수론'의 중요성을 인정함에도, 롤스는 정의로운 사회의 기초를 연구하는 '철저한 준수론'을 따라 현

1) John Rawls(장동진 역), 정치적 자유주의(동명사, 2009), 역자 서문, 8면.

2) John Rawls(황경식 역), 정의론(이학사, 2003); John Rawls(황경식 역), 공정으로서의 정의(서광사, 1988); John Rawls(장동진 역), 정치적 자유주의(동명사, 2009); John Rawls(장동진, 김기호, 김만권 역), 만민법(아카넷, 2009).

3) John Rawls(황경식 역), 정의론(이학사, 2003), 40면.

4) 이는 다음 언급에서 잘 알 수 있다. "사상체계의 제1덕목이 진리라고 한다면 정의는 사회제도의 제1덕목이다. 이론이 아무리 정치하고 간명하다 할지라도 그것이 진리가 아니라면 배척되거나 수정되어야 하듯이, 법이나 제도가 아무리 효율적이고 정연하다 할지라도 그것이 정당하지 않으면 개선되거나 폐지되어야 한다." John Rawls(황경식 역), 정의론(이학사, 2003), 36면.

실적인 이론이 아닌 이상적인 이론을 전개했다.

롤스는 사회구조에 보편적으로 적용되는 정의(옳음)를 알아보기 위해 사회계약론의 방법을 활용했다. 이는 자신에 대한 모종의 특수한 사실을 모르는 사람들이 어떤 정의 원칙에 합의할 것인가를 상상해 보는 방법이다. 롤스는 정의 원칙을 원초적 합의의 대상으로, 개인들이 무지의 베일 뒤에서 맺은 계약의 산물로 보았다.[5] 롤스는 '원초적 상황'에서의 공정한 합의 개념을 통해 '좋음에 대한 옳음의 우선성 테제'(the priority of the right over the good)를 대변했다. 이는 옳음(정의)은 좋음(선함)과 엄격하게 구분되고, 옳음은 좋음과는 상관없이 도출된다는 의미이다.

롤스의 '공정으로서의 정의' 개념은 원초적 입장에서 얻은 기본적 합의가 공정하다는 의미를 담고 있으며,[6] 정의의 원칙을 합의하는 사람들이 공정한 위치에 있다는 전제를 요구한다.[7] 무지의 베일에 의해 특정인이나 특정집단을 유리하게 하는 특수한 우연성의 결과들을 무효화시키는 것이다.[8]

'원초적 상황'(original position)은 무엇보다도 '무지의 베일'(veil of ignorance)에 의해 특징지워진다. '무지의 베일' 아래서 원초적 상황에 있는 사람들은 자신의 사회적 지위, 타고난 소질, 자신의 선관념 등을 알지 못한다. 원초적 입장에 있는 자들은 무지의 베일에 의해 합리적으로 행동하며, 그들이 선이라고 생각하는 것(가치관)이 무엇인지도 모른다.[9] 원초적 상황은 '무지의 베일'에 의해 반성적 평형

5) Stephen Mulhall/Adam Swift(김해성, 조영달 역), 자유주의와 공동체주의(한울, 2001), 33면, 45면.
6) John Rawls(황경식 역), 정의론(이학사, 2003), 47면, 52면 이하.
7) John Rawls(황경식 역), 정의론(이학사, 2003), 198면.
8) John Rawls(황경식 역), 정의론(이학사, 2003), 195면.
9) John Rawls(황경식 역), 정의론(이학사, 2003), 202면; 이처럼 롤스의 정의론

상태에서의 숙고된 판단을 가능하게 하는 이상적 상황이 된다.

- 자신의 사회적 지위와 타고난 소질을 알지 못한다. 무지의 베일 아래 아무도 자신의 특정 조건에 유리한 원칙을 구상할 수 없게 한다.
- 자신의 선관념(conception of the good)도 모른다. 자신의 선관념이 정의 원칙을 결정하는데 영향을 미치지 않는다. 이는 옳음(정의)을 정함에 있어 좋음(선함)이 직접적인 영향을 미치는 공동체주의와 구별된다.
- 그렇다고 해서 원초적 상황의 사람들이 이타주의적으로 행동하는 것은 아니다. 이들은 무지의 베일에 의해 합리적으로 행동할 뿐이지, 이타적인 것은 아니다. 롤스는 타인의 이익에 대해 무관심하면서도 항상 자기 합리성을 추구할 줄 아는 인간을 원초적 상황의 인간으로 상정했다. 자신이 사회에서 높은 지위를 차지할지 낮은 지위를 차지할지 모른다. 체결되는 계약 내용이 (낮은 사회적 지위를 차지할지도 모를 자신에게 불리하지 않도록) 합리적으로 행동할 뿐이다.

무지의 베일 아래 아무도 자신의 특정 조건에 유리한 원칙들을 구상할 수 없기 때문에, 정의의 원칙은 공정한 합의나 약정의 결과가 된다.[10] 이로부터 다음과 같은 정의의 두 원칙이 도출된다. 첫째, 각자는 다른 사람들의 유사한 자유의 체계와 양립할 수 있는 평등한 기본적 자유의 가장 광범위한 체계에 대하여 평등한 권리를 가져야 한다. 둘째, 사회적·경제적 불평등은 다음과 같은 두 조건을 만족시키도록, 즉 (a) 모든 사람들의 이익이 되리라는 것이 합당하게 기대되고, (b) 모든 사람들에게 개방된 직위와 직책이 결부되게끔 편성되어야 한다. "첫 번째 원칙은 기본적인 권리와 의무의 할당에 있어 평등을 요구하는 것이며, 반면에 두 번째 것은 사회적·경제적 불평

은 좋음에 대한 옳음의 우선성을 주장하는 의무론적인(deontological) 의미를 담고 있다.

10) John Rawls(황경식 역), 정의론(이학사, 2003), 45면 이하, 199면.

등, 예를 들면 재산과 권력의 불평등을 허용하되 그것이 모든 사람, 그 중에서도 특히 사회의 최소수혜자에게 그 불평등을 보상할 만한 이득을 가져오는 경우에만 정당한 것임을 내세우는 것이다. 이러한 원칙들은 소수자의 노고가 전체의 보다 큰 선에 의해 보상된다는 이유로 어떤 제도를 정당화하는 일을 배제한다. 다른 사람의 번영을 위해서 일부가 손해를 입는다는 것은 편리할지는 모르나 정의롭지는 않다. 그러나 불운한 사람의 처지가 그로 인해 더 향상된다면 소수자가 더 큰 이익을 취한다고 해도 부정의한 것은 아니다."[11]

롤스에 따르면, 일단 중요한 자유가 적절히 보장되고 난 다음에는, 공동체의 정치적 합의는 가장 빈곤한 계층이 최대한 부유해지게 만드는 것을 목표로 삼아야 한다.[12] 이처럼 롤스의 이론은 '평등지향적 자유주의'라 할 수 있는 두 가지 요소를 모두 지니고 있는데, 하나는 시민적 자유에 대한 통상적인 자유주의적 지지가 배어 있는 개인의 자유에 대한 신념이며, 다른 하나는 기회균등 그리고 시장보다 좀더 평등주의적인 재분배에 대한 믿음으로 이는 재분배적 복지국가의 지지로 이어진다.[13] 롤스의 평등지향적 자유주의는 어떤 특정한 선관을 가정하지 않고, 어떤 특정 동기 부여 이론에 의존하지도 않는 일련의 규제적 원리를 도출하는 것으로서, 선의 개념은 다양하다는 것, 유일무이하게 지배적인 인간목적은 없다는 것, 인간은 목표가 주어지기보다는 선택하는 존재라는 것, 사람들이 정의로운 약정에 따라 다양한 목표를 자유롭게 추구할 수 있다는 견해와 연계되어 있다.[14]

---

11) John Rawls(황경식 역), 정의론(이학사, 2003), 49면, 105면 이하.

12) Ronald Dworkin(홍한별 역), 민주주의는 가능한가(문학과 지성사, 2012), 139면.

13) Stephen Mulhall/Adam swift(김해성, 조영달 역), 자유주의와 공동체주의(한울, 2001), 15면.

14) Michael Sandel(이양수 역), 정의의 한계(멜론, 2012), 257면; "샌델에 따르면,

'무지의 베일'과 '원초적 입장'에 기초해 정의의 원칙을 도출해 내는 롤스의 작업은 현실을 규제할 수 있는 '규제적 원리'를 얻을 수 있다는 점에 큰 의미를 지닌다. 실재존재론에 따른 정의의 이데아를 상정하지 않고도 현실의 질서를 비판하고 바른 길을 제시할 수 있는 아르키메데스의 점을 얻을 수 있다.[15] 하지만 정의의 원칙을 만드는 과정에서 현실을 고려하지 않음으로 인해 이상화된 원리가 도출될 수 있다는 위험을 안고 있다. 또한 '규제적 원리'로서 활용될 수 있는 장점이 있지만, 현실을 고려하지 않음으로 인해 실효성이 떨어진다는 단점이 있다. 롤스는 정의의 원칙을 도출하기 위해서 이상화된 조건을 내세운다. 이기적이면서도 이타적인 인간의 본성을 무지의 베일을 통해 덮어버린다. 원초적 입장에 있는 당사자들은 무지의 베일에 의해 자신의 특정 조건을 알지 못하기 때문에 합리적이고 상호 무관심하게(mutually disinterested) 정의의 원칙을 도출해 낸다.[16] 상호 무관심과 무지의 베일이 결합되면 이타심과 동일한 의도를 성취할 수 있기 때문이다.[17] 이상화의 문제는 정의의 원칙을 도출하기 위해서 롤스 자신이 필연적으로 전제하고 있는 부분이다.

한편에서는 롤스의 이론이 원초적 합의의 결과로서 '소득과 부의 재분배'를 정당화하지만, 무지의 베일에 두른 원초적 상황이라는

자유주의와 사회 계약의 결합은 우연이 아니다. 사회 계약의 특별한 위상은 절차의 공정성과 결과의 공정성을 담보하기 때문이다. 사회 계약은 자유주의의 핵심 논증인 절차의 우선성을 성립시키는 계기가 된다. 이같은 절차 때문에 책무나 의무가 성립될 수 있다. 거꾸로 말해 이런 공정한 절차가 없으면 의무나 책무는 존재할 수 없다. 왜 롤스는 원초적 입장을 서술할 때 '무지의 베일'이라는 단서 조항을 굳이 달아야 하는가? 원초적 입장을 성립시키는 절차가 공정하다는 것, 더 나아가 선택 상황이 공정하므로 그 절차의 결과 또한 공정함을 보증하기 위한 것이다(282면)."

15) John Rawls(황경식 역), 정의론(이학사, 2003), 352면, 354면.

16) John Rawls(황경식 역), 정의론(이학사, 2003), 48면.

17) John Rawls(황경식 역), 정의론(이학사, 2003), 210면.

조건은 비현실적이어서 정의의 두 원칙은 '규제적 원리'에 만족해야 한다는 비판이 제기되었다. 다른 한편에서 자유지상주의자인 노직(Robert Nozick)은 롤스의 재분배적 측면이 개인의 재산권과 소유권에 대한 침해를 수반한다고 비판했다. '소득과 부의 재분배' 정책은 개인의 재능을 그런 재능을 갖지 못한 다른 사람들의 목적을 위한 수단으로 사용하는, 강제노동에 비유되는 조세체계를 상정하기 때문에 개인과 그들의 자유를 진지하게 고려하지 않는다는 것이다.[18)]

여러 비판에도 불구하고 롤스의 이론은 현대 정의론에 너무나도 큰 영향력을 미쳤다. 롤스의 '정의론'은 세 가지 논쟁을 불러일으켰는데, 공리주의자들과 권리지향적인 자유주의자들 간의 논쟁, 권리지향적인 자유주의 내에서 발생한 논쟁, 자유주의자들과 공동체주의자들 간의 논쟁이 바로 그것이다. 이를 마이클 샌델(Michael Sandel)은 다음과 같이 잘 설명했다.

> "정치철학을 다룬 저서 중에 지속적인 논쟁을 불러일으킨 작품은 그리 많지 않다. 그러나 존 롤스의 '정의론'이 한 가지도 아니고 세 가지 논쟁을 불러일으켰다는 사실은 그 저작이 얼마나 훌륭한지 알 수 있는 증거가 된다.
> 도덕철학과 정치철학을 배우는 학생들에게 출발점이 되는 첫 번째 논쟁은 공리주의자들과 권리지향적인 자유주의자들 간의 논쟁이다. 제레미 벤담과 존 스튜어트 밀의 주장대로 정의는 공리에 기반을 두어야 하는가, 아니면 칸트와 롤스가 주장하는 것처럼 개개인의 권리를 존중하려면 공리주의적 고려 사항과는 별개인 정의의 근거가 필요한가? 롤스가 '정의론'을 발표하기 전에는 공리주의가 영미의 도덕 및 정치철학계에서 지배적인 의견이었고 그 이후에는 권리지향적인 자유주의가 우세해졌다.

---

18) Stephen Mulhall/Adam swift(김해성, 조영달 역), 자유주의와 공동체주의(한울, 2001), 16면.

롤스의 저서가 불을 지핀 두 번째 논쟁은 권리지향적인 자유주의 내에서 발생한 논쟁이다. 만약 개인의 특정한 권리가 너무나도 중요하기 때문에 공공선을 고려하더라도 그러한 권리를 무시할 수 없다면 그 권리는 어떤 권리인지 묻는 일이 남는다. 로버트 노직(Robert Nozick)이나 프리드리히 하이예크(Friedrich Hayek)와 같은 자유지상주의적 자유주의자들은 정부가 기본적인 시민적·정치적 자유를 비롯해 시장경제가 부여한 노동의 대가 또한 존중해야 한다고 주장한다. 따라서 부자들에게 세금을 매겨 가난한 사람들을 돕는 재분배정책은 인간의 권리를 침해하는 것이다.

롤스와 같은 평등주의적 자유주의자들은 의견을 달리 한다. 그들은 기본적인 사회·경제적 욕구가 충족되지 않으면 시민적·정치적 자유를 유효하게 행사할 수 없다고 주장한다. 따라서 정부는 모든 사람들에게 교육, 소득, 주택, 의료 등 제대로 된 혜택을 권리로 보장해야 한다. 1970년대에 학계를 달군 자유지상주의자들과 평등주의적 자유주의자들 간의 논쟁은 미국 정치학계에서 뉴딜정책 이래로 친숙해진 시장경제 옹호자들과 복지국가 지지자들간의 논쟁과 일치한다.

롤스의 저서가 유발한 세 번째 논쟁은 자유지상주의자들과 평등주의적 자유주의자들 모두 가졌던 가정을 중심으로 한다. 이 가정은 좋은 삶에 대한 여러 개념들 사이에서 정부가 중립을 지켜야 한다는 생각이다. 권리지향적 자유주의자들은 우리에게 어떤 권리가 있는지에 대해 다양한 설명을 제시하면서도, 인간의 권리를 구체적으로 명시하는 정의가 정당성을 갖추려면 좋은 삶에 대한 특정한 개념에 의존하지 말아야 한다는 데 동의한다. 칸트, 롤스 그리고 오늘날 자유주의자들의 이론에서 중심이 되는 생각은 옳음(권리)이 좋음(선)에 우선한다는 주장으로 요약된다."[19]

19) Michael Sandel(안진환·이수경 역), 왜 도덕인가? (한국경제신문, 2010), 217면 이하; 비슷한 내용으로 Michael Sandel(이양수 역), 정의의 한계 (멜론, 2012), 372~372면.

2. 드워킨

드워킨(Ronald Dworkin, 1931~2013)은 '법과 권리'(Taking Rights Seriously, 1977)와 '법의 제국'(Law's Empire, 1986)에서는 자신의 법이론을 전개한 반면에, '자유주의적 평등'(Sovereign Virtue, 2000)과 '정의론'(Justice for Hedgehogs, 2011)에서는 자신의 정치철학을 펼쳤다.[20] 드워킨은 자신을 고슴도치형 학자로 묘사했다. 그리스의 시인 아르킬로코스(Archilochos, BC 680~645)는 "여우는 많은 것을 알지만, 고슴도치는 큰 것 하나를 안다"는 말을 남겼다. 이를 후에 이사야 벌린(Isaiah Berlin)이 차용해서 사용했다.[21] 드워킨은 아르킬로코스와 이사야 벌린이 관찰한 많은 것을 두루 아는 여우와 중요한 한 가지를 깊이 아는 고슴도치를 자신에게 적용하여 자신을 '가치의 통일성'(unity of value)을 변호하는 고슴도치로 묘사했다.[22] 그의 책 '정의론'의 원제목은 '고슴도치를 위한 정의'(Justice for Hedgehogs)이다.

드워킨은 자유(liberty)와 평등(equality)이라는 가치가 각각 다른 가치의 희생을 전제로 충족되는 것인지, 아니면 동시에 충족될 수 있는 것인지에 대해 질문을 던졌다. 그의 정치철학에는 기본적으로 자유와 평등은 서로 대립되는 가치가 아니라 동시에 달성해야 하는 가치라는 점이 깔려 있다.[23] 자유주의는 자유 뿐만 아니라 평등을

---

20) 그 외에도 드워킨은 1985년에 '원칙의 문제'(A Matter of Principle), 1993년에 '생명의 지배영역'(Life's Dominion), 1996년에 '자유의 법'(Freedom's Law), 2006년에 '법복을 입은 정의'(Justice in Robes)와 '민주주의는 가능한가?'(Is Democracy Possible Here?)를 저술했다.

21) 이사야 벌린은 '자유와 배반'이라는 '한 가지 큰 것'을 발견한 고슴도치였다. Michael Ignatieff(이화여대 통역번역연구소 역), 이사야 벌린(아산정책연구원, 2012), 339면. Mark Lilla, Ronald Dworkin, Robert Silvers 編(서유경 역), 이사야 벌린의 지적 유산(동아시아, 2006), 9면.

22) Ronald Dworkin(박경신 역), 정의론(민음사, 2015), 27면.

23) 드워킨의 주장은 또 다른 고슴도치인 이사야 벌린의 주장과 대비된다. "이사

중요시하기에, 그가 보기에 아무런 규제도 받지 않는 시장지상주의는 자유주의가 아니다.[24] "저는 가치들 간의 경쟁을 없애려고 합니다. [⋯] 자유와 평등은 경쟁합니다. 저는 자유와 평등 사이의 경쟁을 완화하는 방법을 찾고 있습니다."[25] "대부분의 저명한 자유주의 철학자들은 자유와 평등이 상호 경쟁적인 관계에 있다고 생각해왔습니다. 즉 자유를 보호하기 위해서는 평등을 다소 희생해야 하거나 평등을 추구하려면 자유를 조금 희생할 수밖에 없다는 시각입니다. 이런 시각 때문에 자유주의는 쉽게 공격을 받을 수 있는 입장에 놓입니다. 왜냐하면 자유와 평등 가운데 어느 가치를 더 선호하는지, 얼마만큼 더 선호하는지 정확히 말하기란 불가능하기 때문입니다. 결국 자유주의가 이해하는 평등은 내용이 빈약하다고 공격을 받기 마련이고, 자유주의는 평등보다는 자유를 더 소중하게 여기는 사상이라고 결론짓게 됩니다. 이에 반해 저는 자유와 평등이 서로 구별되는 가치가 아니라는 점을 보이려는 것입니다. 둘을 동시에 달성해야지, 아니면 어느 하나도 달성할 수 없다고 보는 입장입니다."[26]

드워킨은 정치공동체의 형성에 있어 '동등한 존중과 배려'(equal

야 벌린은 객관적으로 타당한, 따라서 강력한 호소력을 갖는 인간적 가치들은 필연적으로 서로 충돌할 수밖에 없으므로 하나의 가치에 대한 만족은 필연적으로 다른 가치의 희생, 즉 어떻게 해서도 되찾을 수 없는 상실을 가져온다고 주장했다." Mark Lilla, Ronald Dworkin, Robert Silvers 編(서유경 역), 이사야 벌린의 지적 유산(동아시아, 2006), 9~10면. "그럼에도 저는 지금 이사야 벌린이 엄중하게 비판했던 전체론적 이상을 변호하고자 합니다(로널드 드워킨)." Mark Lilla, Ronald Dworkin, Robert Silvers 編(서유경 역), 이사야 벌린의 지적 유산 (동아시아, 2006), 101면.

24) 드워킨과의 대화(김비환, 김정오, 박경신, 염수균, 장영민, 함재학), 자유주의의 가치들(아카넷, 2011), 24면.

25) 드워킨과의 대화(김비환, 김정오, 박경신, 염수균, 장영민, 함재학), 자유주의의 가치들(아카넷, 2011), 69면.

26) 드워킨과의 대화(김비환, 김정오, 박경신, 염수균, 장영민, 함재학), 자유주의의 가치들(아카넷, 2011), 21~22면.

respect and concern)를 강조했다. "평등한 배려(equal concern)는 정치 공동체의 최고의 덕목이며, 그것이 없는 정부는 오직 독재일 뿐이다. 그리고 한 국가의 재산이 매우 불평등하게 분배되어 있을 때(현재 가장 풍요로운 국가들에서도 부의 분배는 불평등하다) 그 국가의 평등한 배려를 의심하게 된다. 왜냐하면 재산의 분배는 법적 질서의 산물이기 때문이다. 한 시민의 재산은 그가 속한 공동체가 어떤 법을 제정하느냐에 따라 상당 부분 달라진다. 그 법에는 소유, 절도, 계약, 그리고 불법행위를 다스리는 법뿐만 아니라 복지법, 세법, 노동법, 시민권법, 환경규제법, 그리고 다른 모든 실제적인 것들에 대한 법들이 포함되어 있다."[27] "다음 두 가지 지배 원리에 찬동하지 않는 정부는 정당성을 확보할 수 없다. 첫째, 정부는 자신이 지배한다고 주장하는 모든 이들의 운명에 대한 동등한 배려를 표해야 한다. 둘째, 정부는 각 사람이 어떻게 자신의 삶을 가치 있게 만들 것인가를 스스로 결정할 수 있도록 그들의 책임과 권리를 온전하게 존중해야 한다."[28]

'동등한 존중과 배려'를 실천하기 위해 드워킨은 보험기획(insurance scheme)에 기초해 '자원평등론'을 주장했다.[29] "모든 사람이 자신의 삶이 가져다주는 불확실성에 대해 동등한 능력을 가지고 불의의 사고(실직과 같은)에 대비할 수 있을 것을 요구한다고 봅니다. 평등에 관한 제 주장을 실생활에 적용해보면, 정부는 세금을 일종의 가상보험제도를 모델로 징수해야 한다는 결론이 나옵니다. 다시 말해서 장래의 불확실성에 대비한 보험에 가입하기 위해 각자가 지불할 용의

27) Ronald Dworkin(염수균 역), 자유주의적 평등(한길사, 2005), 49~50면.
28) Ronald Dworkin(박경신 역), 정의론(민음사, 2015), 29면.
29) Will Kymlicka(장동진 外 3인 역), 현대 정치철학의 이해(동명사, 2005), 104면 이하.

가 있는 액수만큼을 세금으로 걷는 것입니다. 그리고 정부는 그 세금으로 걷힌 재원을 가지고 실제 필요한 이들에게 나누어주는 것입니다. 그렇게 하면 평등을 추구하는 경제적으로 합리적인 시스템을 갖게 될 것으로 생각합니다."[30] 이처럼 드워킨은 어떤 공동체가 시민들에게 자신의 가치에 따라 삶을 기획할 동등한 기회를 진정으로 제공해야 그 공동체가 시민들에게 동등한 관심을 보인다는 가정 아래 조세에 관한 이론을 세웠다.[31] 드워킨은 롤스의 '사회계약 은유'에 대비해 자신의 이론을 '보험 은유'라고 표현했다.

드워킨은 과세의 정당성을 인간존엄에서도 이끌어냈다. 드워킨은 인간 존엄의 두 가지 원칙을 주장했다. "이 두 가지 원칙, 곧 모든 인간의 삶에는 본질적인 잠재 가치가 있다는 첫 번째 원칙과 누구나 그 가치를 자기 삶에서 실현할 책임이 있다는 두 번째 원칙이 결합하여 인간 존엄의 토대와 조건을 정의한다. 그래서 나는 이 둘을 존엄의 원칙 혹은 조건이라고 칭한다."[32] 드워킨은 과세의 정당성을 국가가 인간 존엄의 두 번째 원칙, 즉 각 시민에게 자기 삶의 가치를 스스로 확인하고 실현할 책임이 있다는 원칙을 존중해야 한다는 점에서 도출했다.[33]

30) 드워킨과의 대화(김비환, 김정오, 박경신, 염수균, 장영민, 함재학), 자유주의의 가치들(아카넷, 2011), 27면; Ronald Dworkin(박경신 역), 정의론(민음사, 2015), 31면.

31) Ronald Dworkin(홍한별 역), 민주주의는 가능한가(문학과 지성사, 2012), 145면 이하.

32) Ronald Dworkin(홍한별 역), 민주주의는 가능한가(문학과 지성사, 2012), 23면.

33) Ronald Dworkin(홍한별 역), 민주주의는 가능한가(문학과 지성사, 2012), 23면, 138면.

Ⅲ 자유지상주의

자유지상주의자들은 현대 국가가 실시하는 정책과 법 가운데 온정주의, 도덕법, 소득과 부의 재분배를 반대한다.[1] 자유지상주의자들은 최소국가 내지 작은 정부를 지향하는데, 대표적인 자유지상주의자인 노직(Nobert Nozick)에 따르면, 강압, 절도, 사기로부터의 보호, 계약 집행 등이라는 좁은 기능들에 제한된 최초 국가(minimal state)만이 정당화되며, 그 이상의 포괄적 국가(extensive state)는 특정의 것들을 하도록 강제하지 않을 개인의 권리를 침해하게 된다.[2] 따라서 일부 시민들로 하여금 다른 사람들을 돕게 할 목적으로, 또는 국가가 시민들 자신의 선과 보호를 위해 특정 행위를 금지할 의도로 강제적인 수단을 사용하면 안 된다.[3] 대신에 '트리클 다운이론'(trickle-down, 낙수(落水)효과, 적하(滴下)효과 등으로 번역되는데, '넘쳐흐르는 물이 바닥을 적신다'는 뜻이다)을 주장하는데, 이는 정부가 투자 증대를 통해 대기업과 부유층의 부를 먼저 늘려주면 중소기업과 소비자에게 혜택이 돌아감은 물론, 이것이 결국 총체적인 국가의 경기를 자극해 경제발전과 국민복지가 향상된다는 이론이다. 즉 부자를 더 부유하게 하면 그 부가 저절로 빈자에게도 미친다는 것이다.

자유지상주의자들은 '소득과 부의 재분배'는 다음 두 가지 관점에서 정당화될 수 없다고 주장한다. 첫째는 소득을 가진 자들의 재원을 통해 빈곤한 자를 돕는 것이 그들의 재산권을 빼앗는 것인지

1) Michael Sandel(이창신 역), 정의란 무엇인가(김영사, 2010), 89면 이하.
2) Robert Nozick(남경희 역), 아나키에서 유토피아로(문학과지성사, 2005), 11면; 노직(Nobert Nozick)은 그의 책 '아나키에서 유토피아로'(Anarchy, State and Utopia) 제1부에서 최초국가(minimal state)를 정당화하며, 제2부에서는 더 이상의 포괄적 국가(extensive state)는 정당화될 수 없다고 주장한다(14면).
3) Robert Nozick(남경희 역), 아나키에서 유토피아로(문학과지성사, 2005), 11면.

여부에 관한 것이다. 누진세와 같은 '소득과 부의 재분배'는 납세의무자의 소득을 가져다가 재분배의 수단으로 삼는다는 점에서 그 목적이 숭고하다 할지라도 납세의무자의 재산권을 침해한 것이 아닌가 하는 의문을 제기한다. 둘째는 재분배정책이 과연 실효성있게 집행되는지, 그 과정에 부정과 비리 때문에 의도는 좋지만 결과는 별반 차이가 없거나 더 나쁘게 되는 것이 아닌가 하는 것이다.4)

1. 노 직

노직(Nobert Nozick, 1938~2002)은 자유지상주의의 가치와 이론에 기초해 '소득과 부의 재분배'에 국가가 적극적으로 개입하는 것을 반대했다. 노직에 따르면, 자유지상주의의 가치를 이루는 핵심은 '자기소유' 개념이다. "내가 나를 소유한다면, 나는 내 노동도 소유해야 한다(다른 누군가 내게 노동을 명한다면, 그 사람은 내 주인이며 나는 노예가 된다). 내가 내 노동을 소유한다면, 내게는 그 열매를 가질 자격이 있어야 한다(누군가 내 수입을 가질 자격이 있다면, 그 사람은 내 노동을 소유하고 따라서 나를 소유할 것이다). 자유지상주의자들은 과세(내 수입을 가져가는 행위)에서, 강제 노동(내 노동을 가져가는 행위)과 노예제(나는 나를 소유한다는 사실을 부정하는 행위)에서, 도덕적 연속성을 발견한다."5) 노직은 노동가치설의 주창자이기도 한 로크(John Locke)의 견해를 빌어, 소득과 부의 재분배는 노동이 가져다 준 소유의 권리를 침해한다고 주장했다.6) 노동가치설이라는 가장 진보적인

---

4) "하나는 규범적이고 윤리적인 것으로서, 평등을 촉진하기 위한 국가 개입이 정당화되느냐는 것이고, 다른 하나는 실증적이고 과학적인 것으로서, 이를 위해 실제로 취해진 조치들은 어떠한 결과를 낳았는가 하는 것이다." Milton Friedman(심준보, 변동열 역), 자본주의와 자유(청어람미디어, 2011), 252면.

5) Michael Sandel(이창신 역), 정의란 무엇인가(김영사, 2010), 96면.

6) "정부는 납세자들을 완전히 소유하려 들지는 않지만, 부분적으로 엄연히 소

이론이 가장 보수적인 이론에 역이용되었다. 로크에 따르면, 자연의 사물들은 공유로 주어지지만, 인간은 (그 자신의 주인으로서, 곧 그 자신의 인신, 행위 및 노동의 소유주로서) 그 자신 안에 소유권의 주된 기초가 되는 것을 지니고 있다. 따라서 발명과 기예를 통해서 삶의 편익을 개선했을 때, 그가 자신을 부양하고 편리하게 하기 위해서 사용한 것의 대부분을 차지하는 것은 전적으로 그의 것이며 다른 사람과의 공유물이 아니다.[7] 태초에는 누구든 공유물이던 것에 기꺼이 노동을 지출하면 어디에서나 노동이 그것에 소유권을 부여하는 것이다.[8]

또한 노직은 소득과 부의 재분배를 그의 '소유권이론'(entitlement theory)을 통해서도 반박했다. 이에 따르면, 소득과 부의 재분배는 개인의 소유권을 침해하는 것이 된다. '소유물에서의 정의의 원리'는 '취득에서의 정의의 원리'와 '이전에서의 정의의 원리' 2가지이며, 어느 누구도 2가지 원리의 반복적 적용에 의하지 않고서는 그 소유물에 대한 소유 권리가 없다.

1. 취득에서의 정의의 원리에 따라 소유물을 취득한 자는 그 소유물에 대한 소유 권리가 있다.
2. 이전에서의 정의의 원리에 따라 소유물을, 이 소유물에 대한 소유 권리가 있는 자로부터 취득한 자는 그 소유물에 대한 소유 권리가 있다.
3. 어느 누구도 1과 2의 (반복적) 적용에 의하지 않고서는 그 소유물에 대한 소유 권리가 없다.[9]

유하려 든다는 게 노직의 주장이다." Michael Sandel(이창신 역), 정의란 무엇인가(김영사, 2010), 97면.

7) John Locke(강정인, 문지영 역), 통치론(까치, 2007), 49면.

8) John Locke(강정인, 문지영 역), 통치론(까치, 2007), 49면.

9) Robert Nozick(남경희 역), 아나키에서 유토피아로(문학과지성사, 2005), 193면.

(참고) 로크의 '자연권으로서 재산권'과 '노동가치설'

존 로크(John Locke, 1631~1704)의 주장에서 주목할 것은 소유권의 정당화를 사회상태가 아닌 자연상태에서 시도한다는 점, 소유권이 자연권의 지위를 갖는다는 점이다.[10] 로크는 모든 사물에 상이한 가치를 부여하는 것은 노동이라는 노동가치설을 주장했다. 신은 사람들에게 세계를 공유물로 주었지만, 그 공유물이 그냥 방치되기를 원하지 않는다. 신체의 노동을 통해 얻는 것은 소유할 수 있는데, 이는 자연권에 해당한다. "비록 대지와 모든 열등한 피조물은 만인의 공유물이지만, 그러나 모든 사람은 자신의 인신에 대해서는 소유권을 가지고 있다. 이것에 관해서는 그 사람 자신을 제외한 어느 누구도 권리를 가지고 있지 않다. 그의 신체의 노동과 손의 작업은 당연히 그의 것이라고 말할 수 있다. 그렇다면 그가 자연이 제공하고 그 안에 놓아 둔 것을 그 상태에서 꺼내어 거기에 자신의 노동을 섞고 무언가 그 자신의 것을 보태면, 그럼으로써 그것은 그의 소유가 된다. 그것은 그에 의해서 자연이 놓아둔 공유의 상태에서 벗어나, 그의 노동이 부가한 무언가를 가지게 되며, 그 부가된 것으로 인해 그것에 대한 타인의 공통된 권리가 배제된다. 왜냐하면 그 노동은 노동을 한 자의 소유물임이 분명하므로, 타인이 아닌 오직 그만이, 적어도 그것 이외에는 *다른 사람들의 공유물들이 충분히 남아 있는 한*, 노동이 첨가된 것에 대한 권리를 가질 수 있기 때문이다."[11]

노동을 첨가할 것에 대한 권리를 가지기 위해서는 다른 사람들

---

10) 문지영, 국가를 계약하라 홉스 & 로크(김영사, 2007/2011), 117면.

11) John Locke(강정인, 문지영 역), 통치론 (까치, 1996/2007), 34~35면(이탤릭체는 저자에 의한 것임); "그러한 노동이야말로 그것들과 공유물 간의 구별을 가져온다. 노동이 만물의 공통된 어머니인 자연보다 더 많은 무엇을 그것들에 첨가한 것이다. 그리하여 그것들은 그의 사적인 권리가 된다." John Locke(강정인, 문지영 역), 통치론(까치, 1996/2007), 33면.

의 공유물들이 충분히 남아 있어야 한다는 점에 유의할 필요가 있다. 또한 정당한 사유(私有)가 되려면 상하기 전에 그것들을 모두 사용해야 한다는 점에 주의해야 한다. "100부셀의 도토리나 사과를 주워모은 자는 그것들에 대한 소유권을 가진다. 그것들은 주워모으자마자 그의 재물이다. *그는 그것들이 상하기 전에 그것들을 사용하도록 주의할 필요가 있을 뿐이다.* 그렇지 않으면 그는 자신의 몫 이상을 취한 것이며 다른 사람에게서 빼앗은 셈이 된다. 그리고 그가 사용할 수 있는 것보다 더 많은 것을 저장하는 것은 부정의한 일일 뿐만 아니라 참으로 어리석은 일이다. 그러나 그가 가지고 있는 동안 그것들이 상해서 무용지물이 되지 않도록 하기 위해서 그 일부를 다른 누군가에게 준다면, 그는 그것들을 이용한 셈이다."[12]

2. 프리드먼

밀턴 프리드먼(Milton Friedman, 1912~2006)은 소득과 부의 재분배를 위한 국가의 개입이 실질적으로는 부정적인 결과를 낳는다는 점에서 '소득과 부의 재분배'를 반대했다. 프리드먼은 정부가 가장 폭넓게 사용해온 방법 중의 하나인 누진세와 상속세가 일부 사람들에게 줄 것을 다른 사람들에게 빼앗아서 주기 위해 강제력을 동원하는 것이며, 개인의 자유와 정면으로 모순되는 것이라는 점 외에도,[13] 재분배정책이 소기의 목적을 달성하지 못하고 역효과를 낸다는 점을 들어 재분배정책의 정당화 근거를 찾기 어렵다고 보았다.[14]

---

12) John Locke(강정인, 문지영 역), 통치론(까치, 1996/2007), 51면(이탤릭체는 저자에 의한 것임).

13) Milton Friedman(심준보, 변동열 역), 자본주의와 자유(청어람미디어, 2011), 270면.

14) Milton Friedman(심준보, 변동열 역), 자본주의와 자유(청어람미디어, 2011), 266~267면.

그 첫째 이유는 조세부담이 타인에게 전가되는 통상적인 조세귀착의 효과 때문인데, 이는 높은 조세가 부과되는 활동(높은 위험과 비금전적 불이익을 수반하는 활동)으로 진입하는 것을 방해함으로써, 그러한 활동에서의 수익을 오히려 늘려주는 결과를 낳는다.[15] 둘째 이유는 누진세와 상속세가 조세를 회피하려는 입법 등의 규정들(여기에는 정률감모상각, 국·공채 이자에 대한 세금공제, 자본이득, 소요경비계정, 여타의 간접지급 방법 등에 대한 특별 우대 조치, 통상소득의 자본이익 전환 등이 있다), 소위 법적인 '개구멍'을 만들어내도록 자극한다는 점이다. 이로 인해 실효세율은 명목세율보다 훨씬 낮아졌고, 아마도 더욱 심각하게는 조세의 부담이 변덕스러워지고 불평등해진다.[16] "만약 현재의 높은 누진세율이 가져오는 세수가 낮다면 그 제도의 재분배 효과도 낮을 것이다. 그렇다고 그로 인한 피해가 없다는 의미는 아니다. 오히려 그 반대다. 세수가 그토록 낮은 이유는 부분적으로 이 나라의 가장 유능한 사람들 중 일부가 세금을 줄이기 위한 방법을 강구하는 데 그들의 정력을 쏟기 때문이며, 다른 많은 사람들이 조세효과에 신경을 써가며 자신들의 활동을 계획하기 때문이다. 이것은 모두 순전한 낭비다. 그럼으로써 우리가 무엇을 얻을 수 있을까? 기껏해야 국가가 소득을 재분배하고 있다는 일부 사람들의 만족감뿐이다. 그리고 이 만족감조차도 누진세율 세제의 실제 효과에 대한 무지에 바탕을 둔 것으로서, 그 사실이 밝혀지면 분명 스러져버릴 것이다."[17] 프리드먼은 자신이 생각하는 최선의 개인소득세

---

15) Milton Friedman(심준보, 변동열 역), 자본주의와 자유(청어람미디어, 2011), 267면.

16) Milton Friedman(심준보, 변동열 역), 자본주의와 자유(청어람미디어, 2011), 267~268면.

17) Milton Friedman(심준보, 변동열 역), 자본주의와 자유(청어람미디어, 2011), 272면.

제는 면세점 이상의 소득에 대해 일률적인 비율로 부과하는 세금(flat-rate tax)인데, 과세대상을 더 포괄한다면 더욱 공평해질 것이며, 자원 낭비도 줄어들 것이라고 주장했다.[18)]

3. 이사야 벌린

이사야 벌린(Isaiah Berlin, 1909~1997)은 자유지상주의의 선구자로 이해되는데, 그가 주장한 '자유' 개념의 시대적 배경이 자유지상주의가 등장하게 된 시대적 배경과는 다르다 하더라도 양자 사이에는 직접적인 관련성을 포착할 수 있기 때문이다. 이사야 벌린은 1958년 10월 31일 옥스퍼드대학 사회정치이론 치첼리 석좌교수에 취임하면서 기념비적인 논문인 '자유의 두 개념'(Two Concepts of Liberty)을 발표했다. 이는 이후 그의 저서 '자유론'의 주된 내용이 되었다.[19)]

자유 개념은 이사야 벌린의 구분을 따라 '소극적 자유(~로부터의 자유)'와 '적극적 자유(~할 자유/~를 향한 자유)'로 구분된다. 소극적 자유는 '타인에 의해 방해받지 않고 각자가 자기 뜻대로 행동할 수 있는 상태'인 반면에, 적극적 자유는 '합리적으로 결정하고 자율적으로 행동할 수 있는 개인의 상태나 능력'을 뜻한다.[20)] 소극적 자

18) Milton Friedman(심준보, 변동열 역), 자본주의와 자유(청어람미디어, 2011), 270면. "현재 우리의 소득세율은 20퍼센트에서 91퍼센트에 이르는데, 미혼 납세자를 기준으로 1만 8,000달러, 소득세 신고를 공동으로 하는 기혼 납세자를 기준으로 3만 6,000달러를 초과하는 소득에 대해 최고 50퍼센트에 이르는 세율이 적용된다. 그러나 현재 신고되고 정의된 과세소득, 즉 면세점을 초과하며 현재 인정되는 온갖 공제를 거치고 남은 소득에 대하여 23.5%라는 단일세율만 적용해도 현재의 높은 누진세율만큼의 세수를 가져올 것이다(271면)."

19) Isaiah Berlin(박동천 역), 이사야 벌린의 자유론(아카넷, 2014), 339면 이하; 이 책은 '자유의 두 개념'을 포함해서 자유에 대한 다섯 편의 논문이 기초가 되었다.

유는 엄밀한 의미의 자유주의 정치 이념, 즉 개인의 행동이 타인의 자유를 방해하지 않는 한 그 개인이 원하는 것을 하도록 내버려둔다는 것에 부합하는 반면에,[21] 적극적 자유는 개인이 능동적으로 자기실현하는 것을 자유로 보아 국가개입을 정당화한다.[22] 자유 개념이 하나로 통일되지 않고 2개로 세분화된 주된 이유는 자유를 제약하는 것이 무엇인지와 자유가 무엇을 누리는 것인지에 대한 생각이 서로 다르기 때문이다.

무엇보다도 2개의 자유 개념은 "자유를 제약하는 것이 무엇인가"에 대한 설명에서 확연한 차이를 드러낸다. 소극적 자유는 '타인의 간섭 또는 방해'를 자유의 제약으로 보는 반면에, 적극적 자유는 '빈곤 또는 자원의 결여'를 자유의 제약으로 본다.[23] 적극적 자유를 주장하는 견해는 '소극적 자유' 개념이 자유를 제약하는 요소를 너무 협소하게 설정했다고 비판한다. 이와 반대로 소극적 자유를 주장하는 견해는 '적극적 자유' 개념이 자유를 제약하는 요소를 잘못 설정했다고 비판한다. '소극적 자유' 만이 진정한 자유라고 주장하는 사람들은 '타인에게 간섭받지 않는 상태'를 자유로 보기 때문에, 최소국가나 자유방임적 시장경제가 자유 개념에 어울리는 국가체제가 된다.[24] 반면에 '적극적 자유' 개념을 주장하는 사람들은 '빈곤 또는

---

20) 문지영, 자유(책세상, 2012), 70면.

21) Michael Ignatieff(이화여대 통역번역연구소 역), 이사야 벌린(아산정책연구원, 2012), 381면.

22) Anthony Giddens(박찬욱 外 역), 제3의 길과 그 비판자들(생각의 나무, 2002), 35면.

23) Adam Swift(김비환 역), 정치의 생각(개마고원, 2011), 92면.

24) Adam Swift(김비환 역), 정치의 생각(개마고원, 2011), 91면. "우익은 자유를 본질적으로 타인들에 의해 간섭받지 않는 상태로 보기 때문에 최소국가와 자유방임적 시장경제가 자유를 가장 잘 증진시킨다고 주장한다. 반면에 좌익은 자유는 단순히 간섭받지 않는 것 그 이상이라고 본다. 사람들의 참다운 혹은 실질적인(혹은 때로 '적극적인') 자유는 그들을 그저 내버려둠으로써가

자원의 결여'를 자유의 제약 요소로 보기 때문에 복지국가나 사회적 시장경제가 자유 개념에 어울리는 국가체제가 된다. 이처럼 자유 개념을 어떻게 설정하는지는 바람직한 국가의 역할에도 직접적인 영향을 미친다.

'적극적 자유' 개념을 주장하는 사람들은 빈곤한 사람들의 '실질적인' 자유를 위해서는 국가의 적극적인 간섭이 필요하다고 주장하면서, '적극적 자유'의 이름으로 재분배를 정당화한다. 반면에 '소극적 자유' 개념을 주장하는 사람들은 '적극적 자유' 개념은 '자유의 이름'으로 전체주의 체제의 지배가 정당화된다고 반박한다.[25]

이사야 벌린은 적극적 자유가 우리를 전체주의로 통하는 미끄러운 비탈길로 끌고 간다고 보고, 타인의 간섭으로부터 자유라는 소극적 자유가 최선의 자유관이라고 제시했다.[26] "'소극적 개념'에 집착하는 사람들이 보기에 가면 뒤에 숨은 잔혹한 압제에 불과한 것이 실은 '적극적' 의미의 자유 — … 로부터의 자유가 아니라 … 를 향한 자유 — 인 경우가 종종 있기 때문이다."[27] "이 진리를 가장 강력하게 실천하는 사람들 가운데 일부가 심지어 자기들이 권력과 행동의 자유를 맘껏 구사하는 바로 그 순간에도 '적극적' 자유를 옹호하기 위해 '소극적' 자유의 개념을 거부한다는 것은 역사의 아이러니이다."[28] 이사야 벌린에 따르면, '적극적 자유'를 주장하는 것은 매우 그럴듯한 주장이지만, '적극적 자유'를 자유 개념에 포함시키는 것은 '자유'의 의미를 한없이 부풀려서 그 원래의 고유한 의미와 실제적

아니라, 그대로 놔둘 경우에는 할 수 없는 것들을 할 수 있는 상황으로 만들어줌으로써 증진할 수 있다는 것이다(91면)."

25) Adam Swift(김비환 역), 정치의 생각(개마고원, 2011), 97면.

26) Adam Swift(김비환 역), 정치의 생각(개마고원, 2011), 119면.

27) Isaiah Berlin(박동천 역), 이사야 벌린의 자유론(아카넷, 2014), 361면.

28) Isaiah Berlin(박동천 역), 이사야 벌린의 자유론(아카넷, 2014), 377면.

변별력을 상실하는 것이다.[29)]

4. 하이에크

하이에크(Friedrich August von Hayek, 1899~1992)는 1944년에 발간된 그의 저서 '노예의 길'에서 사회주의가 말하는 '새로운 자유'는 '자유의 길'이 아니라 '종속과 노예의 길'로 우리를 인도한다고 주장하였다.[30)] 하이에크는 사회주의가 주장하는 자유 개념은 이사야 벌린이 언급한 '적극적 자유' 개념에 해당된다고 보았다.[31)] "이러한 의구심을 달래고 모든 정치적 모티브들 중에서 가장 강력한 것, 즉 자유에의 갈망이라는 말을 마차에 달아주기 위해 사회주의는 '새로운 자유'(a new freedom)에 대한 약속을 점점 더 이용하기 시작한다. 그 약속에 따르면 사회주의의 도래란 필요의 영역으로부터 자유의 영역으로의 도약이다. 그것은 '경제적 자유'(economic freedom)를 가져오는데, 이것이 없이는 이미 획득한 정치적 자유마저 '가질 만한 가치가 없어지는' 그런 자유를 가져온다는 것이다. 사회주의만이 유일

---

29) Isaiah Berlin(박동천 역), 이사야 벌린의 자유론(아카넷, 2014), 114면, 345면, 349면.

30) 하이에크 사상을 케인스(John Maynard Keynes, 1883~1946) 사상과의 비교를 통해 잘 설명하는 저서로는 Nicolas Wapshott(김홍식 역), 케인스 하이예크(부키, 2014); 하이에크는 다음과 같이 말했다. "내가 젊었을 때는 아주 연로한 사람들만이 여전히 자유시장 시스템이 옳다고 생각했다. 내가 중년이었을 때는 세상에 나 혼자만 그렇게 생각했다. 그리고 지금 젊은 사람들이 다시 자유시장이 옳다고 여기는 광경을 보게 되니 오래 사는 즐거움을 느낀다." Nicolas Wapshott(김홍식 역), 케인스 하이예크(부키, 2014), 458면.

31) 하이에크는 이후 1960년에 '자유헌정론'(The Constitution of Liberty)을 발간했고, 1973년부터 1979년까지 '법, 입법 그리고 자유'(Law, Legislation and Liberty)를 저술했다. 1988년에 마지막 저서인 '치명적 자만'을 출판했다. Friedrich A. von Hayek(김균 역), 자유헌정론 1, 2(자유기업센터, 1997); Friedrich A. von Hayek(민경국 역), 법, 입법 그리고 자유 1, 2, 3(자유기업센터, 1997); Friedrich A. von Hayek(신중섭 역), 치명적 자만 (자유기업원, 2004).

하게 (정치적 자유의 도달은 단지 시작에 불과한) 여러 세대를 걸친 자유를 위한 투쟁을 완성할 수 있다는 것이다."[32] "정치적 자유의 위대한 사도들에게 이 용어는 강제(coercion)로부터의 자유, 다른 사람의 자의적 권력(arbitrary power of other men)으로부터의 자유, 자신이 소속된 상사의 명령에 복종하는 것 이외에는 다른 선택이 없도록 하는 속박으로부터의 해방을 의미하였다. 그러나 약속된 새로운 자유는, 비록 그것이 누구에게는 더 많고 누구에게는 더 적은 정도로 적용되겠지만, 필요로부터의 자유, 불가피하게 우리 모두의 선택범위를 제약하는 상황들의 강제(complusion)로부터의 해방을 말한다."[33]

하이에크에 따르면, 자유주의를 대신하여 진보주의자의 교리가 된 사회주의는 새로운 자유, 적극적 자유를 보장할 수 없을 뿐 아니라, 전체주의의 모습으로 자유를 억압하고 종속과 노예의 길로 인도할 뿐이다. 하이예크는 자유로 가는 길(road to freedom)로 약속된 것이 실제에서는 예속으로 가는 첩경(high road to servitude)임이 판명되었다고 말했다.[34] 사회주의는 사기업제도와 생산수단의 사적 소유를 철폐하고, 이윤을 추구하는 기업가 대신 그 자리에 중앙계획당국이 들어서는 '계획경제' 체제를 뜻한다.[35] 사회주의 개혁의 주요 도구는 계획경제(planned economy)인데, 사회주의는 서구문명의 기초를 이룬 자유주의와 개인주의에 반하는 전체주의 계획경제를 통해 그들의 이상을 달성하고자 한다는 점에 실패의 싹이 있는 것이다.[36] 그렇기에 이미 토크빌(de Tocqueville)이나 액턴(Acton) 경과 같

32) Friedrich A. von Hayek(김이석 역), 노예의 길(나남출판, 2006/2010), 65면.
33) Friedrich A. von Hayek(김이석 역), 노예의 길(나남출판, 2006/2010), 65면.
34) Friedrich A. von Hayek(김이석 역), 노예의 길(나남출판, 2006/2010), 67면.
35) Friedrich A. von Hayek(김이석 역), 노예의 길(나남출판, 2006/2010), 73면.
36) "계획은 법적 규칙에 의해 특정 사람들이 얼마나 부유할지, 그리고 서로 다

은 사상가들은 "사회주의는 예속을 의미한다(socialism means slavery)"고 밝혔던 것이다.[37] 많은 사람들이 사회주의와 자유가 결합할 수 있다고 믿으나, 사회주의는 파시즘으로 이행되어 두 체제간의 연관성이 점점 더 명백해진다.[38] 뿐만 아니라 사회주의가 추구하는 '계획경제'는 '법의 지배'(Rule of the Law)를 어렵고 하고, 정치적 자유와 사상의 자유 등을 억압하게 된다.[39] 하이에크는 휄더린(F. Hoelderlin)의 말을 언급하는데, 이 말에 자신의 주장이 잘 축약되어 있다. "국가가 지상지옥이 된 것은 항상 국가를 지상천국으로 만들려고 했기 때문이다."[40]

반면에 하이에크에 따르면, 사회주의가 부정적으로 보는 '개인주의'와 '사유재산 시스템'을 결코 부정적으로 바라봐서는 안된다. "개인주의는 현재 오명을 뒤집어쓰고 자기중심주의(egotism)나 이기주의(selfishness)와 함께 연관되는 용어가 되었다. 사회주의와 여타 모든 유형의 집단주의(collectivism)와 대립하는 것으로 언급되는 개인주의는 자기중심주의나 이기주의와는 아무런 필연적 관계도 맺고 있지 않다."[41] "우리 세대가 잊어버린 것은 사유재산 시스템이 재산

른 사람들이 무엇을 가질 수 있고, 무엇을 할 수 있는지를 정해야 한다. 이것은 실제로는 신분(status)의 지배로 회귀하는 것을 의미한다. 이것은 헨리 마인(Henry Maine) 경의 유명한 구절에서 표현된 '진보적 사회들의 추세는 지금까지 신분에서 계약으로 가는 운동'이라는 사회발전의 방향이 역전된 것을 의미한다." Friedrich A. von Hayek(김이석 역), 노예의 길(나남출판, 2006/2010), 132면.

37) Friedrich A. von Hayek(김이석 역), 노예의 길(나남출판, 2006/2010), 50면.

38) Friedrich A. von Hayek(김이석 역), 노예의 길(나남출판, 2006/2010), 72면.

39) Friedrich A. von Hayek(김이석 역), 노예의 길(나남출판, 2006/2010), 123면 이하(제6장 계획과 법의 지배), 143면 이하(제7장 경제적 통제와 전체주의), 225면 이하(제11장 진리의 종말).

40) Friedrich A. von Hayek(김이석 역), 노예의 길(나남출판, 2006/2010), 63면.

41) Friedrich A. von Hayek(김이석 역), 노예의 길(나남출판, 2006/2010), 51~52면.

을 가진 사람들 못지않게 재산을 가지지 못한 사람들에게도 자유의 가장 중요한 보장책이라는 사실이다. 아무도 우리에 대해 완전한 권력을 가질 수 없고, 개인으로서 우리 각자가 자신에 대해 무엇을 할 것인지 결정할 수 있는 것은 오직 생산수단에 대한 통제가 독자적으로 행동하는 많은 사람들에게 나뉘어져 있기 때문이다."[42] "만약 모든 생산수단들이 한 사람의 손에 귀속되어 있다면, 그 손이 '사회' 전체라는 이름의 손이든 아니면 독재자의 손이든 관계없이, 이러한 통제를 행사하는 자는 우리에 대해 완전한 권력을 가지게 된다."[43]

(私見에 따르면) 적극적 자유는 사회주의부터 공산주의에 이르기까지 모든 정치 해방이론의 핵심이다. 이는 모두 정치권력을 이용해 인간을 자유롭게 함으로써 숨어 있거나 차단되거나 억눌려 있던 잠재력을 실현하고자 하였다.[44] 재분배정책을 통해 국가가 적극적으로 개입하는 스웨덴 등 스칸디나비아 국가들을 전체주의 국가라고 비판하는 사람은 거의 없다. 목욕물을 버릴 때 그 안에 든 아이까지 함께 버려서는 안 되듯(불필요한 것을 버리려다 정작 중요한 것까지 버린다는 영어 속담으로 'throw the baby out with the bathwater'라는 표현이 있다), 전체주의가 싫다고 해서 적극적 자유 개념을 함께 버릴 필요는 없다.[45] 계획통제를 내세우는 사회주의 국가는 전체주의 위험이 있으나, '사회적 시장경제'를 통해 복지를 실현하는 복지국가는 그렇지 않다.

타인의 자유를 방해하지 않고 그 개인이 원하는 것을 할 수 있다는 것이 소극적 자유론이 주장하는 자유주의 이념임에도 불구하

---

42) Friedrich A. von Hayek(김이석 역), 노예의 길(나남출판, 2006/2010), 164면.
43) Friedrich A. von Hayek(김이석 역), 노예의 길(나남출판, 2006/2010), 165면.
44) Michael Ignatieff(이화여대 통역번역연구소 역), 이사야 벌린(아산정책연구원, 2012), 381면.
45) Adam Swift(김비환 역), 정치의 생각(개마고원, 2011), 120면.

고, 신자유주의는 소극적 자유론을 통해 시장의 능력을 과신하고 국가의 개입을 최소화하여 자본주의의 힘을 너무 크게 만들었다. 오늘날의 신자유주의는 '자유주의를 배반한 신자유주의'이다.[46)]

---

46) Colin Crouch(유강은 역), 왜 신자유주의는 죽지 않는가(책읽는수요일, 2011), 11면.

Ⅳ 공동체주의

1. 자유주의 vs 공동체주의

개인을 자율적 존재로 파악하는 자유주의에 따르면, 개인들은 자신들의 선관(善觀, conception of the good)을 스스로 형성하고 추구할 수 있다(개인의 자율성 테제). 개인의 자율성을 신뢰하고 중시하므로, 국가는 특정한 선관을 개인에게 강요할 수 없다(국가의 중립성 테제). 개인의 자율성은 공동체의 가치나 목적에 앞선다(자아는 공동체에 앞서고, 목적에 앞서고, 좋음(선함)에 앞선다).[1] 자유주의적 정의는 좋은 삶에 대한 특정한 개념과는 상관없이 자유지상주의와 평등지향적 자유주의가 상정하는 옳음의 문제로 결정된다.

반면에 공동체주의는 개인을 공동체와 독립된 '무연고적 자아'(unencumbered self, '자유롭게 선택하는 독립된 자아')로 보지 않고, 공동체와 밀접하게 관련된 '연고적 자아'(encumbered self)로 파악한다. 개인은 공동체의 가치와 목적에 밀접하게 연결되어 있다. 공동체주의는 '옳음에 대한 좋음의 우선성 테제'(the priority of the good over the right)를 주장한다. 옳음(정의)은 좋음(선함)과 밀접하게 연결되어 있고, 옳음은 좋음과의 관련 속에서 도출된다는 의미에서 좋음은 옳음에 우선한다. 공동체주의에서 주장하는 정의는 좋은 삶에 대한 공동체의 가치 속에서 결정되기 때문에, 국가는 좋음에 대해 중립을 지키지 않고 공동체의 좋음을 개인에게 강제할 수 있다.

---

1) "옳음을 (좋음에) 우선시한다는 것은 첫째, 개인의 권리가 전체의 이익을 위해 희생될 수 없다는 의미이고(이러한 점에서 공리주의와 대립한다), 둘째, 이러한 권리를 서술하는 정의 원칙들은 결코 좋은 삶에 대한 비전을 전제로 삼을 수 없다는 의미이다(이러한 점에서 목적론적 관점과 대립된다)." Michael Sandel(안진환, 이수경 역), 왜 도덕인가?(한국경제신문, 2010), 177면.

〈표〉 자유주의와 공동체주의

자유주의	공동체주의
개인의 자율성	연고적 자아
좋음에 대한 옳음의 우선성	옳음에 대한 좋음의 우선성
국가의 중립성	국가 개입의 정당성

샌델은 '정의란 무엇인가'에서 자유주의와 공동체주의의 입장을 잘 드러내는 질문을 던졌다. "정의로운 사회라면 시민의 미덕을 장려해야 하는가? 아니면 법은 미덕에 관한 서로 다른 개념들 사이에서 중립을 지키면서 시민 스스로 최선의 삶을 선택하도록 해야 하는가?"[2)]

자유지상주의와 평등지향적 자유주의는 '옳음'의 문제를 '좋음'의 문제와는 별개로 구성한다는 점에서는 견해가 일치하나, (앞에서 살펴본 것처럼) 자유지상주의와 평등지향적 자유주의가 각각 구성하는 옳음으로서의 정의는 너무나도 상이하다. 자유지상주의와 평등지향적 자유주의는 복지국가와 이를 위해 요구되는 과세의 정당성 문제를 중심으로 대립한다. 이는 '소득과 부의 재분배'의 정당성 판단에서 극명하게 대비된다.

'소득과 부의 재분배'와 관련해서 공동체주의가 반박하는 것은 자유지상주의의 입장이다.[3)] 자유지상주의는 모두가 공유하는 선은 근거가 매우 박약하며, 현대사회처럼 다원화된 사회에서는 공공선에 대한 합의가 가능하지 않다고 본다. 하지만 자유지상주의에 따라 공

2) Michael Sandel(이창신 역), 정의란 무엇인가(김영사, 2010), 20면.

3) 공동체주의는 자유지상주의와 의무론적 자유주의 모두에 반대하는데, 이는 좋은 삶을 규정하는 문제에 대해서는 개인의 선택에 맡기고 정부가 중립을 지켜야 하며, 따라서 옳음의 문제는 좋은(선한) 삶에 대한 특정한 개념에 의존하지 않아야 한다는 자유주의의 주장에 반대하기 때문이다.

공선에 기초한 법규범과 정책을 포기할 경우, 시장(市場)의 효율성에 모든 것을 맡기게 되어 공익을 제대로 실현할 수 없다는 문제가 발생할 여지가 생긴다. 자유지상주의는 시장의 효율성을 너무 믿는 나머지 사회적 약자를 배려하는 정치의 중요성을 놓치고 있다. "문제가 되는 것은 이처럼 필연적인 시장 중심적 불평등이 자신의 영역을 넘어서, 민주주의의 시민권, 교육, 보건의료, 혹은 공적 명예 같은 것들처럼, 지불할 수 있는 능력에 준거하지 아니하고 재화들이 분배되어야 하는 다른 정의의 영역을 오염시키는 것이다."[4]

반면에 공동체주의자들은 자유주의에 따라 국가중립성이 강화된다면 복지국가에 의해 요구되는 희생을 시민들이 받아들이도록 하는 공동선의 공유기반을 약화시킬 것이라고 비판한다.[5] 공동체주

---

4) Will Kymlicka(장동진 外 역), 현대 정치철학의 이해(동명사, 2005), 277면; '시장의 도덕적 한계'에 대한 샌델의 저술은 Michael Sandel(안기순 역), 돈으로 살 수 없는 것들(와이즈베리, 2012); "각 나라의 정부는 공익(공공선, common good)이라는 이상을 법제화하는 데 점점 더 미적거리는 태도를 보이고 있다. 자유주의자들이 주장하듯 모두가 공유하는 선은 근거가 박약한 개념인 까닭이다. 그만큼 우리의 차이는 엄청나다. 결국 개인들에게 스스로 선택할 수 있는 최대한의 자유를 주는 게 최선의 길이고, 각자의 라이프스타일에 따라 사고 싶은 것을 마음껏 살 수 있는 규제 없는 시장이야말로 그 길에 이르는 최고의 수단이 되고 말았다." Jonathan Sacks(임재서 역), 차이의 존중(말글빛냄, 2007), 32면. "많은 사람들은 다원적이고 다문화적으로 변한 사회에서 더 이상 공공선에 대한 합의가 가능하다고 생각하지 않는다. 어떤 이들은 한걸음 더 나아가서 정부는 '선'에 대한 공동의 결정을 내릴 권리가 없다고 주장했다. 그런 결정은 이제 개인의 선택과 양심에 맡겨야 한다는 것이다. 이로써 국가와 시장이라는 가장 영향력이 큰 두 제도(행위자)는 결정 과정에서 차지하는 윤리적인 차원을 효과적으로 배제했다(68~69면)."

5) 장동진, 현대자유주의 정치철학의 이해(동명사, 2001), 177면; 자유주의와 공동체주의에 대해서는 Stephen Mulhall/Adam swift(김해성, 조영달 역), 자유주의와 공동체주의(한울, 2001), Will Kymlicka(장동진 外 역), 현대 정치철학의 이해(동명사, 2005) 등 참조. 자유주의와 대립하는 공동체주의에 대해서는 Michael Sandel(이양수 역), 정의의 한계(멜론, 2012); Michael Sandel(김선욱, 강준호, 구영모, 김은희, 박상혁, 최경석 역), 공동체주의와 공공선(철학과현실사, 2008); 박호성, 공동체론(효형출판, 2009) 등 참조.

의자가 보기에, 자유주의의 문제는 '개인주의'에 대한 자유주의의 강조에 있으며, 자유주의적인 '권리의 정치'(politics of rights) 대신에 '공공선의 정치'(politics of the common good)가 필요하다.[6)]

공동체주의에 따르면, 공공선의 회복을 위해서는 국가가 공공선을 강제할 수 있는 법적 기반이 필요한데, 이러한 이유로 법과 공동체주의는 연결된다. 공동체주의자들에 따르면, 자유주의는 '신자유주의'의 위협을 막을 만큼 강하지 않다. 자유주의에 기초한 시장의 광범위한 지배를 인정하게 되면 공공선은 위축될 수밖에 없다.[7)] 하

6) Will Kymlicka(장동진 外 역), 현대 정치철학의 이해(동명사, 2005), 298면.

7) 인간은 자유롭고 자신의 의지에 따라 선택할 수 있는 존재이다. 이런 의미에서 '자유주의'는 커다란 영향력을 미친다. 하지만 세계화의 흐름과 그 안에서 지배적인 영향력을 미치는 '신자유주의'는 자유주의라는 이름을 달고 있지만 '자유의 적'으로 전락했다. 신자유주의 하에서 인간은 더 이상 자유로운 존재가 아니고 자신의 의지에 따라 선택할 수도 없게 되었다. 세계화와 신자유주의의 거대한 흐름을 거부하려는 사람들은 '공동체주의'에 주목하고 있다. 세계화에 대응하여 사람들이 자신들의 정체감을 형성하는 데 점차 민족, 국가 외에 '세계시민'으로서의 정체성을 갖는지가 문제된다['세계시민주의'에 대한 자세한 언급은 Kwame Anthony Appiah(실천철학연구회 역), 세계시민주의(바이북스, 2009) 참조]. 하지만 세계는 '하나의 공동체'라고 하기에는 너무 복잡하고 기능적으로 분화되어 있다. '세계시민주의'라는 하나의 공동체의식이 형성 중에 있지만, 아직 완성되지는 않았다. 세계화는 자본의 세계화일 뿐, 우리는 여전히 지역공동체에 살고 있다. 세계화는 소수의 사람에게만 도래했고, 대다수의 사람들에게는 여전히 먼 이야기이다; "세계화의 개념을 인류의 삶의 방식의 향상이나 통일이라는 관점과 연관시키려 한다면, 그 경우 간과하게 되는 것은 세계화가 전지구적 상층부의 현상일 뿐이라는 사실입니다. 인터넷이 그 대표적인 예입니다. 인터넷을 사용할 수 있는 사람들이 현재 얼마나 됩니까? 전 인류의 1%에 불과합니다!(Claus Offe)" Armin Pongs 엮음(김희봉, 이홍균 역), 당신은 어떤 세계에 살고 있는가? 1편(한울, 2003), 217면; 반면에 세계화가 공동체 소속감을 약화시킴으로써, 행복감 역시 떨어졌다는 비판이 강력하게 제기된다[Joseph E. stiglitz, Amartya Sen, Jean-Paul Fitoussi(박형준 역), GDP는 틀렸다(동녘, 2011), 30~31면]. 세계시민으로 생각하는 것이야말로 '공공적인' 것이고[가라타니 고진(송태욱 역), 윤리 21(사회평론, 2010), 81면], 국가라는 법치의 통제를 벗어난 오늘날의 시장에 법치성을 확보할 수 있는 것은 세계정부 밖에 없지만[노무현, 진보의 미래(동녘, 2009), 279면], 세계시민이나 세계정부는 아직 도래하지 않은 미래의 일이다.

지만 이러한 주장에는 여전히 '개인의 자유'가 침해될 여지가 있다는 비판의 목소리가 크며, 공공선의 실체가 여전히 모호하다는 비판이 제기된다.[8)]

2. 대표 사상가

공동체주의(communitarianism)는 공동체주의자로 알려진 일련의 사상가들이 1980년대에 자유주의 이론에 반하는 주장을 펼치며 등장하였다. 그 사상적 기원은 아리스토텔레스와 헤겔에 두고 있다. 대표적인 공동체주의자에는 마이클 샌델(Michael Sandel), 알래스데어 매킨타이어(Alasdair MacIntyre), 찰스 테일러(Charles Taylor), 마이클 왈저(Michael Walzer)가 있다.

(1) 마이클 샌델

마이클 샌델(Michale Sandel, 1953~)은 하버드대 정치학과 교수로, 그의 책 '정의란 무엇인가'는 2010년 한국 사회에 정의 열풍을 불러 일으켰다. 번역된 그의 책에는 '정의란 무엇인가' 외에도 '왜 도덕인가?', '돈으로 살 수 없는 것들', '민주주의의 불만', '정의의 한계' 등이 있고,[9)] 그의 유명한 하버드 대학 강의도 번역되었다.[10)]

---

8) "공동체와 공동선의 강조는 자칫 개별적 자유와 자율성을 부정하는, 그리하여 또다시 차이를 억누르는 동질적인 사회구상으로 이어질 수 있다. 소수자의 은폐된 권리를 실현시키기 위한 실질적인 힘과 정당화근거로서 공동체와 공동선은, 현대사회의 다층적인 차이의 문제를 단순화 내지 획일화할 위험성을 지닌다." 이상돈, 공익소송론(세창출판사, 2007), 28면.

9) Michael Sandel(이창신 역), 정의란 무엇인가(김영사, 2010); Michael Sandel(김명철 역), 정의란 무엇인가(와이즈베리, 2014); Michael Sandel(안진환, 이수경 역), 왜 도덕인가?(한국경제신문, 2010); Michael Sandel(안기순 역), 돈으로 살 수 없는 것들(와이즈베리, 2012); Michael Sandel(안규남 역), 민주주의의 불만(동녘, 2012); Michael Sandel(이양수 역), 정의의 한계(멜론, 2012); Michael Sandel(강명신 역), 생명의 윤리를 말하다(동녘, 2010).

10) Michale Sandel(이목 역), 마이클 샌델의 하버드 명강의(김영사, 2011). 그는

공화주의적 전통이 공동체와 자치를 강조한다는 점에서 샌델은 (그의 의사와는 상관없이) '공동체주의자'로 분류된다. 샌델 스스로는 '공동체주의자'라는 명칭을 불편해 하는데, '공동체주의'라는 용어가 공동체의 지배적 가치는 정당하다는 관념을 제기하기 때문이다. 대신에 그는 '공화주의자'임을 자처하며, 자유는 자치에 의해 좌우되고, 자치는 동료 시민들과 함께 공익에 관해 숙고하고 정치 공동체의 운명을 함께 만들어가는 시민이 필요함을 강조한다.[11]

샌델은 시장 논리가 비(非)시장 규범이 지배하던 삶의 영역으로 확산되는 현상을 매우 우려스럽게 바라본다.[12] 공항과 놀이공원, 의회 복도와 병원 대기실에서 '선착순'이라는 줄서기 윤리가 '돈을 낸 만큼 획득한다'는 시장 윤리로 대체되고, 사회문제를 해결하기 위해 금전적 인센티브의 사용이 늘어난다. 어린이집에 아이를 늦게 데리러 가는 행위나 장애인 주차장소에 주차하는 행위에 대한 벌금은 요금으로 대체된다. 국가는 '온실가스 배출거래제'를 통해 오염권을 산다.[13] 시장 논리의 무질서한 확산은 공공 영역을 축소시키고 비효율적으로 만드는데, 이를 통해 부유한 사람과 그렇지 못한 사람의 삶은 분리된다.[14] '시장 논리의 확산'이라는 현상에다 '자유주의 사상'

철학자의 사상과 철학적 문제를 제기하는 현대의 정치적, 법률적인 논쟁을 연결시켜 설명한다; 다산기념 철학강좌(다산기념 철학강좌 9)에서 강연된 내용도 책으로 발간되었다. Michael Sandel(김선욱, 강준호, 구영모, 김은희, 박상혁, 최경석 역), 공동체주의와 공공선(철학과현실사, 2008).

11) 하버드 철학 리뷰 편집부 엮음(강유원, 최봉실 역), 하버드, 철학을 인터뷰하다 (돌베개, 2010), 248~249면. Michael Sandel(안규남 역), 민주주의의 불만(동녘, 2012), 18면.

12) Michael Sandel(안기순 역), 돈으로 살 수 없는 것들(와이즈베리, 2012), 24면.

13) Michael Sandel(안기순 역), 돈으로 살 수 없는 것들(와이즈베리, 2012), 51면, 80~81면, 93~94면, 99~100면, 109면.

14) Michael Sandel(안기순 역), 돈으로 살 수 없는 것들(와이즈베리, 2012), 275~276면. "우리는 서로 다른 장소에서 살고 일하고 쇼핑하며 논다. 우리

이 이념을 지배하게 되면, 공공선에 대한 관심이 줄어들 수밖에 없다. 샌델의 문제의식은 여기에 있다.

샌델은 개인의 자율성과 국가의 중립성을 주장하는 자유주의에 반대하는데, 이는 자유주의 사상에는 자치를 뒷받침하는 시민적 자원이 결여되어 있다고 보기 때문이다. 자유주의 사상은 자유에 필요한 공동체 의식과 시민적 참여 의식을 고취시킬 수 없으며, 공공생활을 힘들게 하는 무력감을 다룰 준비가 되어 있지 않다.[15] 샌델은 현대 자유주의의 공공철학이 갖고 있는 정치적 담론에 대한 비전은 너무 빈곤해서 민주적 삶의 도덕적 에너지를 담을 수 없다고 비판한다(자치와 공동체의 약화).[16] 반면에 샌델이 주장하는 공화주의적 정치는 자치에 필요한 인격적 성질을 함양시키는 형성적 정치(formative politics)를 요구하며, 시민들이 지지하는 가치와 목적에 대해 적극적으로 개입한다.[17]

(2) 매킨타이어

매킨타이어(Alasdair Macintyre, 1929~)는 도덕철학과 정치철학에 천착한 스코틀랜드 철학자이다. 번역된 그의 책에는 주저인 '덕의 상실'(After Virtue)과 '윤리의 역사, 도덕의 이론', '철학의 과업' 등이 있다.[18]

매킨타이어는 개인주의 시대에 들어, 공유하는 이상들 그리고 받아들이는 역할들이 사라짐에 따라 도덕성의 명령이 점점 더 지지

아이들은 서로 다른 학교에 다닌다."

15) Michael Sandel(안규남 역), 민주주의의 불만(동녘, 2012), 19면.

16) Michael Sandel(안규남 역), 민주주의의 불만(동녘, 2012), 428~429면.

17) Michael Sandel(안규남 역), 민주주의의 불만(동녘, 2012), 18면.

18) Alasdair Macintyre(이진우 역), 덕의 상실(문예출판사, 1997); Alasdair Macintyre(김민철 역), 윤리의 역사, 도덕의 이론(철학과현실사, 2004); Alasdair Macintyre(박병기, 김민재 역), 철학의 과업(인간사랑, 2010).

받지 못한다고 보았다.[19] 매킨타이어는 1981년에 발간된 '덕의 상실'에서 '정의주의'(情意主義, emotivism)를 비판적으로 고찰하였다. 정의주의는 모든 도덕적 판단은 선호의 표현들, 태도 및 감정의 표현들과 다를 바 없다는 학설이다.[20] 매킨타이어는 도덕적 판단을 개인적 선호의 표현으로 간주하는 '정의주의' 입장이 우리 시대에 꽤 펴져 있지만, 이는 어떠한 합리적 정당화도 추구하지 않는다는 점에서 옳지 않다고 진단한다.[21]

매킨타이어는 개인을 공동체와 밀접하게 관련된 '연고적 자아'(encumbered self)로 파악하는 대표적 사상가이다. 사회로부터 완전히 분리된 '무연고적 자아'(unencumbered self)는 추상적이고 유령적인 성격을 지닌다고 보았다.[22] 대신에 그는 '서사적 자아개념'(narrative conception of the self)을 주장한다. "'나는 무엇을 해야만 하는가?'라는 물음에 대해 나는 이에 선행하는 물음, 즉 '나는 어떤 이야기 또는 이야기들의 부분인가?'라는 물음에 답할 수 있을 때에만, 대답할 수 있다."[23] "인간은 본질적으로 이야기하는 동물이다. 즉 내가 할 일이 무엇인지를 알려면, 먼저 내가 어떤 이야기의 일부인지를 알아야 한다."[24] 매킨타이어의 주된 관심사는 옳고 그른 행위보다는 행위주체, 즉 '나는 누구인가' 하는 자기정체성의 물음이다.[25] "많은 전근대적 전통사회에서는 개인이 자기 자신의 정체성을 획득하거나 또는 타인들이 이 사람의 정체성을 확인하는 수단은 다양한 사회집

19) Anthony Arblaster(조기제 역), 서구 자유주의의 융성과 쇠퇴(나남, 2007), 54면.
20) Alasdair MacIntyre(이진우 역), 덕의 상실(문예출판사, 1997), 31면.
21) Alasdair MacIntyre(이진우 역), 덕의 상실(문예출판사, 1997), 42~44면.
22) Alasdair MacIntyre(이진우 역), 덕의 상실(문예출판사, 1997), 62면.
23) Alasdair MacIntyre(이진우 역), 덕의 상실(문예출판사, 1997), 318면.
24) Michael Sandel(이목 역), 마이클 샌델의 하버드 명강의(김영사, 2011), 342면.
25) 이양수, 롤스 & 매킨타이어 정의로운 삶의 조건(김영사, 2007/2013), 195면, 207면.

단에 대한 이 개인의 소속이다. 나는 형제이고, 사촌이고, 손자이고, 이 가계와 저 마을 공동체 그리고 이 부족의 구성원이다. 그것들은 결코 우연히 인간에게 부여된 특성들이 아니며, 또 '진정한 자아'를 발견하기 위하여 제거되어야 할 특성들이 아니다. 그것들은 나의 본질의 한 부분으로서, 적어도 부분적으로 그리고 종종 전체적으로 나의 책무와 의무를 정의한다. 개인들은 서로 결합되어 있는 일련의 사회적 관계 내에서 특정한 사회적 공간을 계승한다. 만약 그들에게 이 공간이 결여되어 있다면, 그들은 아무것도 아닌 무의 존재이거나, 아니면 적어도 이방인이거나 추방자가 된다."[26]

자유주의는 '권리의 정치'(politics of rights)를 펼치는 반면에, 공동체주의는 '공공선의 정치'(politics of the common good)를 펼친다. 권리 이론은 자유주의적 개인주의의 소유적 성격을 드러내는데,[27] 매킨타이어는 '덕의 상실'에서 인권이란 개념은 그 존재를 입증할 수 없는 허구와 유사한 것이라고 비판하였다.[28]

(3) 찰스 테일러

찰스 테일러(Charles Taylor, 1931~)는 캐나다 출신 철학자로, (캐나다 퀘벡주 문제 등을 다루면서) 보편주의에 맞서 차이에 대한 승인과 보존을 요구했다.[29] 번역된 그의 책에는 '헤겔철학과 현대의 위

---

26) Alasdair MacIntyre(이진우 역), 덕의 상실(문예출판사, 1997), 63면.

27) Anthony Arblaster(조기제 역), 서구 자유주의의 융성과 쇠퇴(나남, 2007), 137면.

28) 김비환 外 15인 지음, 인권의 정치사상(이학사, 2011), 19면.

29) "캐나다의 퀘벡주 문제나 이슬람 문제를 언급하면서 테일러는 보편주의가 차이적 요소들을 '오인'하고 '억압'하고 있다고 지적하고, 자기 문화의 관점으로 다른 문화를 평가하는 것은 잘못이라고 주장한다. 그는 무조건적 승인을 위한 토대로 "모든 문화는 동등하게 존중받아야 한다"는 것을 내세웠다. 그는 보편주의 자체는 거부하지만, 새로운 보편적 준거를 발견한다. "우리들 각자에 특수한 것을 승인함으로써 우리는 보편적으로 존재한다." 그는 보편

기', '불안한 현대 사회', '근대의 사회적 상상', '헤겔', '자아의 원천들', '현대 종교의 다양성'이 있다.[30] 매킨타이어가 아리스토텔레스에 사상적 연원을 두는 것처럼, 찰스 테일러는 헤겔의 철학에 영향받았다.[31]

찰스 테일러는 '불안한 현대사회'에서 현대 사회가 안고 있는 세 가지 불안요인을 다음과 같이 말했다. 첫 번째 두려움은 삶의 의미의 상실, 즉 도덕적 지평들의 실종에 관한 것이다. 두 번째는 만연하는 도구적 이성 앞에서 소멸하는 삶의 목표들에 관한 것이다. 세 번째는 자유·자결권의 상실에 관한 것이다. 자아에 몰입하는 현대인의 생활 태도로 인해 오히려 시민적 자유가 상실되었다.[32] 테일러의 분석에 따르면, 현대 사회의 세 가지 불안요인은 자유주의와 관련이 있다. 자유주의는 무엇이 내용적으로 좋은 삶을 구성할 것인지에 대해 국가나 공동체는 중립적 입장을 지켜야 하며, 좋은 삶이란 개개인들이 각자의 방식대로 추구하는 것일 뿐이다.[33] 현대사회에 만연

주의에 맞서 차이에 대한 승인과 보존을 요구한다. "현재뿐 아니라 영원히 차이를 유지하고 소중히 하자는 것이다. 결국 정체성에 관한 한 그것이 어떤 경우에도 상실되어서는 안된다는 열망보다 소중한 것이 어디 있겠는가?" 고병권, 니체, 천개의 눈 천개의 길(소명출판, 2001/2009), 101~102면.

30) Charles Taylor(박찬국 역), 헤겔철학과 현대의 위기(서광사, 1988): Charles Taylor(송영배 역), 불안한 현대 사회(이학사, 2001/2009); Charles Taylor(이상길 역), 근대의 사회적 상상(이음, 2010); Charles Taylor(정대성 역), 헤겔(그린비, 2014); Charles Taylor(권기돈, 하주영 역), 자아의 원천들 — 현대적 정체성의 형성(새물결, 2015); Charles Taylor(송재룡 역), 현대 종교의 다양성(문예출판사, 2015); 다산기념 철학강좌(다산기념 철학강좌 6)에서 강연된 내용도 책으로 발간되었다. Charles Taylor(김선욱, 노양진, 목양수, 신혜영, 윤평중 역), 세속화와 현대 문명(철학과 현실사, 2003).

31) '위키 백과' '찰스 테일러' 참조. 찰스 테일러의 '헤겔'은 1000페이지가 넘는 방대한 저작이다.

32) Charles Taylor(송영배 역), 불안한 현대 사회(이학사, 2001/2009), 21면.

33) Charles Taylor(송영배 역), 불안한 현대 사회(이학사, 2001/2009), 30면.

한 '개인주의' 하에서 개인은 자신의 삶에만 초점을 맞추어 행동하여, 우리의 행동은 개인적 지평을 넘는 (사회적·우주적 의미의 지평과 같은) 광범위한 시야를 상실해 버리고 말았다.[34] 또한 현대사회에 이성은 '도구적 이성'으로 변하여 이성을 통한 광범위한 시야의 확보가 어렵게 되었다.[35] '개인주의'와 '도구적 이성'이 지배하는 사회에서는 개인은 자신의 이해를 넘어 공동의 이해에는 관심이 없다.[36] 자아의 선택에 집중된 개인주의는 개인을 뛰어넘는 의미를 찾지 못하며, 이는 너무 쉽게 상대주의적 무관심주의를 받아들인다.[37]

(4) 마이클 왈저

마이클 왈저(Michael Walzer, 1935~)는 프린스턴 고등연구소 사회과학부 교수로, '다원적 평등'(complex equality) 개념을 제시한 정치철학자이다. 번역된 그의 책에는 주저인 '정의와 다원적 평등', '해석과 사회비판', '정치철학 에세이', '관용에 대하여', '마르스의 두 얼굴', '전쟁과 정의'가 있다.[38]

왈저는 '정의와 다원적 평등'에서 재산이나 권력 혹은 명예와 같은 사회적으로 중요한 특정 가치를 소유한 일부 사람들이 그 가치

---

34) Charles Tayler(송영배 역), 불안한 현대 사회(이학사, 2001/2009), 12~13면, 26면.

35) Charles Tayler(송영배 역), 불안한 현대 사회(이학사, 2001/2009), 19면.

36) Charles Tayler(송영배 역), 불안한 현대 사회(이학사, 2001/2009), 26~27면.

37) Charles Taylor(송영배 역), 불안한 현대 사회(이학사, 2001/2009), 24~26면.

38) Michael Walzer(정원섭 外 역), 정의와 다원적 평등(철학과현실사, 1999); Michael Walzer(김은희 역), 해석과 사회비판(철학과현실사, 2007); Michael Walzer(David Miller 엮음, 최흥주 역), 정치철학 에세이(모티브북, 2009); Michael Walzer(송재우 역), 관용에 대하여(미토, 2004); Michael Walzer(권영근, 김덕현, 이석구 역), 마르스의 두 얼굴(연경문화사, 2007); Michael Walzer(유홍림 역), 전쟁과 정의(인간사랑, 2009); 다산기념 철학강좌(다산기념 철학강좌 3)에서 강연된 내용도 책으로 발간되었다. Michael Malzer(김용환 역), 자유주의를 넘어서 (철학과현실사, 2001).

이외의 다른 가치까지 모두 장악할 수 있는 상황은 정의로운 상태가 아니라는 점에서 출발하여, '다원적 평등' 개념을 제시했다.[39] 그는 재산으로 할 수 있는 것의 영역, 돈으로 살 수 있는 것의 영역을 제한하여 권력이나 명예 등으로 확장되는 것을 막고자 했다. 그는 각각의 가치들이 지배하는 영역이 다르다고 주장한다. 왈저에 따르면, 정의의 원칙은 일원적이 아니라 다원적이다.[40] "정의는 인간이 구성한 것이며, 따라서 정의가 오직 한 가지 방식으로만 만들어질 수 있다는 주장은 의심스러운 것이다. […] 즉 정의의 원칙들은 그 형식에서 그 자체가 다원주의적이다. 상이한 사회적 가치들은, 상이한 근거들에 따라 상이한 절차에 맞게 상이한 주체에 의해 분배되어야 한다. 이러한 모든 차이는 사회적 가치들 그 자체에 대해 서로 다른 주체들이 서로 상이한 방식으로 이해하기 때문에 나타난다. 그리고 이러한 상이한 이해들은 역사적이고 문화적인 특수성의 필연적 산물이다."[41]

왈저는 권리에 호소하는 것을 거부하고, 그 대신 특정 공동체 내의 구성원 자격이라는 개념, 인간 공동체에 대한 성원권(membership) 개념을 주장한다.[42] 왈저는 민주주의 사회에서는 정치에 참여하는 건전한 시민들이 필요하다고 역설한다. "정치에 참여하는 시민이 필

39) Michael Walzer(정원섭 外 역), 정의와 다원적 평등(철학과현실사, 1999), 역자 서문, 15면; Charles Taylor(김선욱, 노양진, 목양수, 신혜영, 윤평중 역), 세속화와 현대 문명(철학과현실사, 2003), 역자 해제, 487면.

40) Michael Walzer(정원섭 外 역), 정의와 다원적 평등(철학과현실사, 1999), 34면.

41) Michael Walzer(정원섭 外 역), 정의와 다원적 평등(철학과현실사, 1999), 34면.

42) "우리가 서로 분배하는 일차적 가치는 어떤 인간 공동체에 대한 성원권(membership)이며, 성원권을 어떻게 규정하느냐에 따라 우리의 다른 모든 분배적 결정들이 구조화된다." Michael Walzer(정원섭 外 역), 정의와 다원적 평등(철학과현실사, 1999), 74면; Michael Sandel(안진환, 이수경 역), 왜 도덕인가?(한국경제신문, 2010), 170면.

요합니다. 비록 자기 자신의 이익만 좇는 사람이라고 말입니다. 민주주의 사회에서 시민들은 적극적이어야 합니다."[43]

3. 공동체 자유주의의 가능성

저자는 자유주의 내에서도 공동체주의의 주장을 어느 정도 수용할 수 있는 (롤스의 이상적인 이론구성과는 다른) 현실적인 이론구성이 절실히 필요하다고 생각한다.[44] 예컨대 킴리카(Will Kymlicka)는 지역 차원일지라도 공유된 선관(善觀)이 존재하는지에 대해 의구심을 표하면서, 공동의 국민 정체성의 기반은 공유된 선관이라기보다는, 공동의 영토를 공유하고 공동의 과거를 소유하며 공동의 미래를 공유하는 사회에 대한 보다 엷으면서 넓은 세대통합적인 소속감이라고 주장한다. 킴리카는 특정 종교나 생활 방식에 기반한 두터운(thick) 국민정체성이 아닌 지역적이지 않으면서 공유된 선관에 기반하지 않은 연대성의 원천으로서 엷은(thin) 공동의 국민정체성을 주장한다.[45] 이는 자유주의가 받아들일 수 있는 엷은 선 개념(thin conception of the good)에 해당되며, (더 논란의 여지가 있고 널리 공유되지도 않는) 공동체주의가 주장하는 두터운 선 개념(thick conception

---

43) EBS 다큐프라임 '법과 정의' 편 참조.

44) "저자들(Stephen Mulhall, Adam swift)의 논의를 따라가다보면, 자유주의와 공동체주의는 그 차이에도 불구하고 어느 한쪽만을 택해야 하는 것이 아니라 상호보완적인 관계에 있다는 생각을 하게 된다. 다만 양자를 단순하게 절충하는 것은 불가능하고 또 피해야 할 것이며, 그리하여 공동체주의의 요청을 기꺼이 수용하는 자유주의가 그 대안으로 제시되고 있는데, 저자들은 이를 공동체주의적 자유주의(줄여서 공동체 자유주의)라 부른다. 공동체 자유주의는 개인의 자유와 권리를 더욱 신장하고 삶을 풍요롭게 하기 위해 국가가 각종 제도와 정책을 통해 이를 권장할 것을 요구한다." Stephen Mulhall/Adam swift(김해성, 조영달 역), 자유주의와 공동체주의(한울 아카데미, 2001), 8면(옮긴이 서문).

45) Will Kymlicka(장동진 外 역), 현대 정치철학의 이해(동명사, 2005), 368면 이하.

of the good)의 단점을 피할 수 있게 한다.46)

저자는 자기실현 개념이 평등지향적 자유주의와 공동체주의의 접점이 되지 않을까 생각해 본다. 이는 자기실현 개념이 평등지향적 자유주의의 단점과 공동체주의의 단점을 극복할 수 있기 때문이다. 롤스의 평등지향적 자유주의는 '소득과 부의 재분배'를 원초적 합의의 결과로 정당화하여 현실에서 있지도 않은 계약에 기초해 정의원칙을 산출한다는 단점이 있다. 반면에 공동체주의는 추구하는 공공선의 실체가 모호하며, 개인의 자유 특히 소수자의 자유를 침해할 위험이 있다.

46) 라즈(Joseph Raz)에 따르면, 사람들은 국가가 인간에게 소중한 자율성을 위한 조건을 형성해 줄 때에만 온전하게 자율적일 수 있으며, 따라서 국가는 개인의 자율을 증진할 의무가 있고 자율성을 위한 제반 조건을 마련해줄 필요가 생긴다. 국가의 적극적 의무를 옹호하는 라즈의 견해는 그가 대단히 독특하게 해석하는 '해악 원칙(harm principle)'에 기대고 있다. 라즈는 '해악'이라는 개념 속에, 국가의 부작위, 또는 자율성을 위한 제반 조건을 갖추지 못한 사람들에게 그러한 조건을 제공해주지 못하는 것도 포함된다고 본다. Sandra Fredman(조효제 역), 인권의 대전환(교양인, 2009), 104면 이하.

제 4 장 사회철학

현대 법사상사 소고

I 고전 사회학의 대가들

19세기에 실증주의, 생철학과 함께 사회학이 사상사에 등장하였다.[1] 이 장에서는 고전 사회학의 대가인 맑스(Karl Marx, 1818~1883), 뒤르켐(Emile Durkheim, 1858~1917), 베버(Max Weber, 1864~1920)를 언급하는 것으로 만족하려 한다. "지난 2세기 동안 발전해온 바와 같이, 사회이론은 다른 어떤 것보다도 사회적 권력의 세 가지 주요 차원—자본주의로 알려진 시장체계에서 최고로 발전한 경제적 관계, 특정한 권력형태들을 정당화하고 그러한 권력형태들에 종속된 사람들의 세계에서 지위를 규정하는 이데올로기, 그리고 다양한 유형의 정치적 지배—에 관심을 기울여왔다. 주요 사회이론가들은—그 누구보다도 마르크스, 뒤르켐, 베버—이 세 가지 종류의 사회적 권력의 상호관계를 특히 근대세계의 구축 속에서 이해하는 데 관심을 기울여왔다."[2]

1. 맑 스

칼 맑스(Karl Marx)는 1818년 독일 트리어(Trier)에서 유태인 변호사의 아들로 태어났다. 본에서 2학기동안 법학을 공부했지만, 곧 법학에 흥미를 잃고 베를린에서 철학과 역사를 공부하며 '데모크리토스와 에피쿠로스 자연철학의 차이'라는 제목으로 박사논문을 썼다(박사학위는 예나대학에서 받았다). 맑스가 2학기지만 법학을 공부했었

1) Hans Welzel(박은정 역), 자연법과 실질적 정의(삼영사, 2001/2005), 260면.
2) Alex Callinicos(박형신, 신종화, 이혜경, 임원희, 정수남 역), 사회이론의 역사(한울, 2010), 12면; "오늘날 전세계 사회학자들의 표준적인 명단은 뒤르켐, 맑스, 베버이다." Immanuel Wallerstein(백승욱 역), 우리가 아는 세계의 종언(창비, 2001/2009), 309면.

다는 점이 흥미롭다. 유명한 사람 중에 법학을 접고 다른 쪽으로 인생길을 정한 사람들이 많은데, 라이프치히의 괴테가 그랬고, 하이델베르크의 로베르트 슈만이 그랬다. 좌파계열의 라인 신문(Reinische Zeitung)의 편집장으로 쾰른에서 일하다가, 맑스는 프로이센 정부의 탄압을 피해 프랑스 파리로 가게 되며, 거기서 평생의 동반자 엥겔스(Friedrich Engels, 1820~1895)를 만났다. 그 후 브리셀에서 엥겔스와 함께 '독일 이데올로기'(1845년 저술, 1932년 출간)를 썼다.

공산당 선언(Das kommunistische Manifest)이 탄생한 해인 1848년 유럽은 혁명의 도가니에 휩쓸렸다. 프레데리크 들루슈는 이때의 분위기를 다음과 같이 적고 있다: 민족주의와 민주주의, 그리고 자유주의 사상들은 이미 궤도에 올라 있었다.[3] 1848년 혁명(맑스는 1848년 혁명을 참담한 실패라고 평가했다)에 의해 맑스는 영국으로 망명을 떠나게 된다. 런던에서 맨체스터에 있는 앵겔스의 도움을 받으며 정치경제학 비판(1859), 자본론(1867)을 완성하고, 거기서 1883년에 생을 마감했다.

맑스의 정치경제학 비판은 영국의 국가경제(아담 스미드, 데이비드 리카르도), 프랑스의 사회주의와 헤겔의 변증법을 연결시킨 것이다. 이 연결은 하나의 목표를 지향하는데, 노동자계급의 해방, 물질적 곤궁과 억압에 처한 사람의 해방이다. 그의 주저인 자본론(Das Kapitel)은 상품의 이중성격, 교환가치(Tauschwert)와 사용가치(Gebrauchswert) 분석에서 시작한다. 사람간의 관계가 직접적으로 연관되는 것이 아니라 사물(Dinge)을 통해서 매개되는데, 이것은 곧 자본의 권력으로 나타나 노동자들이 사회의 주체가 되는 것을 방해한다고 분석했다. 국제노동자협회(제1인터내셔널, 1864~76)가 맑스의 저술에 영향을 받아 만들어졌고, 1869년 사회민주당의 전신인 사회민주노동당 등 많은

3) 프레데리크 들루슈 編(윤승준 역), 새유럽의 역사(까치, 2000), 319면.

사회주의 정당이 설립되었다.

맑스는 현실을 보고자 했다. 맑스의 관심은 관념론에서 유물론으로, 추상에서 현실로 옮겨졌다.[4] 노동자의 열악한 인권 상황과 노동 착취 현장을 토대로 약자의 관점에서 세계를 기술하려 했다. 그는 소외된 노동이 특정한 경제·사회 구조의 결과물이라는 점을 직시했다.[5] 노동의 잉여가치(노동의 사용가치에서 노동의 교환가치를 뺀 값)를 자본가가 착취하고, 이를 통해 노동력을 파는 노동자의 노동은 소외된다.[6] 그는 저술과 행동으로 프롤레타리아의 철학자가 되려 했다. 동시에 맑스는 세계를 변혁하고자 했다. "지금까지 철학자들은 세계를 해석해 왔다. 그러나 중요한 것은 세계를 변화시키는 것이다(Die Philosophen haben die Welt nur verschieden interpretiert, es kommt aber darauf an, sie zu verändern)." 맑스는 악필로 유명하다. 맑스의 글씨는 엥겔스와 부인 예니만이 알아볼 수 있었다고 한다.[7] 하지만 그 악필로 세상을 바꾸었다. 그만큼 사상을 통해 세상에 영향을 미친 사람은 없다.[8]

---

4) Francis Wheen(정영목 역), 맑스 평전(푸른숲, 2001/2007), 57면.

5) Francis Wheen(정영목 역), 맑스 평전(푸른숲, 2001/2007), 107면.

6) Karl Marx(김수행 역), 자본론 I[上](비봉출판사, 1989/2012), 280면 이하; Jacques Attali(이효숙 역), 맑스 평전(예담, 2006/2008), 429면 이하.

7) Francis Wheen(정영목 역), 맑스 평전(푸른숲, 2001/2007), 122면.

8) 저자는 독일 트리어(Trier)에 있는 맑스 생가를 방문한 적이 있다. 칼 맑스 생가는 3층 건물로 1층은 생가의 역사, 유명방문객들의 사진, 나치시대 때 수난사 등이 사진으로 전시되어 있고, 2층은 맑스 개인사와 엥겔스, 맑스 전후의 사상가, 3층은 공산당선언과 자본론을 중심으로 각 나라 말로 번역된 저서와, 맑스의 친필 등이 잘 보관되어 있었다. 1층에는 맑스 개인사를 소개하는 비디오를 볼 수 있는 공간이 있어 맑스 개인사를 이해하는데 도움을 주었다. 맑스는 악필이었다. 맑스의 서신(아버지의 60세 생신을 축하하는 맑스의 축하 시집도 있다) 한참 물그러미 들여다봐도 무슨 글씨인지 도무지 알 수 없는 악필로 적었다. 하지만 그의 글은 세계를 변혁시키는 놀라운 힘을 지니고 있었다. 물론 그의 이론은 빛바랜지 오래고, 그가 바란 세상은 이데

맑스는 세계를 변혁하려 함에 관념론으로 다시 돌아갔다. 역사적 유물론(historische Materalism)이 바로 그것이다. 그는 사적(史的) 유물론에 기초한 계급투쟁론을 전개했다. 그는 노동을 착취하고 노동을 소외시키는 자본주의라는 상부구조를 깨고자 했다. 이 과정에서 "현실적인 것은 모두 이성적이며, 이성적인 것은 모두 현실적이다"라는 헤겔 변증법의 기본 공리에서 후자를 견지했다. 맑스에게 자본주의의 자기 파괴는 자명한 것처럼 보였다.

맑스에 따르면, 물질적 생활방식이 사회적·정치적·정신적 생활과정 일체를 제약하기 때문에,[9] 자본주의에 의한 '사회적인 것과 경제적인 것이 맺는 관계의 역전'은 당연한 것이 된다. 맑스에게 '자본주의의 총체성'은 자명했다. 하지만 베른슈타인(Eduard Berstein, 1850~1932)은 다르게 보았다. "사람들은 경제적인 요인들에 점점 더 주의를 기울이기 때문에 오늘날 경제적인 요인이 과거에 비해 더 큰 역할을 수행한다고 보기 쉽다. 그러나 이것은 그렇지 않다. 이런 착각이 생겨나는 것은 단지 경제적인 동인이 과거에는 온갖 종류의 지배관계와 이데올로기에 의해 은폐되어 있었으나 오늘날에는 자유로워졌기 때문일 뿐이다. 경제의 영향 혹은 경제적인 힘으로 작용하는 자연의 영향을 받지 않는 이데올로기는 이전 사회에 비하여 근대 사회에 오히려 더 풍부하다. 과학이나 예술, 그리고 많은 사회적 관계들은 오늘날 과거 어느 때보다 경제에 덜 종속되어 있다. 혹은 오해를 피하

아일지 모르지만, 인간해방을 향한 그의 놀라운 열정은 그 후도 계속 지속되어야 할 것이다.

9) Hans Welzel(박은정 역), 자연법과 실질적 정의(삼영사, 2001/2005), 272면; "인간의 존재를 규정하는 것은 인간의 의식이 아니다. 그 반대로 그들의 의식을 규정하는 것은 바로 그들의 사회적 존재이다." 이렇게 의식을 생산관계에 환원시킴으로써 '도덕, 종교, 형이상학, 그리고 그 밖의 이데올로기'와 같은 모든 정신적 내용들은 그 모든 '독자성의 외관'을 상실하게 된다. Hans Welzel(박은정 역), 자연법과 실질적 정의(삼영사, 2001/2005), 272면.

기 위해서 말한다면 오늘날 도달해 있는 경제발전 상태는 이데올로기적 요인, 특히 윤리적 요인에 대해서 과거에 비해 훨씬 더 넓은 자립적 활동공간을 허용하고 있다."[10] 베른슈타인은 맑스와 엥겔스의 사적(史的) 유물론('역사의 강철 같은 필연성')에 기초한 계급투쟁론에 반대하면서,[11] 자본가 계급의 숫자가 상대적으로 계속 감소하고 프롤레타리아의 생활상태가 개선되고 동시에 중간 계급의 숫자가 늘어나는 것이 생산의 지속적인 증가를 가능하게 하는 유일한 대안이라고 주장했다.[12] 맑스의 문제점 제기와 베른슈타인의 해법 제기에 귀 기울일 필요가 있다.

다시 맑스에 주목할 시점이 되었다. 이번에는 사적(史的) 유물론에 기초한 계급투쟁론이 아니라(저자는 맑스/엥겔스의 사적 유물론에 기초한 계급투쟁론에 반대하며, 베른슈타인의 주장이 옳다고 본다), 맑스가 1844년 '경제학—철학 수고'에서 발전시킨 '인간 소외론'이다. 맑스는 '경제학—철학 수고'에서 자본주의의 발전이 엄청난 부를 창출해낸다는 사실과 사회의 대다수 구성원이 자신이 창출한 부로부터 소외된다는 사실 사이의 극단적 부정합성을 보여주었다.[13] 맑스는 '노동의 본질 안에 있는 소외'를 드러내는데, 노동은 부자를 위해서는 경이로운 작품을 생산하지만, 노동은 노동자를 위해서는 결핍을

---

10) Eduard Berstein(강신준 역), 사민주의의 전제와 사민당의 과제(한길사, 1999/2012), 77면.

11) 베른슈타인은 역사발전 법칙에 대한 맹목적인 신앙, 그러한 신앙의 내용을 이루는 사회의 혁명적 변화의 필연성에 대한 신앙, 그런 혁명적 변화를 가능하게 하는 경제적 조건의 필연성에 대한 신앙을 비판했다. Eduard Berstein(강신준 역), 사민주의의 전제와 사민당의 과제(한길사, 1999/2012), 역자해제, 42면.

12) Eduard Berstein(강신준 역), 사민주의의 전제와 사민당의 과제(한길사, 1999/2012), 138면.

13) Anthony Giddens(박노영/임영일 역), 자본주의와 현대사회이론(한길사, 2008/2010), 112면.

생산한다는 것이다. "노동자가 부를 많이 생산하면 할수록, 그의 생산의 힘과 범위가 증대할수록, 더욱더 가난해진다. 노동자가 상품을 더 많이 창조할수록 그는 더 값싼 상품이 된다. 사물세계의 가치증대에 정비례해서 인간세계의 가치절하가 일어난다."[14] 자본주의의 총체화된 모습은 다음 문장에서 확인할 수 있다. "지주와 자본가는 특권을 부여 받고, 지주와 자본가는 도처에서 노동자 위에 군림하고 노동자에 대해 법률을 명령한다."[15] 오늘날 많은 노동자들이 비용으로 계산되고, 브랜드가치(교환가치)와 노동가치 사이의 잉여가치가 엄청난 것을 보면, 물화(Verdinglichung), 객체화(Vergegenständichung) 주장이 '현대적 맥락에서' 다시 부각될 필요가 있다.[16] 이런 맥락에서 짐멜(Georg Zimmel, 1858~1918)의 '돈의 철학'도 재조명되어야 한다. "즉 다시 말해서 목적 합리성이 다른 형태의 합리성들을 몰아낸 것이고, 화폐경제 때문에 사람들 간의 관계가 사물들 간의 관계로 변형된 것이다. 이러한 분석을 통해서 짐멜은 독특한 사회관계에서의 소외 및 사물화 이론을 발전시켰다. 우리가 만들어낸 사물들이 점차 우리의 주인이 된다는 것이다. 이와 유사하게 사회적 상호작용은 객관적이고 초개인적인 구조들로 '경화'될 수 있다."[17]

2. 뒤르켐

뒤르켐(Emile Durkheim, 1858~1917)은 프랑스 보르도 대학 사회과정을 맡으면서, 프랑스에서 처음으로 사회학 교수가 되었다. 그는

14) Karl Marx(강유원 역), 경제학 — 철학 수고(이론과 실천, 2012), 88면
15) Karl Marx(강유원 역), 경제학 — 철학 수고(이론과 실천, 2012), 22면.
16) 물화 개념은 (후술하는) 호네트(Axel Honneth)의 인정투쟁(Kampf um Anerkennung)의 원동력인 '무시의 사회적 동학'과 '인정의 병리학'과 연결될 여지가 있다.
17) Gunnar Skirbekk/Nils Gilje(윤형식 역), 서양철학사 2(이학사, 2016), 960면.

4권의 주저를 남겼는데,[18] 자살, 분업 등 한정된 전문 주제를 다루면서도 이를 통해 실제로는 사회의 핵심가치를 파고들었다.[19]

뒤르켐의 주된 관심사는 "어떻게 사회질서가 가능한가?"였다.[20] 뒤르켐은 모든 형태의 형이상학적 논의를 거부했다.[21] 뒤르켐은 박사학위 논문인 '사회분업론'(1893)에서 하나의 해답을 내놓았는데, 이는 '분업'이다. 그는 "어떻게 개인이 더 개인적이면서 동시에 서로 더 많은 연대감을 가질 수 있는가?"라는 명백한 이율배반을 '증가하는 분업에서 비롯된 사회적 연대의 변화'로 해결하고자 하였다.[22] 뒤르켐에 따르면, 사회의 전 영역에서 분업의 영향력이 커지고, 정치, 행정, 법률의 기능은 점점 더 전문화되고 있다.[23] 그는 오늘날의 도덕의식이 내리는 지상명령의 한 가지 특성을 "이미 확정된 기능에 적합한 역할을 수행할 수 있도록 당신 자신을 준비하라"는 것으로 보

---

18) Emile Durkheim(민문홍 역), 사회분업론(아카넷, 2012); Emile Durkheim(황보종우 역), 자살론(청아출판사, 2008); Emile Durkheim(노치준, 민혜숙 역), 종교 생활의 원초적 형태(민영사, 1992); Emile Durkheim(박창호, 윤병철 역), 사회학적 방법의 규칙들(새물결, 2002); 뒤르켐 탄생 150주년 기념 학술대회 논문을 엮은 책으로는 한국사회이론학회 엮음, 뒤르케임을 다시 생각한다(동아시아, 2008).

19) Stuart Hughes(황문수 역), 의식과 사회(개마고원, 2007), 302면.

20) 김광기, 뒤르켐 & 베버: 사회는 무엇으로 사는가?(김영사, 2007/2014), 60면; 김명숙, 안진, 양현아, 이상수, 홍성수, 황승흠, 법사회학－법과 사회의 대화(다산출판사, 2013), 22면.

21) Stuart Hughes(황문수 역), 의식과 사회(개마고원, 2007), 301면.

22) Emile Durkheim(민문홍 역), 사회분업론(아카넷, 2012), 69면.

23) "분업은 경제활동 영역에서만 특별히 나타나는 현상은 아니다. 우리는 사회의 아주 다른 영역에서도 분업의 영향력이 점점 더 커지는 것을 관찰한다. 정치, 행정, 법률의 기능은 점점 더 전문화되고 있다. 예술과 과학의 영역에서도 이 점은 마찬가지이다. 우리는 철학이 유일한 과학이었던 시대와는 거리가 먼 시대에 살고 있다. 철학은 이제 수많은 특수 분과 학문들로 나뉘어져서, 각 분야는 자신만의 고유한 연구 대상과 방법론과 정신을 가지고 있다." Emile Durkheim(민문홍 역), 사회분업론(아카넷, 2012), 72면.

았다.[24] 그는 기계적 연대의 사회와 유기적 연대의 사회를 구별하면서, 두 유형의 사회에 대한 역사는 우리에게 전자 유형의 사회조직이 사라져야만 후자 유형의 또 다른 사회조직이 발전할 수 있음을 보인다고 언급했다.[25] 기계적 연대가 지배하는 사회는 이미 결정된 사회구조의 특징을 가지며, 동질적이면서 서로 간에 유사한 분절적 조직들로 이루어진 체계라는 특징을 가진다.[26] 이에 반해 유기적 연대가 지배하는 사회는 기계적 연대가 지배하는 사회와 전혀 다른데, 유사하고 동질적인 분절적 조직이 아니라 서로 분화된 부분들의 하위체계로 구성된다.[27] 여기서 개인의 지위를 특징짓는 것은 더 이상 혈연관계가 아니라 그가 수행하는 기능이다.[28]

뒤르켐이 분업에 따른 기능적 분화에서 유기적 연대를 주장하는 점이 저자에게는 특이하다. 그에 따르면, 분업의 진정한 기능은 두 사람 이상의 사이에 연대감을 창조하는 것이며,[29] 분업의 가장 주목할 만한 효과는 분업이 가져다준 생산성이 아니라,[30] 각 기능 간에 연대감을 만들어주는 것이다.[31] 분업이 개인들을 더 분화시킬수록 사회구성원들은 기능상 서로 보완적이 되며, 이는 사회적 연대와 결속력의 원천이 된다.[32] 유기적 연대는 공통의 신념과 감정을 받아들이는 데서가 아니라, 분업 속에서 이루어지는 기능적 상호의

24) Emile Durkheim(민문홍 역), 사회분업론(아카넷, 2012), 77~78면.
25) Emile Durkheim(민문홍 역), 사회분업론(아카넷, 2012), 272면.
26) Emile Durkheim(민문홍 역), 사회분업론(아카넷, 2012), 269면.
27) Emile Durkheim(민문홍 역), 사회분업론(아카넷, 2012), 270면.
28) Emile Durkheim(민문홍 역), 사회분업론(아카넷, 2012), 271면.
29) Emile Durkheim(민문홍 역), 사회분업론(아카넷, 2012), 96면.
30) "왜냐하면 분업은 생산력과 노동자의 작업 능력을 향상시킬 뿐만 아니라 사회의 지적, 물질적 발전에 필요한 조건이다. 즉 분업은 문명의 원천이다." Emile Durkheim(민문홍 역), 사회분업론(아카넷, 2012), 86면.
31) Emile Durkheim(민문홍 역), 사회분업론(아카넷, 2012), 102면.
32) Emile Durkheim(민문홍 역), 사회분업론(아카넷, 2012), 옮긴이 해제, 609면.

존성에서 생겨나며, 개인들 사이의 신념과 행위의 동일성이 아니라 '차이'를 전제한다.33) "뒤르켐에 의하면, 다윈과 그 밖의 생물학자들은 생존경쟁이 동종 유기체들 사이에서 가장 치열하게 나타난다는 사실을 밝혔다. 그런 갈등의 존재는 유기체들이 서로 상대방의 생존을 방해함이 없이 공존할 수 있게끔 상호보완적인 전문화를 낳는 경향이 있다. 기능의 분화는 여러 종류의 유기체들이 생존할 수 있도록 해준다. 뒤르켐은 비슷한 원리가 인간사회에도 적용될 수 있다고 결론짓는다. 인간들은 같은 법칙의 지배를 받는다. 한 도시 속에서 서로 다른 직업들이 서로가 서로를 파괴해야 할 운명에 빠지지 않고 공존할 수 있다. 이는 그것들이 서로 다른 목표들을 추구하기 때문이다. 병사는 군인으로서의 영예를 추구하며, 성직자는 도덕적 권위를, 정치인은 권력을, 사업가는 부를, 학자는 학문적 명성을 추구한다."34)

---

33) Anthony Giddens(박노영, 임영일 역), 자본주의와 현대사회이론(한길사, 2008/2010), 171~172면.

34) Anthony Giddens(박노영, 임영일 역), 자본주의와 현대사회이론(한길사, 2008/2010), 175면; 뒤르켐의 원문은 다음과 같다. "또 동일한 유기체 안에서도 서로 다른 세포들 간의 경쟁을 완화시키는 것은, 그 유기체들이 서로 다른 물질들을 자양분으로 섭취하고 있다는 사실이다. 인간 역시 동일한 법칙의 적용을 받는다. 같은 도시에서 사는 각기 다른 전문직 종사자들은 서로 해치지 않고 공존할 수 있다. 왜냐하면 그들은 서로 다른 목표를 추구하고 있기 때문이다. 군인은 군대의 영광을 추구하고, 성직자는 도덕적 권위를 찾으며, 정치인은 권력을 추구하고, 기업인은 부를 좇으며, 학자는 과학적 명성을 추구한다. 이 경우 각자는 타인의 목적 추구 활동을 방해하지 않고 자신의 목적을 달성할 수 있다. 이는 전문직 종사자의 기능들이 서로 비슷한 경우도 마찬가지이다. 안과 의사는 정신병자를 돌보는 의사와 경쟁하지 않는다. 구두 수선공은 모자 제조공과 경쟁을 벌이지 않으며, 미장이는 가구 제조업자와 경쟁을 벌이지 않고, 물리학자는 화학자와 경쟁을 벌이지 않는다. 그들은 서로 다른 서비스를 제공하기 때문에 함께 공존하며 자신들의 활동을 할 수 있다. 그러나 그들의 기능이 유사할수록 그들 간에는 접촉점이 더 많이 생기고 결과적으로 서로 투쟁을 하게 된다. 이 경우 그들은 서로 다른 수단을 가

또한 뒤르켐은 '자살론'(1897)에서 자살이 사회적 현상임을 밝혔다. 뒤르켐은 자살의 사회적 원인으로 사회적 유대감이 붕괴되면서 발생하는 '아노미(anomi) 현상'에 주목했다. 그는 과거에 존재했던 전통적, 종교적 규제가 점점 사라지고 있음을 눈여겨 보았다. "우리가 강조하려는 것은 과거에는 그러한 규제가 존재하였으며 그 규제의 영향이 유익했지만, 현재는 이를 대체할 만한 것이 아직 없다는 점이다. 사실상 종교는 이제 거의 힘을 잃었다. 또 정부는 경제생활을 지배하는 대신, 경제의 도구나 시녀가 되고 있다."[35)]

뒤르켐은 자살의 원인을 공식 자료를 통해 경험적으로 분석하는데, 특정 범주의 사람들이 다른 사람들보다 자살 확률이 높다는 것을 증명했다. 개신교도가 가톨릭교도보다, 미혼자가 기혼자보다 자살을 더 많이 한다. 빈곤한 국가에는 자살이 현저하게 적은데, 이는 빈곤 그 자체가 일종의 규제로 자살을 방지하기 때문이다.[36)] 반면에 집단적 질서가 갑작스럽게 붕괴되는 경우에는 자살곡선의 갑작스런 상승이 일어나는데, 이는 기존의 사회적 규제가 무너졌기 때문이다.[37)] 뒤르켐은 경험적 자료를 통해 통합과 규제의 높고 낮음이 자살률에 영향을 미친다는 점을 밝혔다.[38)]

지고 유사한 욕구를 충족시키기 때문에, 상대방의 영역을 침범하는 것은 필연적이다." Emile Durkheim(민문홍 역), 사회분업론(아카넷, 2012), 396~397면; 하지만 저자는 사회체계의 경우 기능적 분화에 따른 유기적 연대가 제대로 발생할지에 대해서는 의문을 갖고 있다. 기능적으로 분화되면 될수록 사회와 개인은 더 파편화되어 자동적으로 연대의식이 생성되지는 않는다. 총체화된 자본주의는 사회체계를 총체화하면서 동시에 개인을 파편화시킬 뿐이다.

35) Emile Durkheim(황보종우 역), 자살론(청아출판사, 2008), 317면.

36) Emile Durkheim(황보종우 역), 자살론(청아출판사, 2008), 302면, 315면.

37) Emile Durkheim(황보종우 역), 자살론(청아출판사, 2008), 303면, 313~314면.

38) Anthony Giddens(김미숙, 김용학, 박길성, 송호근, 신광영, 유홍준, 정성호 역), 현대사회학(제4판, 을유문화사, 2003), 28~29면.

뒤르켐은 자살을 4가지 형태(이기적 자살, 이타적 자살, 숙명적 자살, 아노미적 자살)로 나누어 고찰했는데, 이기적 자살과 아노미적 자살을 다음과 같이 구분했다. "아노미는 현대 사회의 정규적이고 특수한 자살 요인이며, 아노미 때문에 일정한 수의 연간 자살률이 나온다. 따라서 아노미는 다른 유형과 구분되는 새로운 자살의 유형이다. 아노미 유형의 자살이 다른 유형의 자살과 다른 점은 개인이 사회와 연결되는 방식이 아니라 사회가 개인을 규제하는 방식이다. 이기적 자살은 인간이 존재의 근거를 삶에서 찾지 못해서 일어난다. 이타적 자살은 존재의 근거가 삶의 외부에 존재하기 때문에 일어난다. 그리고 아노미성 자살은 인간의 활동이 충분히 규제되지 못해서 생기는 고통에서 나온다."[39] "아노미성 자살과 이기적 자살은 비슷한 점이 있다. 둘 다 개인에게 사회가 불충분한 존재인 까닭에 생겨난다. 그러나 개인에게 사회가 부재한 영역은 양자의 경우에 서로 다르다. 이기적 자살은 진정한 집단활동의 결핍으로 인해서 개인이 목적과 의미를 상실하는 경우이다. 아노미성 자살은 개인의 열망에 미치는 사회의 영향이 결핍됨으로써 개인을 제동 없이 방치함으로써 일어난다. 그러므로 양자의 관계에도 불구하고 두 유형은 서로 구분된다."[40]

3. 베 버

막스 베버(Max Weber, 1864~1920)의 일대기에서 (법학을 전공하는 저자의 입장에서) 인상적인 것은 그가 법학을 전공했다는 점이다. 게오르그 짐멜(1858~1918)도 그랬고 니클라스 루만(1927~1998)도 그

---

39) Emile Durkheim(황보종우 역), 자살론(청아출판사, 2008), 322면.
40) Emile Durkheim(황보종우 역), 자살론(청아출판사, 2008), 322면.

랬다. 법학에서 경제학으로, 그리고 사회학으로 발전해 나가지만 그 시초는 법학이었다. 물론 법학에서도 경제학, 사회학을 포괄하는 논문 주제로 연구했다. 베버는 1889년에 박사학위논문으로 중세 상사회사에 대해, 1891년에 교수자격논문으로 로마제정시대의 농업사에 대해 저술했다.[41] 이후 베버는 사회정책학회로부터 '동엘베지방의 농업노동자에 대한 조사'를 의뢰받았다. 900면에 달하는 연구보고서에서 지주들이 독일 노동자들보다 임금이 싼 슬라브계 계절노동자를 고용함으로써 독일 농촌의 슬라브화를 초래하는 현상을 살폈다. 베버는 정치적·군사적 면에서는 국가적 가치에 충성을 바치는 동부 엘베의 귀족계급이 경제적 면에서는 철저하게 반국가적 노선을 추구하는 사실에서 지주들의 국가적 이해관계와 경제적 이해관계가 일치하지 않음을 밝혀냈다.[42] 이 업적을 토대로 베버는 1894년에 프라이부르크대학 경제학 및 재정학 교수로 초빙되었고, 1897년에는 칼 크니스의 후임으로 하이델베르크대학 경제학 및 재정학 교수가 되었다.

하지만 곧 날개가 부러진 매와 같은 모습이 되었다. 아버지와의 불화 이후 생긴 병으로 인해 대학교수의 직함을 포기해야 했다. 4년이 넘는 공백기를 휴식을 통해 극복한 후, 베버는 1902년(38세)에 정

41) 박사학위논문 제목은 '이탈리아 도시의 가계 공동체 및 산업 공동체에서 형성된 공공 무역회사의 연대책임 원리와 특별 재산권의 발달'이고, 교수자격논문 제목은 '국가법과 사법의 의미에서 본 로마 농업사'이다.

42) H. Stuart Hughes(황문수 역), 의식과 사회(개마고원, 2007), 313~314면; 김덕영, 막스 베버, 이 사람을 보라(인물과사상사, 2008), 81~82면; G.F. 크나프는 베버의 저술에 대해 다음과 같이 말했다. "최근 엘베 지방 동부 사정에 대해서는 막스 베버 박사가 손으로 그린 모노그라피에 나와 있는데, 그 사상과 이해의 깊이로 인해 독자들이 놀라고 있습니다. 그런데 이 역작으로 인해 우리가 갖고 있는 전문지식이 이제는 과거에 속하는 것이 되고 말아서 우리는 연구를 다시 새로이 시작하지 않으면 안 된다는 감명을 나에게 갖게 합니다." Marianne Weber(조기준 역), 막스 베버(소이연, 2010), 73면.

치가와 대학교수의 활동적 삶을 접고 본격적으로 사색하는 연구자의 길로 들어섰다.[43] 1903년(39세)에 '프로테스탄티즘의 윤리와 자본주의 정신' 연구를 시작하여 1904년과 1905년 두 번에 걸쳐 발표하였다. 1904년(40세)에는 좀바르트(Werner Sombart), 야페(Edgar Jaffé)와 함께 '사회과학 및 사회정책 저널'(Archiv für Sozialwissenschaft und Sozialpolitik)의 편집을 맡았다.[44] 이 후 활발한 연구활동을 통해 다양한 저술을 선보였고, 1919년(55세) 뮌헨대학에 초빙되어 '직업으로서의 정치'와 '직업으로서의 학문'을 남겼다.[45] 1902년(38세) 이후 정치를 포기하고 대학교수의 직도 수행할 수 없었지만, 1920년(56세) 비교적 이른 나이에 죽을 때까지 연구자로서는 최고로 생산적인 시기를 보냈다.

베버는 경험지식과 가치판단의 엄격한 구분을 주장하며, 사회과학은 규범적 가치판단을 할 수 없다는 원칙을 제시했다. 베버는 독일 역사학파 경제학이 가치판단적 사회과학을 옹호하는 것에 반대하면서, 가치판단으로부터 자유로운 가치중립적 사회과학을 추구

43) Marianne Weber(조기준 역), 막스 베버(소이연, 2010), 120면.

44) 김덕영, 막스 베버, 이 사람을 보라(인물과사상사, 2008), 113면.

45) 베버는 다음과 같이 말했다. "실제로 학자가 일생에 단 한번만이라도, '이번에 내가 성취한 것은 그 가치가 지속될 것이다'라는 만족감을 느낄 수 있다면, 그것은 오로지 엄밀한 전문적 작업을 통해서 가능할 뿐입니다." "오늘날 진실로 결정적이며 유용한 업적은 항상 전문적 업적입니다. 그러므로 말하자면 일단 눈가리개를 하고서, 어느 고대 필사본의 한 구절을 옳게 판독해 내는 것에 자기 영혼의 운명이 달려 있다는 생각에 침잠할 능력이 없는 사람은 아예 학문을 단념하십시오. 이런 능력이 없는 사람은 우리가 학문의 '체험'이라고 부를 수 있는 것을 결코 자기 내면에서 경험하지 못할 것입니다. 학문에 문외한인 모든 사람들로부터 조롱당하는 저 기이한 도취, 저 열정, '네가 태어나기까지 수천년이 경과할 수밖에 없었으며', 네가 그 판독에 성공할지를 '또 다른 수천 년이 침묵하면서 기다리고 있다'고 생각할 수 없는 사람은 학문에 대한 소명이 없는 것이니 다른 일을 하십시오." Max Weber(전성우 역), 직업으로서의 학문(나남출판, 2006), 33면.

했다.[46] 1912년(48세) 베버가 독일사회학회(1909년 창립)에서 탈퇴한 이유도 독일사회학회 회원들의 연구에 주관적 가치판단이 만면해 사회과학의 가치중립성이 훼손되었다고 보았기 때문이었다.[47] 베버는 '가치와 연관된 규범적 논의'와 '가치와 무관한 경험적 연구'의 분리에 심열을 기울렸다. 그가 보기에, 사실과 평가의 결합에서 오는 가치판단은 논리적으로 이질적인 두 개의 범주와 영역을 혼동하는 것이었다.[48] 그는 '가치와 연관된 규범적 논의'에 대해 "학문적 논증이 가치의 영역에서는 어느 사람에게나 결정을 강제하는 것은 아니다"라고 언급했다.[49]

동시대를 살았던 베버, 라드브루흐, 켈젠은 모두 '존재와 당위의 분리'를 추구했지만, 이를 추구하는 구체적인 방법은 매우 달랐다. 라드브루흐(1878~1949)는 당위인 법규범을 또 다른 당위인 '가치'로 근거지우고, '가치상대주의'를 자연스럽게 받아들였다. 하지만 켈젠(1881~1973)은 가치중립성을 법학에 도입하여 법규범이 가치에 의해 오염되는 것을 막고(법규범과 가치의 분리), 규범정립적 권위를 설정하는 '근본규범'을 통해 법규범을 근거지우려 했다. 이에 반해 베버(1864~1920)는 가치중립성을 '가치와 무관한 경험적 연구'에 도입하여 가치판단으로부터 자유로운 사회과학을 추구했다.

46) 이에 대한 상세한 설명은 김덕영, 막스 베버(도서출판 길, 2012), 74면 이하; 김덕영, 막스 베버, 이 사람을 보라(인물과사상사, 2008), 224면 이하.

47) 김덕영, 막스 베버(도서출판 길, 2012), 64면.

48) 김덕영, 막스 베버, 이 사람을 보라(인물과 사상사, 2008), 154면.

49) Marianne Weber(조기준 역), 막스 베버(소이연, 2010), 142면.

II 하버마스

하버마스(Jürgen Habermas, 1927~)는 프랑크푸르트학파 2세대에 속하는 학자로, 세계적으로 유명한 철학자이다. 그는 의사소통적 합리성 개념을 통해 도구적 이성의 모순을 극복하려 했다. 그의 책은 우리말로 거의 번역되었는데, 주요 저작에 '공론장의 구조변동', '현대성의 철학적 담론', '의사소통행위이론', '사실성과 타당성', '진리와 정당화' 등이 있다.[1]

1. 생활세계의 식민지화

하버마스는 그의 책 '인식과 관심'에서 "비판적으로 정향된 학문은 해방적 인식관심을 철학과 공유한다"고 설파하면서, 그 예로 프로이트의 정신분석과 맑스의 이데올로기 비판을 들었다. 프랑크푸르트학파 1세대인 호르크하이머와 아도르노의 도구적 이성에 대한 비판은 베버의 합리성 이론, 루카치의 물화 개념과 함께 근원적으로는 맑스이론과 연관되며, 이는 하버마스가 자신의 이론을 전개하는데 기초가 되었다.

호르크하이머(Max Horkheimer. 1895~1973)와 아도르노(Theodor

1) Jürgen Habermas(이진우 역), 현대성의 철학적 담론(문예출판사, 1994); Jürgen Habermas(황태연 역), 도덕의식과 소통적 행위(나남출판, 1997); Jürgen Habermas(이진우 역), 담론윤리의 해명(문예출판사, 1997); Jürgen Habermas (황태연 역), 이질성의 포용(나남출판, 2000); Jürgen Habermas(한승완 역), 공론장의 구조변동(나남출판, 2004); Jürgen Habermas(장춘익 역), 의사소통행위이론 1 — 행위합리성과 사회합리성(나남출판, 2006); Jürgen Habermas (장춘익 역), 의사소통행위이론 2 — 기능주의적 이성비판을 위하여(나남출판, 2006); Jürgen Habermas(한상진, 박영도 역), 사실성과 타당성(나남출판, 2007); Jürgen Habermas(윤형식 역), 진리와 정당화(나남출판, 2008) 등이 출판되었다.

W. Adorno, 1903~1969)는 '계몽의 변증법'(1947)에서 계몽의 과제가 좌초했음을 알렸다. "우리가 이 과제에 착수하면서 염두에 둔 것은 다만 왜 인류는 진정한 인간적 상태에 들어서기보다 새로운 종류의 야만상태에 빠졌는가라는 인식이었다."[2] 호르크하이머는 이성이 인간에 의해 자연을 지배하는 도구가 되어버린 이래로 진리를 발견하려는 이성의 고유한 의도는 좌절되었다고 선언했다.[3] 주관적 이성의 전면화는 도구적 이성의 전면화를 초래해 현대 문명의 위기를 가져왔다.[4]

하버마스는 호르크하이머와 아도르노와는 달리 도구적 이성에 대한 해결책을 제시하고자 했다. 하버마스는 행위를 도구적 행위, 전략적 행위, 의사소통적 행위로 구별하는데, 이는 '도구적 이성'에 대한 해결책을 제시하는 발판이 되었다. 그가 분류한 행위 개념 중에 도구적 행위와 전략적 행위는 체계에 속하고, 의사소통적 행위는 생활세계에 속한다.[5]

---

2) Max Horkheimer/Theodor W. Adorno(김유동 역), 계몽의 변증법(문학과지성사, 2001년), 12면; 프랑크푸르트학파 제1세대의 역사와 이론에 대해서는 「Martin Jay(황재우, 강희경, 강원돈 역), 변증법적 상상력(돌베개, 1979/1994)」을 적극 추천한다.

3) Max Horkheimer(박구용 역), 도구적 이성 비판—이성의 상실(문예출판사, 2006), 218면.

4) "주관적 이성의 전면화로 발전한 계몽의 기획은 야만에서 문명으로 발전한 것이 아니라, 새로운 야만적 신화로 발전했다." Max Horkheimer(박구용 역), 도구적 이성 비판—이성의 상실(문예출판사, 2006), 234면.

5) 도구적 행위, 전략적 행위, 의사소통적 행위에 대한 설명은 Jürgen Habermas (장춘익 역), 의사소통행위이론 1—행위합리성과 사회합리성(나남출판, 2006). 423면 이하; 김정오, 현대사회사상과 법(나남출판, 2007), 105면 이하, 114면; 이상돈/홍성수, 법사회학(박영사, 2000), 111면 이하; 베버의 사회적 행위 개념(목적합리적 행위, 가치합리적 행위, 감정적 행위, 전통적 행위) 중에 목적합리적 행위는 체계에 속하며, 가치합리적 행위는 생활세계에 속한다.

〈표〉 행위 유형[6)]

행위 성향 \ 행위태도	성공지향적	이해지향적
비사회적	도구적 행위	
사회적	전략적 행위	의사소통적 행위

하버마스는 도구적 이성이 만연한 현대 사회의 문제점을 '체계에 의한 생활세계의 식민지화'로 파악했다. 화폐와 권력이라는 매체를 통해 효율성을 지향하는 체계가 의사소통적 상호이해를 추구하는 생활세계에 침투하면서 현대 사회의 병리적 현상이 발생하는데, 하버마스는 이를 '체계에 의한 생활세계의 식민지화'라고 일컬었다. 이에 하버마스는 '생활세계의 식민지화에 대한 저항운동'을 주장했다.

하버마스는 교수자격논문이자 첫 번째 주저인 '공론장의 구조변동'(1962)에서 20세기에 공론장이 붕괴되는 과정을 통해 이미 '체계에 의한 생활세계의 식민지화'라는 진단을 내렸다. "하버마스는 20세기에 들어와 부르주와 공론장이 붕괴되어 갔다고 진단한다. 대중매체와 광고의 발전으로 '문화를 논하는 공중'에서 '문화를 소비하는 공중'으로의 변화가 일어났기 때문이다. […] 하버마스는 더 나아가 국가와 정당들이 공론장을 형성하거나 주도하고, 공적 토론을 대체하는 여론 조사가 정치적 공론장을 왜곡시켰다고 말한다. […] 하버마스의 첫 번째 주저작인 '공론장의 구조변동'은 어떻게 19세기 말부터 20세기 중반까지 진행된 공론장의 입지 상실 과정을 그리는 것으로 마무리된다. 그리고 여기서 싹튼 비판적 문제의식을 바탕으로 하

6) Jürgen Habermas(장춘익 역), 의사소통행위이론 1 — 행위합리성과 사회합리성(나남출판, 2006). 423면.

버마스는 '체계에 의한 생활세계의 식민지화'라는 진단을 내린다."[7]

공론장의 붕괴를 통해 '체계에 의한 생활세계의 식민지화'는 진행되는데, 하버마스가 제시한 해결책은 의사소통적 합리성을 통해 공론장을 다시 살리는 것이다.

2. 의사소통적 합리성

호르크하이머와 아도르노는 여전히 의식철학에 머물러 있어 도구적 이성, 도구적 합리성이 가져오는 병리적 현상에 대한 해결책을 제대로 제시하지 못했다. 반면에 하버마스는 '의사소통적 이성' 개념을 통해 근대의 주체 중심적 이성이 봉착한 한계를 극복하고자 했다.[8]

하버마스는 언어의 화행론(Theorie der Sprechakte) 측면을 강조하며 보편화용론을 주장했다. 특히 오스틴(J.L. Austin, 1911~1960)과 썰(J. Searle, 1932~)의 이론을 받아들이는데, 오스틴은 언어행위를 발화행위(locutionary act), 발화수반행위(illocutionary act), 발화효과행위(perlocutionary act)로 구분하여 언어의 사용(use)에 대한 상세한 분석을 행하였다.[9] 철학에서는 발화행위와 발화효과행위를 선호하고 발

7) 정성훈, 괴물과 함께 살기(미지북스, 2015), 128~129면.

8) "하버마스는 이 책(의사소통행위이론)에서 최초로 베버의 합리성에 대한 체계적 분석을 시도한다. 이를 통하여 하버마스는 프랑크푸르트학파의 비판이론을 새롭게 발전시킨다. 하버마스가 보기에 그의 선배들, 즉 호르크하이머와 아도르노는 베버의 영향을 받아서 의식철학 안에 갇혀있었기 때문에 합리성을 매우 협소하게 이해할 수밖에 없었다. 하버마스는 합리성을 의사소통적 차원에서 이해함으로써 합리화에 대한 새로운 이론을 전개시켜 나간다." 김정오, 현대사회사상과 법(나남출판, 2007), 103면(괄호는 저자 첨가).

9) J.L. Austin(김영진 역), 말과 행위(How to do Things with Words)(서광사, 1992/2007), 17면; 하버마스는 '의사소통행위이론'을 출판하기 전에 이미 '도덕의식과 소통적 행위'(황태연 역, 나남출판, 1997)와 '담론윤리의 해명'(이진우 역, 문예출판사, 1997)에서 화행론(Theorie der Sprechakte)의 입장에서 자

화수반행위를 생략하는 경향이 오랫동안 계속되었는데, 오스틴은 발화수반행위의 중요성을 집중적으로 다루었다.[10] 오스틴은 발화행위, 발화수반행위, 발화효과행위를 다음과 같이 정의내렸다.

> "오스틴이 구별하는 세 가지 행위(발화행위, 발화수반행위, 발화효과행위)는 다음과 같은 핵심어를 통해 특징화될 수 있다. 어떤 것을 말한다; 어떤 것을 말하여서 행위한다; 어떤 것을 말하여 행위함으로써 어떤 효과를 야기한다."[11]

> "우리는 첫째, 어떤 것을 말하는 가운데 우리가 행하는 일련의 것들을 구별했고, 이것들을 함께 묶어 발화행위(locutionary act)를 수행하는 것이라고 요약했다. 대체적으로 발화행위는 어떤 뜻과 지시를 가진 문장을 발화하는 것이며, 그리고 뜻과 지시는 전통적으로 '의미'(meaning)와 같다. 둘째, 우리는 또한 통보, 명령, 경고, 보증 등과 같은 발화수반행위(illocutionary act)를, 즉 어떤 관습적인 힘을 갖는 발화를 수행한다고 말했다. 셋째, 우리는 또한 발화효과행위(perlocutionary act)도 수행할 것이다. 확신시키기, 설득하기, 저지하기 그리고 심지어 예를 들어 놀라게 하기 또는 오도하기와 같이 어떤 것을 말함으로써 우리가 성취하거나 이루는 것이 발화효과행위이다."[12]

하버마스는 오스틴이 나눈 발화수반행위와 발화효과행위를 자신의 구분인 의사소통행위와 전략적 행위와 연결시켰다.[13] 하버마스는 발화수반적 측면과 발화효과적 측면의 구분을 의사소통행위와

신의 이론을 전개하였다.

10) J.L. Austin(김영진 역), 말과 행위(서광사, 1992/2007), 132~133면.

11) Jürgen Habermas(장춘익 역), 의사소통행위이론 1 — 행위합리성과 사회합리성(나남출판, 2006). 427~428면(괄호는 저자 첨가).

12) J.L. Austin(김영진 역), 말과 행위(서광사, 1992/2007), 140~141면.

13) Jürgen Habermas(장춘익 역), 의사소통행위이론 1 — 행위합리성과 사회합리성(나남출판, 2006). 427면 이하, 434면, 435면.

전략적 행위의 구분을 기본으로 하는 포괄적인 발화행위이론으로 발전시켰다.[14] "하버마스는 이러한 오스틴의 성과를 받아들여 이념형으로서 발화수반행위와 발화효과행위를 엄격히 구별한 뒤, 발화수반행위를 의사소통행위에, 발화효과행위를 전략적 행위에 대응시킨다. 발화수반행위에 초점을 두는 언어행위를 상호이해를 지향하는 의사소통행위와 연관되고, 발화효과행위에 초점을 두는 언어행위는 다른 사람들에게 영향을 끼침으로써 성과를 극대화하려는 성취지향적 전략행위와 연관된다."[15]

3. 절차주의적 법패러다임

하버마스는 '사실성과 타당성'(1992)에서 자신의 의사소통행위이론에 근거해 절차주의적 법패러다임을 제시했다. 사실 하버마스의 '사실성과 타당성'은 여러 주장을 담고 있어 그 주제를 쉽게 풀어쓰기가 쉽지 않다. 하버마스는 담론적 법이론(Diskurstheorie des Rechts)을 제시하는 한편, 자유주의 전통과 공화주의 전통의 대립을 극복하는 '담론적 민주주의 이론'을 제시한다. "하버마스는 새로운 사회 운동의 활성화를 생활 세계 식민화에 대한 저항의 표출로 해석하기도 한다. '사실성과 타당성'은 이러한 생활 세계 식민화에 대한 실천적 대응 전략을 제시하고자 한다. '사실성과 타당성'은 법이 가지는 이중적 성격, 즉 현실적 구속력과 규범적 정당성을 상징한다. 법은 이러한 이중성으로 인해 체계와 생활 세계를 매개하는 고리의 역할을 할 수 있으며, 따라서 의사소통적 권력에 입각한 입법 활동을 통해서 체계를 제어할 수 있고 나아가서는 생활 세계 식민화도 극복할 수 있다는 것이다. 이러한 구상을 제시하기 위해 그는 법의 이중성, 인

14) Gunnar Skirbekk/Nils Gilje(윤형식 역), 서양철학사 2(이학사, 2016), 960면.
15) 김정오, 현대사회사상과 법(나남출판, 2007), 110면.

권과 주권의 관계, 법과 도덕 및 정치의 관계에 대한 고찰을 거쳐 대안으로서 토의 민주주의론을 제시하고 있다. 토의 민주주의는 시민사회 공론장에서 진행되는 다양한 토의들을 기초로 하는 입법부의 심의와 그 결과인 입법 행위를 통해 국민 주권의 이념을 실현하고, 이를 통해 체계 논리에 의한 생활 세계의 침식을 제어하고자 하는 기획이라고 할 수 있다. 이러한 그의 구상은 인권과 주권, 자유주의와 공화주의 사이의 대립을 자신의 의사소통 패러다임을 통해 해소하고자 한다는 점에서 민주주의의 규범적 기초를 성찰하는 데에도 많은 도움을 줄 수 있을 것이다."[16]

'사실성과 타당성'의 중요 주제 중의 하나가 '절차주의적 법패러다임'이다. 특히 책의 후반부인 제7장 '토의정치: 절차적 민주주의 개념', 제8장 '시민사회와 정치적 공론장', 제9장 '법의 패러다임'이 그러하다. 하버마스는 다음과 같이 말했다. "제7장과 제8장에서 나는 규범적 내용이 있는 토의정치 개념을 설명하고, 복잡한 사회에서 권력순환을 법치국가적으로 규제할 수 있기 위한 조건을 사회학적 관점에서 검토할 것이다. 여기서 나는 민주주의 이론을 주로 정당화의 측면에서 다룰 것이다. 마지막 장에서는 절차주의적 법 패러다임 개념 속에서 법이론적 고찰과 사회이론적 고찰을 종합한다."[17] "이로써 우리는 절차주의적 패러다임의 핵심에 이르렀다. […] 권리체계의 실현을 위한 사회적 토대는 자연발생적으로 작동하는 시장도, 의도적으로 작동하는 사회복지국가의 조치들도 아니다. 오히려 그것은 시민사회와 공론장으로부터 나와서 민주적 절차를 통해 의사소통적 권력으로 전화되는 의사소통의 흐름과 공적 영향력 속에 있다. 이

16) 알라딘 '하버마스' 소개란.

17) Jürgen Habermas(한상진, 박영도 역), 사실성과 타당성(나남출판, 2007), 14~15면.

맥락에서 중심적 의미를 갖는 것은 자율적인 공론장을 보호육성하고, 시민참여를 확대하며, 미디어의 권력을 제어하는 것, 그리고 정당이 국가의 시녀가 아니라 매개적 기능을 다하는 것이다. (국민투표와 국민청원 같은) 직접민주주의의 요소를 헌법에 포함시키자는 널리 알려진 제안들, 그리고 풀뿌리 수준에서 (후보 결정과정이나 당내 의견형성 과정 등에서) 민주적 절차를 도입하자는 제안들은 정치적 공론장이 권력에 휘둘리는 것을 막기 위한 것이다."[18)]

18) Jürgen Habermas(한상진, 박영도 역), 사실성과 타당성(나남출판, 2007), 528면.

III 푸 코

1. 푸코의 생애

미셸 푸코(Michel Foucault, 1926~1984)는 박사학위논문인 '광기의 역사'(1960)부터 주류에 의해 배제된 것에 주목했다.[1] 이성에 의해 광기는 배제되었고, 정상에 의해 비정상은 배제되었다. 광기, 범죄, 섹슈얼리티가 그의 관심사였다. 푸코가 보기에, 실증주의적 관점에서 객관적으로 보이는 것은 그 반대편에서는 지배를 의미할 뿐이었다.[2]

푸코는 '광기의 역사'를 쓴 스웨덴 웁살라(Uppsala)에서 글쓰는 습관이 몸에 배었는데,[3] 이후 임상의학의 탄생(1963), 말과 사물(1966), 지식의 고고학(1969)을 계속해서 써내려갔다.[4] 1970년(44세)

---

1) 푸코 평전으로 「Didier Eribon(박정자 역), 미셸 푸코, 1926~1984(그린비, 2012)」를 적극 추천한다.

2) Didier Eribon(박정자 역), 미셸 푸코, 1926~1984(그린비, 2012), 177면.

3) 인터뷰에서 푸코는 다음과 같이 말했다. "글을 쓰고 싶다는 열망이 서른 살쯤에 나를 사로잡았다. 글쓰기의 즐거움을 발견하기 위해서는 외국 생활이 필요했다." "내 인생 전체를 저술에 바치겠다는 생각은 완전히 무의미해 보였으며 전혀 그렇게 할 의향이 없었다. 그런데 내가 이 미친 짓, 다시 말해서 매일같이 대여섯 시간씩 글을 쓰는 이 더러운 습관을 들인 것은 스웨덴의 긴 밤 속에서였다." "나는 우연히 글을 쓰기 시작했다. 그러나 글쓰기란 일단 한 번 시작하면 그것의 노예가 되어 도저히 빠져나올 수가 없다." Didier Eribon(박정자 역), 미셸 푸코, 1926~1984(그린비, 2012), 151면, 167면.

4) Michel Foucault(이규현 역), 광기의 역사(나남출판, 2003); Michel Foucault(오생근 역), 감시와 처벌(나남출판, 2003); Michel Foucault(이규현 역), 말과 사물(민음사, 2012); Michel Foucault(이정우 역), 담론의 질서(중원문화, 2012); Michel Foucault(심세광, 전혜리, 조성은 역), 생명관리장치의 탄생(난장, 2012); Michel Foucault(이규현 역), 성의 역사 1 — 지식의 의지(나남출판, 2010); Michel Foucault(신은영, 문경자 역), 성의 역사 2 — 쾌락의 활용(나남출판, 2004); Michel Foucault(이영목 역), 성의 역사 3 — 자기에의 배려(나남

콜레드 주 프랑스 교수가 된 푸코는 이후 다수의 강연록을 책으로 남겼다. 콜레드 주 프랑스 소속 교수는 매년 주제가 다른 연구를 발표해야 했다. 우리가 잘 알고 있는 '감시와 처벌', '앎의 의지'(성의 역사 제1권), '쾌락의 활용'(성의 역사 제2권), '자기에의 배려'(성의 역사 제3권)도 콜레드 주 프랑스 강좌에서 나왔다. "첫해에는 아직 책의 제목이 아니라 연구의 제목인 '앎의 의지'를 강의했다. [⋯] 이어서 1971~1972년에는 '형벌제도와 이론'을 다뤘으며, 1972~1973년에는 '형벌사회'를 강의했다. 1973~1974년에는 '정신의학적 권력'을 강의했고, 그 다음 해에는 '비정상인들'을 강의했다. 마침내 1975~1976년에는 따옴표 속에 "사회는 보호해야 한다"라고 쓴 암시적인 제목으로 정치사상이 전쟁의 도식을 차용하고 있음을 다루었다. 1976~1977년에는 1년간은 강의를 하지 않았다. 1977~1978년에는 강의를 재개하여 '안전, 영토, 인구'라는 제목으로 국민의 관리를 분석했다. 그리고 '생명관리권력(Bio Power)의 탄생'이라는 제목의 강의에서 '자유주의적 통치 형태'로 넘어갔다. 1978~1979년, 이때부터 그의 연구는 방향을 바꾸어 우리가 나중에 보게 될 '성의 역사'의 족적을 따라가게 된다. 이때부터 그의 연구를 시대를 조금씩 거슬러 올라가면서 1979~1980년에는 '생명체의 통치'라는 제목의 강의와 함께 초기 기독교 사회로 시선을 이동시켰다. 여기서 그는 고백성사와 고백의 기술에 흥미를 보였다. 그런 다음에 1980~1981년에는 '주체의 해석학' 속에서 '자기숭배'와 '자기에 대한 배려'의 문제를 추적했다. 그리고 1982~1983년에는 '자기와 타인에 대한 통치' 강의에서 고대 그리스에서의 철학적 삶과 정치적 삶 사이의 관계와 '진실을 말하기'에 대해 성찰했다. 1983~1984년에는 — 이것이 그의 마지막 강의였다 — '진실의 용기'를 강의했다."[5)]

출판, 2010); 그 외 다수의 콜레주 드 프랑스 강의록이 출판되었다.

흥미로운 것은 푸코가 프랑크푸르트학파에 대해 언급한 내용이다. 푸코가 프랑크푸르트학파에 관심을 갖게 된 것은 키르히하이머(Otto Kircheimer, 1905~1965)의 '처벌과 사회구조'를 읽은 후였다. 푸코는 자신이 젊었을 때 프랑크푸르트학파를 접했다면, 완전히 프랑크푸르트학파 학자들에 매혹되어, 그들의 저서에 주석을 다는 작업 외에는 평생 아무것도 하지 않았을 거라고 인터뷰에서 말했다. 다행히 프랑크푸르트 학파의 영향은 미셸 푸코에게 때늦은 것이었다.[6]

2. 배제된 것의 복원

푸코는 광기, 의학, 감옥 등에서 작동하는 권력관계와 권력의 매커니즘을 주로 다루었다. 푸코는 '권력이란 무엇인가'라는 질문 대신에 "권력들은 어떻게 작용하는가"를 물었고, 권력을 어떤 개인이나 집단이 소유하는 실체가 아니라 관계망으로 보았다.[7] 그는 광기, 의학, 감옥, 성 등 특정 주제를 구체적으로 다루기를 좋아했고, 총체적인 거대 주제를 논하지 않았다.[8] 그는 비정상의 여러 형태들을 연구했는데, 광기, 질병, 범죄, 변태적 성행위가 그의 연구대상이었다. 18세기 이래 특정 그룹, 앎/힘 그리고 인문과학들은 교묘하게 정상과 비정상을 규정하고, 이 규정들을 인간 행동을 규제하는데 사용했다. 이렇듯 비정상에 대한 연구는 그 사회에 수립된 권력관계를 파악하는 중요한 소재가 되었다.[9] "'광기의 역사'와 '임상의학의 탄생'

---

5) Didier Eribon(박정자 역), 미셸 푸코, 1926~1984(그린비, 2012), 429~430면.

6) 미셸 푸코 — 둣치오 뜨롬바도리와의 대담(이승철 역), 푸코의 맑스(갈무리, 2004), 114면, 117면.

7) 양운덕, 미셸 푸코(살림, 2003/2008), 13면, 18면.

8) 미셸 푸코 — 둣치오 뜨롬바도리와의 대담(이승철 역), 푸코의 맑스(갈무리, 2004), 144면.

9) Lydia Alix Fillingham(박정자 역), 미셸 푸코(만화로 읽는 삶과 철학)(판국제, 1995), 17~18면, 20면, 22면.

을 쓰면서, 나는 지식의 '계보학적' 역사에 관해 연구한다고 생각했었습니다. 그러나 내 연구의 진정한 길잡이는, 바로 이러한 권력의 문제였지요. 궁극적으로, 나는 특정한 제도들이 '이성'이나 '정상성'의 이름으로 행위, 존재, 실천, 발언의 방식을 확립하고 개인들을 비정상인 혹은 광인으로 낙인찍음으로써, 결과적으로 개인들의 집단에 권력을 행사하는 방식을 추적하기 위해 노력해 왔을 뿐입니다. 결국에, 나는 권력의 역사를 생산하는 작업만을 해왔던 것이지요."[10]

동시에 푸코는 권력에 의해 배제된 것을 복원하는 이론 작업을 수행했다. 그렇기에 푸코의 철학은 '타자의 철학'으로 평가된다. "푸코는 광인, 환자, 과학으로 정립되지 못한 지식들, 범법자들, 여자들과 아이들 등 지금까지 철학적 담론에서 늘 배제되어 왔던 타자들을 처음으로 철학의 문제 영역권으로 진입시킨 사람이다. 이 점에서 그의 철학은 타자의 철학이다."[11] 그는 (실패로 돌아가긴 했지만) 감옥정보그룹을 조직하고 활동가로 투쟁하기도 했다.

그의 학문적 방향은 동성애자라는 그의 성정체성에서도 비롯되었는데, 1978년 인터뷰에서 '광기의 역사' 탄생과 관련해서 다음과 같이 말했다. "내 개인사 속에서도 내가 배제되었다는 것, 진정 배척되었다는 것, 사회의 그늘 속에 속하게 되었다는 느낌을 받은 적이 있었다. 그것은 나의 성 정체성을 깨달았을 때였다. 성 정체성이 바로 자기 문제일 때 그것은 정말 큰 문제가 되는 것이다. 일종의 정신과적 문제로 변모하는 것이다. 당신이 남들과 같지 않다면 당신은 비정상이라는 의미고, 당신이 비정상이라면 그것은 당신이 환자라는

---

10) 미셸 푸코 — 듯치오 뜨롬바도리와의 대담(이승철 역), 푸코의 맑스(갈무리, 2004), 140면.

11) Michel Foucault(이정우 역), 담론의 질서, 역자 해설(서강대학교 출판부, 1998), 59면.

얘기가 되기 때문이다."[12]

한 사회 안에는 구성원들에게 '이것이 이성이다'라고 제시하는 기준이 존재하는데, 푸코는 이 기준을 '에피스테메'(episteme)라고 지칭했다. 한 시대에 타당한 것이 다른 시대에는 타당하지 않을 수 있는데, 이는 시대의 에피스테메가 다르기 때문이다. 에피스테메는 담론을 통해 한 사회의 구성원을 통제하며, 한 시대의 주도적인 담론은 다른 담론을 제한한다.[13] 담론에 권력이 개입하여 다른 담론을 억압하는 것, 권력과 지식이 합해져서 하나의 틀을 만들고 다른 틀은 틀렸다고 하는 것, 이것이 푸코가 본 세상의 모습이었다.

3. 자유주의 통치성 비판

부의 창출에 있어 자본주의 체계만큼 효율적인 체계는 이제껏 없었다. 이 때문에 오늘날 시장 메커니즘은 지배적인 것이 되었고, 신자유주의는 대세를 이루고 있다.[14] 신자유주의는 '시장의 성공'과 '정부의 실패'에 기초해 정부의 간섭이 없는 가격 매커니즘을 통해 최적의 결과가 달성된다고 주장한다.[15] 하지만 시장은 수요와 공급

---

12) Didier Eribon(박정자 역), 미셸 푸코, 1926~1984(그린비, 2012), 53면.

13) 리디아 앨릭스 필링햄(박정자 역), 미셸 푸코(만화로 읽는 삶과 철학)(판국제, 1995), 역자 후기, 168~170면.

14) 신자유주의 사상가에 따르면, 시장은 경제적 효율성을 위한 도구일 뿐 아니라 개인의 자유 유지를 위한 정치적·도덕적 제도이다. 이런 관점에서는 '자유 시장', '규제 철폐', '민영화'는 경제적 유용성으로부터만 도출되는 것이 아니라 개인의 자유를 위한 윤리적인 요구로서 절대적인 규범이 된다. Kurt W. Rothschild(이윤호 역), 윤리와 경제학의 딜레마(이학사, 2012), 73면.

15) Colin Crouch(유강은 역), 왜 신자유주의는 죽지 않는가(책읽는수요일, 2011), 34면; 시장의 자기조정성에 대해서는(애덤 스미스가 이를 의도하였든 의도하지 않았든 간에) 애덤 스미스(Adam Smith)의 '보이지 않는 손'이 유명하다. "노동생산물이 최대의 가치를 갖도록 그 노동을 이끈 것은 오로지 자기 자신의 이익을 위해서다. 이 경우 그는, 다른 많은 경우에서처럼, 보이지 않는 손(invisible hand)에 이끌려서 그가 전혀 의도하지 않았던 목적을 달성하게

의 지배를 받는 냉혹한 곳이기도 하다. 시장의 효율성 원리는 공공서비스를 비효율적이라는 이유로 축소하거나 폐지해 버리곤 한다. 그러는 사이 부자는 더 부자가 되고 가난한 자는 더 가난한 자가 되어 빈부격차는 더 벌어지고 있다.[16)]

그럼에도 역사를 돌아보면, 자본주의로 인해 빈곤 문제가 개선된 것도 사실이며, 자본주의 덕분에 오늘날 경제적 풍요를 누리는 것도 사실이다. 또한 성숙한 자본주의는 중산층을 증대시킴으로 민주주의의 발전을 가져온다. 하지만 총체화된 자본주의는 불평등을 심화시키고 민주주의를 다시 위기에 빠뜨린다. 오늘날 맘몬(Mammon)은 야누스의 얼굴을 가지고 있다(자본주의의 양면성). 오늘날 총체화된 자본주의는 시장의 원리를 시장 外의 영역에까지 확장한다. 하지만 시장의 원리는 시장 外의 영역에서는 비도덕적인 것이다.[17)] 이는

된다. 그가 의도하지 않았던 것이라고 해서 반드시 사회에 좋지 않은 것은 아니다. 그가 자기 자신의 이익을 추구함으로써 흔히, 그 자신이 진실로 사회의 이익을 증진시키려고 의도하는 경우보다, 더욱 효과적으로 그것을 증진시킨다(국부론 제4편 제2장)." Adam Smith(김수행 역), 국부론(上) (비봉출판사, 2003/2013), 552면. "또한 그들이 수천 명의 노동자를 고용해서 추구하는 유일한 목적이 그들 자신의 허영심과 만족할 수 없는 욕망의 충족임에도 불구하고, 그들은 자신들의 모든 개량의 성과를 가난한 사람들과 나누어 가진다. 그들은 보이지 않는 손(invisible hand)에 이끌려서 토지가 모든 주민들에게 똑같이 나누어졌을 경우에 있을 수 있는 것과 같은 생활필수품의 분배를 하게 된다. 그리하여 무의식 중에, 부지불각 중에, 사회의 이익을 증진시키고 인류 번식의 수단을 제공하게 된다(도덕감정론 제4부 제1장)." Adam Smith(박세일, 민경국 역), 도덕감정론(비봉출판사, 1996/2009), 346면; 반면에 자기조정 시장 개념은 유토피아라고 주장하는 폴라니(Karl Polanyi)에 따르면, 진정한 의미의 자기조정 시장경제는 아주 잠시도 존재할 수 없다. 자기조정 시장이 있다 하더라도, 자기조정 시장을 세계적 규모에서 확립하지 않으면 이러한 엄청난 규모의 메커니즘의 작동을 보장할 수 없다. Karl Polanyi(홍기빈 역), 거대한 전환(길, 2009), 94면, 377면 이하, 390면, 396면.

16) 이종수, 정부는 공정한가?(대영문화사, 2012), 42~43면.

17) Colin Crouch(유강은 역), 왜 신자유주의는 죽지 않는가(책읽는수요일, 2011), 47면.

사회적인 것과 경제적인 것이 맺는 관계를 역전시키기 때문이다.

푸코는 '사회적인 것과 경제적인 것이 맺는 관계의 역전'에 대해 '생명관리정책의 탄생'에서 다루고 있다.[18] 푸코는 독일의 질서자유주의와 미국의 신자유주의를 자유주의 통치성의 역사적 예로 살폈다. 푸코는 특히 미국의 신자유주의에서 사회의 전 영역으로 경제적 합리성을 확장되는 새로운 자유주의 통치성의 모습을 '호모 에코노미쿠스'로 그려냈다.[19] "프랑스의 철학자 미셸 푸코는 사후에 출간된 강의론에서 자유주의 '통치성'이 시장 영역뿐만 아니라 일상적인 삶의 논리도 모두 경쟁과 수익서 위주로 재편한다고 강조했다. 결국 인간의 모든 행위는 투자로 간주되며 사람들 각각의 삶 자체가 바뀐다. 모든 '사회적인 것'은 '경제적인 것'으로 대체된다. 모든 영역에 시장 원리가 침투시키는 방향으로 인간은 스스로 자기 자신에 대한 기업가가 되는 '호모 에코노미쿠스'로 살아간다."[20]

---

18) '사회적인 것과 경제적인 것이 맺는 관계의 역전'에 대해서는 Michel Foucault (심세광, 전혜리, 조성은 역), 생명관리정치의 탄생(난장, 2012), 333면 이하.

19) Michel Foucault(심세광, 전혜리, 조성은 역), 생명관리정치의 탄생(난장, 2012), 301면 이하; '안전, 영토, 인구'와 '생명관리정책의 탄생'을 중심으로 푸코의 '통치성' 개념을 분석하는 글로는 임미원, "푸코의 통치성 분석에 대한 기초적 고찰", 법철학연구 제19권 제1호(2016), 99면 이하.

20) 김윤태, 사회적 인간의 몰락(이학사, 2015), 34~35면.

IV 호네트

1. 상호주관적 정체성과 인정

헤겔(Georg Wilhelm Friedrich Hegel, 1770~1831)은 1802년에 나온 '인륜성체계'에서 피히테(Johann Gottlieb Fichte, 1762~1814)가 전개한 상호작용(Wechselwirkung)으로서의 승인사상에 영향받아 상호작용 속에서 형성되는 정체성을 주장했다.[1] 헤겔은 승인관계의 논리 속에 역동성이 있음을 보았다. "한 주체는 자신의 능력과 속성 중 특정한 부분들이 다른 주체를 통해 인정된다는 것을 인식하고, 그 속에서 타인과 화해함으로써 무엇보다도 대체할 수 없는 자신의 정체성을 인식하게 되며, 이와 함께 타인에 대한 하나의 특수한 존재로 또다시 대립하게 된다."[2] 서로가 자기 자신을 타자 속에서 인식하는 이러한 종류의 관계를 표현하기 위하여 헤겔은 처음으로 '인정'이라는 개념을 사용했다.[3] 헤겔은 '인륜성체계'와 '실재철학'에서 사랑, 권리, 인륜성의 세 가지 승인관계 틀을 통해 상호주관성에 기초한 다양한 승인형태를 주장하나, 이는 그 시대의 형이상학과 관념론을 개념토대로 하고 있었다. 따라서 호네트(Axel Honneth, 1949~)는 미드(George

---

1) 헤겔의 인정이론에 영향을 미친 것은 피히테의 인정이론인데, 헤겔은 피히테의 자아이론을 갈등론적으로 역동화시켰다. 이에 대해서는 Axel Honneth (문성훈, 이현재 역), 인정투쟁(사월의책, 2011), 52면 이하. 피히테는 다음과 같이 말했다. "우리는 자기 자신을 의식하는 자기의 자아를 함께 사유하지 않고서는 그 어떤 것도 전혀 사유할 수 없다." "사유 속에서(사유하면서) 나는 항상, 이미 자아로서의 나를 덧붙여 사유한다." "우리는 결코 우리의 자아의식으로부터 추상될 수 없다." "나는 내가 산출하고자 하는 상(像)의 윤곽을 그리지 않고는 나를 행위하는 자로 발견할 수 없다." Lothar Eley(백승훈 역), 피히테, 쉘링, 헤겔(인간사랑, 2009), 62면, 63면, 76면.

2) Axel Honneth(문성훈, 이현재 역), 인정투쟁(사월의책, 2011), 53면.

3) Axel Honneth(문성훈, 이현재 역), 인정투쟁(사월의책, 2011), 87면.

Herbert Mead, 1863~1931)의 경험적 사회심리학을 통해 탈형이상학의 전제 하에서 사랑, 권리, 인륜성의 세 가지 승인관계를 재구성하였다.[4] 이를 통해 사변적 관념론 하에 놓인 청년헤겔의 승인이론은 경험과학적 전환을 하게 된다. 인간주체는 자신의 정체성(Identität)을 상호주관적 승인이라는 경험 속에서 형성한다는 미드의 이론은 '주격 나'(I; Ich)와 '목적격 나'(Me; Mich)의 구별과 그 사이의 긴장을 기초로 한다.[5]

정체성은 인간 상호작용을 통해 확정되기도 하지만, 인간 상호작용에 의해 왜곡되고 부정될 때 더 잘 드러난다.[6] 이러한 '정체성 침해'를 통해 승인관계의 왜곡과 부정에서 승인(인정)투쟁으로의 연결이 설명된다. 인정에 대한 유보나 박탈로서 무시에 대한 경험은 승인관계를 재구성하고 상호승인받기 위한 투쟁으로 나아가게 한다.[7]

---

4) 미드의 대표적 저술로는 'Mind, Self, and Society(1934)'가 있는데, '정신·자아·사회'(나은영 역, 한길사, 2010)로 번역되었다. "사회심리학은 특히 인간의 상호작용 속에서 사회적 행위의 의미에 대한 의식이 생겨나는 메커니즘을 해명해야만 한다. 미드의 출발점은 주체가 자신의 행위를 통해 상대방을 자극함으로써 일으킨 상대방의 반작용 자체를 자신 속에서 불러일으킬 때에만, 주체는 자신의 행위가 갖는 상호주관적인 의미에 대한 지식을 사용한다고 할 수 있다는 사실이다." Axel Honneth(문성훈, 이현재 역), 인정투쟁(사월의책, 2011), 148~149면.

5) Axel Honneth(문성훈, 이현재 역), 인정투쟁(사월의책, 2011), 144면 이하.

6) 사랑, 권리, 인륜성의 3가지 승인관계에 따라 3가지 무시형태가 도출되며, 호네트는 특히 무시형태와 관련하여 '권리부정'과 '가치평가절하'를 분리하여 설명한다. '권리부정'은 근본이익을 기초한 인권침해로 설명이 되며, '가치평가절하'는 특수한 집단의 사회적 가치에 대한 부정과 관련이 있다. "이런 점에서 권리부정에 대한 경험은 전형적으로, 모든 사회 구성원과 동등한 권리를 갖는 상호작용 상대자인 자기자신과 관계할 수 있는 능력, 즉 자기존중을 잃어버리게 한다." "특히 가치평가적 무시형태, 즉 개인적, 집단적 생활방식에 대한 평가절하는 오늘날 일상 언어에서 '모욕'이나 '가치 부정'이라는 개념을 통해 묘사되는 행위형태를 말한다." Axel Honneth(문성훈, 이현재 역), 인정투쟁(사월의책, 2011), 254면, 255면.

7) 이 점에서 호네트의 이론은 홉스와 마키아벨리의 견해와 결정적으로 다르다.

2. 정체성 형성의 과정

정체성을 사회적 산물로 보는 미드의 이론은 객체로서의 정체성(me－identity)과 주체로서의 정체성(I－identity)의 구성을 통해 정체성은 주어지는(given) 것이 아니라 만들어지는(made) 것임을 알게 한다.

(1) 사회적 산물로서 자아

미드는 정신이나 의식을 독자적으로 존재하는 것으로 생각하지 않고, 사회적 행위를 통해 설명하고자 했다. 정신과 의식은 사회 속에서 다른 사람들과 상호작용하면서 형성되기 때문에, 바로 이러한 상호과정에서 정신과 의식의 본질을 이해할 수 있다.[8] "의식이 사회적 행위의 전제조건이 아니라, 사회적 행위가 의식의 전제조건이다. 그 행위 안에 분리된 요소로서 의식의 개념을 끌어들이지 않고도 사회적 행위의 메커니즘을 추적할 수 있다. 따라서 사회적 행위는 의식의 형태 없이 또는 그와 별개로, 더 기초적 단계 또는 형태로 존재할 수 있다."[9]

미드는 더 나아가 (정신이나 의식뿐만 아니라) 자아도 사회적 산물이며, 자아는 다른 자아들과의 분명한 관련 속에서만 존재할 수 있다고 설명했다. 우리 자신의 자아와 타인들의 자아 사이에 확고한 선이 그어질 수 없는데, 이는 다른 사람들의 자아가 우리 경험 속으로 들어올 때만 우리 자신의 자아가 존재하기 때문이다.[10] 자아를

호네트에 따르면, 마키아벨리와 홉스가 보는 투쟁의 원동력은 미래에 있을 수 있는 타자의 공격에 대비하기 위하여 각자 자신의 잠재적 권력을 미리 확장한다는 '예방적 권력확장'에 기초한 '자기보존'이다. Axel Honneth (문성훈, 이현재 역), 인정투쟁(사월의책, 2011), 35면 이하.

8) George Herbert Mead(나은영 역), 정신·자아·사회(한길사, 2010), 9면.

9) George Herbert Mead(나은영 역), 정신·자아·사회(한길사, 2010), 93면.

10) George Herbert Mead(나은영 역), 정신·자아·사회(한길사, 2010), 254면.

다소 격리되고 독립된 요소로, 스스로 존재하는 일종의 실체로 다루는 것이 심리학의 경향임에 반하여, 미드는 자아를 이미 존재하는 독립된 실체가 아니라 다른 사람들과의 상호작용을 통해 형성되는 사회적 산물로 보았다. "자아는 발달 과정을 지니는 것이다. 자아는 태어나자마자 처음부터 이미 존재하는 것이 아니라, 사회적 경험과 활동 과정에서 등장하는 것이다. 즉, 자아는 사회적 과정 전체에서, 그리고 사회적 과정 속에서 다른 개인들과 이루어가는 관계의 결과로, 특정 개인 안에서 발달해 가는 것이다."11) 미드에 따르면, 사회적 과정이 자기의식적인 개인보다 시간적·논리적으로 더 앞서 존재하기 때문에, 자기의식적 개인은 사회적 과정 안에서 발생하게 된다.12)

미드에 따라 정신, 의식, 자아를 사회적 산물로 보게 되면, 이로부터 필연적으로 심리학이 정적인 형태에서 역동적인 형태로 옮기게 되는 결과가 나온다.13) 미드의 심리학은 명상의 패턴도 아니고, 감상의 패턴도 아닌 행동의 패턴이다.14) 이는 객체로서의 자아(me) → 객체로서의 자아(me)에 반응하는 주체로서의 자아(I) → '다른' 객체로서의 자아(me)를 불러일으키는 주체로서의 자아(I)로 자아가 발전하면서 형성되는 것을 통해 확인된다.

---

11) George Herbert Mead(나은영 역), 정신·자아·사회(한길사, 2010), 223면.

12) George Herbert Mead(나은영 역), 정신·자아·사회(한길사, 2010), 280면.

13) George Herbert Mead(나은영 역), 정신·자아·사회(한길사, 2010), 96면, 97면, 100면.

14) George Herbert Mead(나은영 역), 정신·자아·사회(한길사, 2010), 102면. "심리학은 의식을 다루는 것이 아니다. 심리학은 개인의 경험을 그 경험이 진행되는 조건들과 관련시키는 것을 다룬다. 그 조건들이 사회적인 것일 때 사회심리학이 된다. 경험에 접근할 때 행동을 통해 접근하면 행동주의적인 것이다." George Herbert Mead(나은영 역), 정신·자아·사회(한길사, 2010), 116면.

(2) 자아의 형성과정

'사회적 산물로서 자아'가 형성되는 과정에서 중요한 것은 '의미'이다. 왜냐하면 의미의 본질은 사회적 행위의 구조 안에 내재되어 있으며,[15] 의미를 창출하는 사회적 행위를 통해 자아가 형성되기 때문이다. 의미는 3종의 기본적인 개개 요소들 사이의 관계 안에 내재되어 있는데, 한 개체의 제스처, 그 제스처에 대한 두 번째 개체의 반응, 첫 번째 개체의 제스처에 의해 시작된 해당 사회적 행위의 완성이 3종의 기본 요소이다.[16] 한 사람의 인간 유기체와 이 유기체가 다른 인간 유기체에게 보이는 행동의 관계 안에서 의미가 발생하며 그 안에 의미가 놓인다. 의미는 사회적 행위의 어떤 단계들끼리의 관계로 발달하는 것이다.[17] "이 제스처의 대화가 개인의 행위 속에 반영되어 다른 유기체의 태도가 그 유기체에 영향을 주고, 그 유기체가 대응하는 제스처로 응답할 수 있을 때, 자아가 발생한다."[18]

미드는 '사회적 산물로서 자아'의 존재를 논증하는 핵심에 '의미'를 둘 뿐 아니라, 그 '의미'를 '객체로서의 자아'(me)와 '주체로서의 자아'(I)로 이분된 자아의 상호작용으로 설명했다.[19] 미드의 정의에

---

15) George Herbert Mead(나은영 역), 정신·자아·사회(한길사, 2010), 162면.

16) George Herbert Mead(나은영 역), 정신·자아·사회(한길사, 2010), 162면. "'의미'라고 부르는 것에 속하는 두 가지 특성이 있는데, 하나는 참여이고 다른 하나는 의사소통 가능성이다. 의미는 한 개체가 스스로 내부 안에서 발생하는 것과 똑같은 행위를 다른 개체 안에서 불러일으키는 단계가 있어야만 발생한다. 항상 이 정도에 이르기까지 참여가 있다. 그리고 이 참여의 결과가 의사소통 가능성인데, 이는 개체가 스스로에게 자기가 타자에게 의미했던 것을 그대로 의미함을 뜻한다. 개체의 제스처가 스스로의 반응과 같은 반응을 다른 개체에게서 끌어내지 않는 경우에는 의미가 없는 커뮤니케이션이 일어난다." George Herbert Mead(나은영 역), 정신·자아·사회(한길사, 2010), 162면.

17) George Herbert Mead(나은영 역), 정신·자아·사회(한길사, 2010), 156면.

18) George Herbert Mead(나은영 역), 정신·자아·사회(한길사, 2010), 257면.

따르면, 객체로서의 자아(me)는 '타인의 태도의 조직화된 세트'이며,[20] 본질적으로는 어느 사회적 집단의 일원으로 그 집단의 가치, 그 집단이 가능하게 된 종류의 경험을 표상한다.[21]

주체로서의 자아(I)는 '타인의 태도에 대한 유기체의 반응'으로 객체로서의 자아(me)에 반응한다.[22] I는 me에 대한 것이다.[23] I는 타인의 태도를 받아들임으로써 생겨나는 자아(me)에 반응한다.

'객체로서의 자아(me)에 반응하는 주체로서의 자아(I)'는 다른 객체로서의 자아(me)를 불러일으킨다. I는 me에 반응하기도 하고, 다른 me를 불러일으키기도 한다.[24] 미래에 대한 운동은 '객체로서의 자아(me)에 반응하는 주체로서의 자아(I)'의 걸음이며, 이것은 객체로서의 자아(me)에는 부여되지 않는다.[25] "타인의 태도를 채용하는 것이 자신의 반응을 수정하여 또 다른 것으로 만드는 것, 그리고 다음으로는 자신의 반응이 새로운 변화를 일으킬 차례가 되는 것을 발견한다. 기본적인 태도는 단지 점차적으로 조금씩 변하는 태도라고 생각된다. 그리고 어떠한 개인이라고 해도 혼자서 사회 전체를 재구조화할 수는 없다. 그러나 개인은 자기 자신의 태도에서 끊임없이 사회에 영향을 미치게 된다. 왜냐하면 그는 그 자신에 대한 집단의 태도를 수용하고 그에 반응하여 그 반응을 통해 집단의 태도를 변화

---

19) "I와 me의 분리는 허구가 아니다. 양자는 동일하지 않다. I는 완전하게는 계산할 수 없기 때문이다. 우리가 행위 속에 부여되는 의무에 응하는 한 me는 어떤 종류의 I를 요구하는 반면, I는 그 상황이 요구하는 것과는 언제나 어떤 부분인가는 서로 다르다. I와 me 사이에는 언제나 그와 같은 구분이 존재한다." George Herbert Mead(나은영 역), 정신·자아·사회(한길사, 2010), 270면.

20) George Herbert Mead(나은영 역), 정신·자아·사회(한길사, 2010), 266면.

21) George Herbert Mead(나은영 역), 정신·자아·사회(한길사, 2010), 312면.

22) George Herbert Mead(나은영 역), 정신·자아·사회(한길사, 2010), 293면.

23) George Herbert Mead(나은영 역), 정신·자아·사회(한길사, 2010), 291면.

24) George Herbert Mead(나은영 역), 정신·자아·사회(한길사, 2010), 270면.

25) George Herbert Mead(나은영 역), 정신·자아·사회(한길사, 2010), 269면.

시키기 때문이다."[26]

3. 인정투쟁

me－identity와 I－identity 간의 격차로 인해 자아는 새로운 me－identity를 '인정'받기 위한 투쟁을 전개하며 상호승인되기를 원한다. 인정투쟁이 있기 위해서는 '무시의 사회적 동학'과 '인정의 병리학'이 필요하며, 이는 상호승인에 기초한 정체성(새로운 me－identity)을 목표로 한다.

(1) 무시의 사회적 동학과 인정의 병리학

자아는 자신들을 도덕적 인격체로 인정하고 자신들의 사회적 기여의 몫을 인정하는 상호적 기대의 지평 속에서 서로를 만난다. 하지만 자신의 기대와는 달리 정당하게 받을 만하다고 여기는 인정을 거부당할 때에는 도덕적 불의의 감정을 갖게 된다. 이를 호네트는 '사회적 무시의 감정'이라고 명명했다.[27]

자아는 사회가 자신을 바라보는 me－identity와 자신이 자기 자신에게 가지는 I－identity, 그리고 자신이 사회에 대해 바라는 새로운 me－identity 사이에서 갈등을 겪으며, (정체성의 혼란에 그칠 수도 있지만) me－identity를 바꾸려는 '정체성 투쟁'으로 나아가게 된다. 이 때 '정체성 투쟁(인정투쟁)'의 가장 큰 동력은 '사회적 무시'이다. 사회적 인정의 경험은 인간이 정체성을 발전시키는데 결정적으로 필요한 조건이기 때문에, 그러한 인정의 거부, 곧 무시는 필연적으로 인격의 상실을 가져올 수도 있다는 위협의 느낌을 수반한다.[28]

---

26) George Herbert Mead(나은영 역), 정신·자아·사회(한길사, 2010), 272면.
27) Axel Honneth(문성훈, 이현재, 장은주, 하주영 역), 정의의 타자(나남, 2009), 123면.
28) Axel Honneth(문성훈, 이현재, 장은주, 하주영 역), 정의의 타자(나남, 2009),

"도덕적으로 부당한 것을 경험할 때 항상 해당 당사자는 심리적 충격을 받게 된다. 왜냐하면 그는 자기 자신의 정체성의 조건이 되는 어떤 기대가 충족되지 못하고 좌절된 데 대해 실망을 느끼기 때문이다."29)

호네트는 '무시의 사회적 동학' 논문의 "자본주의 사회의 병리학"이라는 장에서 다음과 같이 밝히고 있다. 호네트는 의사소송 패러다임이 더 이상 합리적 상호이해에 초점을 둔 기획이 아니라 인정의 조건들에 초점을 둔 기획이어야 한다고 주장하며, '인정의 병리학'이 시대진단의 중심에 있어야 한다고 강조했다. "의사소통 패러다임이 더 이상 합리적 상호이해에 초점을 둔 기획으로서가 아니라 인정의 조건들에 초점을 둔 기획으로 이해되면, 비판적 시대진단도 더 이상 합리성 이론의 좁은 틀 안에 축소되어서는 안 된다. 왜냐하면 이제 사회적 삶의 '장애' 또는 잘못된 발전이라 할 수 있는 것을 재는 기준은 더 이상 지배로부터 자유로운 상호이해의 합리적 조건들이 아니라 인간의 정체성이 발전하기 위해 필요한 상호주관적 전제들 전체가 되어야 할 것이기 때문이다. 그러한 전제들은 한 개인이 성장하면서 사회적 정체성을 획득하고 결국에는 한 사회의 평등하면서도 고유한 구성원으로 스스로를 이해할 수 있도록 해주는 사회적 의사소통의 형식들 안에 있다. 만약 그 의사소통의 형식들이 그와 같은 온전한 정체성 형성과정의 다양한 과제들을 위해 충족되어야 할 인정의 조건들을 결여하고 있다면, 바로 그러한 상태가 한 사회의 잘못된 발전의 지표가 되어야만 할 것이다. 따라서 의사소통 패러다임이 더 이상 언어이론적으로가 아니라 인정이론적으로 이해

124면.

29) Axel Honneth(문성훈, 이현재, 장은주, 하주영 역), 정의의 타자(나남, 2009), 228면.

되면, 시대진단의 중심에는 인정의 병리학이 자리하게 된다."[30]

(2) 정체성 투쟁

개인의 정체성은 주체들 상호 간의 인정에서 비롯된다는 헤겔의 인정(승인)이론은 미드에 의해 발전된다.[31] 특히 호네트는 예나 시절의 헤겔이 '실재철학'(Realphilosophie)에서 드러냈던 인정투쟁의 사변적인 관념론을 미드의 탈형이상학적 언어로 탈바꿈하려고 시도했다.[32] (앞에서 살핀 바처럼) 인간주체는 자신의 정체성(identity)을 상호주관적 승인이라는 경험 속에서 형성한다는 미드의 이론은 '주체로서의 자아'(I)와 '객체로서의 자아'(me)의 구별과 그 사이의 긴장을 기초로 한다.[33] '객체로서의 자아'(me)는 타인이 가지고 있는 나에 대한 상(像)이며, '주체로서의 자아'(I)는 '객체로서의 자아'(me) 속에 의식된 행위 표현들을 사후에 새롭게 해석하는 관계를 맺는다.[34] '주체로서의 자아'와 '객체로서의 자아'의 작용을 통해 정체성은 인간의 상호작용 속에서 형성된다. 미드는 '주체로서의 자아'와 '객체로서의 자아' 사이의 갈등을 통해 승인투쟁을 설명하며, 더 나아가 이를 통해 사회의 도덕적 발전을 해명했다. "미드는 이러한 '주격 나'와 '목적격 나' 사이의 내적 마찰을 개인과 사회의 도덕적 발전을 설명

---

30) Axel Honneth(문성훈, 이현재, 장은주, 하주영 역), 정의의 타자(나남, 2009), 127면.

31) 헤겔의 인정이론에 대해서는 Axel Honneth(문성훈, 이현재 역), 인정투쟁(사월의책, 2011), 42면 이하; Sandra Fredman(조효제 역), 인권의 대전환 (교양인, 2008), 93면; 나종석, 차이와 연대 — 현대세계와 헤겔의 사회·정치철학(길, 2007), 342면 이하, 356면, 561면 이하.

32) Axel Honneth(문성훈, 이현재 역), 인정투쟁(사월의책, 2011), 137면 이하; 호네트는 미드의 저작들이 청년 헤겔의 상호주관성 이론의 직관들을 탈형이상학적 이론 속에서 재구성할 수 있는 최적의 수단을 지니고 있다고 평가했다.

33) Axel Honneth(문성훈, 이현재 역), 인정투쟁(사월의책, 2011), 144면.

34) Axel Honneth(문성훈, 이현재 역), 인정투쟁(사월의책, 2011), 151면.

할 수 있는 기본적인 갈등 형태로 보았다. 즉 '목적격 나'는 자신의 공동체를 대신하여 규약적 규범을 구체화한다. 또한 주체는 항상 '주격 나'의 충동성과 창조성에 사회적인 표현을 제공하기 위하여 이러한 규약적 규범을 스스로 확장하려고 할 수밖에 없다."[35] 호네트에 따르면, 상호승인적 정체성에 토대를 둔 인정투쟁은 인류 역사형성의 동력이었고, 개인과 사회의 도덕적 발전을 설명할 수 있는 이론적 기초가 된다.[36]

35) Axel Honneth(문성훈, 이현재 역), 인정투쟁(사월의책, 2011), 165면.

36) 뿐만 아니라 정체성과 인권을 연결시키면 '인간의 존엄'이라는 관점에서 해석하는 것이 가능하다. 왜냐하면 주체로서의 자아(I)가 정체성에 기초한 투쟁으로 나아가는 시점은 인간의 존엄이 침해되는 순간이기 때문이다.

V 루 만

루만(Niklas Luhmann, 1927~1998)은 끊임없이 읽고 카드를 만들고 썼다.[1)] 그의 메모상자(Zettelkästen)는 매우 유명하다. 독일 프라이부르크 대학에서 법학을 전공한 루만은 1960~61년 하버드 대학에서 탤컷 파슨스(Talcott Parsons, 1902~1979)에게 수학하였다. 헬무트 셀스키(Helmut Schelsky, 1912~1984)의 지도로 1966년(39세) 같은 해에 박사논문과 교수자격논문이 모두 통과되었다. 1968년(41세) 빌레벨트 대학 사회학과 교수로 초빙되어 '체계이론'이라는 사회이론을 만들었다. '연구 주제: 사회이론, 연구 기간: 30년, 연구비: 제로', 루만이 빌레벨트 대학 사회학과 교수로 초빙되었을 때 자신의 연구 계획으로 제출한 것이다. (그 이전 저술도 많지만) 체계의 자기생산(autopoiesis) 개념을 받아들인 '사회체계이론'(1984)을 시작으로 '사회의 경제'(1988), '사회의 학문'(1990), '사회의 법'(1993), '사회의 사회'(1997) 등을 저술하였다.[2)] 그의 주저는 '사회체계이론'(1984)과 '사회의 사회'(1997)를

---

1) "하루에 몇 시간을 저술합니까?"라는 질문에 루만은 다음과 같이 대답했다: "더 이상 특별히 할 일이 없다면, 나는 하루 종일 글을 씁니다. 오전 8시 30분부터 정오까지 글을 쓰고 나서, 잠깐 개와 함께 산책을 합니다. 그리고 다시 오후 2시부터 4시까지 글을 쓰지요. 때때로 나는 15분 동안 누워있기도 합니다. 아주 집중해서 쉬는 것이 몸에 배어 있기 때문에 잠시 쉬고 난 다음에는 다시 작업을 할 수 있습니다. 11시에는 침대에 누워 한두 권의 책을 읽습니다. 나는 무엇이든지 억지로 하지는 않습니다. 언제나 편안하게 생각되는 것만을 하지요. 나는 (내가 관심을 두고 있는 대상이) 어떻게 되고 있는가를 알게 될 때만 글을 씁니다. 그러다가 한순간 막히게 되면, 그 일을 제쳐놓고 다른 일을 하기도 합니다." Walter Reese-Schäfer(이남복 역), 니클라스 루만의 사회 사상(백의, 2002), 171면.

2) Niklas Luhmann(이남복 역), 현대 사회는 생태학적 위험에 대처할 수 있는가(백의, 2002); Niklas Luhmann(박여성 역), 사회체계이론 1(한길사, 2007); Niklas Luhmann(박여성 역), 사회체계이론 2(한길사, 2007); Niklas Luhmann

꼽을 수 있다.3)

루만의 체계이론은 체계이론, 커뮤니케이션 이론, 진화이론이 함께 만들어낸다. 여기서는 체계의 자기준거성을 중심으로 루만의 사상을 소개할 것이다. 루만의 자기준거적 체계이론(Theorie selbstreferentieller Systeme)은 기능적으로 분화된 현대 사회체계의 현실을 잘 드러내 준다. 여기에는 이상에서 현실을 규율하는 원리를 찾는 작업보다는 현실에 기반한 실효성 있는 원리를 찾는 작업도 못지않게 중요하다는 인식이 자리잡고 있다. 이러한 작업은 롤스(John Rawls)가 추구한 '철저한 준수론'의 입장과는 다르다. '우연성'과 '복잡성'을 일부러 피하고, 도덕적인 힘이 결여된 '이기주의'를 비판하는 롤스의 정의론과 달리, 루만의 체계이론은 '우연성'과 '복잡성'은 피할 수 없는 현실임을 인식하고 '체계의 자기준거'를 그 이론의 핵심으로 삼았다.4)

(김성재 역), 대중매체의 현실(커뮤니케이션북스, 2006); Niklas Luhmann(권기돈, 조형준, 정성훈 역), 열정으로서의 사랑(새물결, 2009); Niklas Luhmann(장춘익 역), 사회의 사회 1(새물결, 2012); Niklas Luhmann(장춘익 역), 사회의 사회 2(새물결, 2012); Niklas Luhmann(윤재왕 역), 사회의 법(새물결, 2014); Niklas Luhmann(박여성, 이철 역), 예술체계이론(한길사, 2014); Niklas Luhmann(서영조 역), 생태적 커뮤니케이션(에코리브르, 2014); Niklas Luhmann(박여성, 이철 역), 사회의 교육체계(이론출판, 2015); Niklas Luhmann(강희원 역), 법사회학(한길사, 2015). 디르크 베커(Dirk Baecker)가 편역한 루만의 강의록 2권도 번역되었다. Niklas Luhmann(윤재왕 역), 체계이론 입문(새물결, 2014); Niklas Luhmann(이철 역), 사회이론 입문(이론출판, 2015).

3) 루만의 삶에 대한 개괄적인 설명으로 김덕영, 사상의 고향을 찾아서—독일 지성 기행, 니콜라스 루만 편(도서출판 길, 2015), 205면 이하; 루만 입문서로는 Walter Reese-Schäfer(이남복 역), 니클라스 루만의 사회 사상(백의, 2002); Georg kneer/Armin Nassehi(정성훈 역), 니콜라스 루만으로의 초대 (갈무리, 2008); Margot Berghaus(이철 역), 쉽게 읽는 루만(한울, 2012).

4) 루만의 체계이론이 부정의한 현실을 정당화하는 보수적인 이론이라는 견해는 타당하지 않다. 물론 루만 자신은 좌파이론에 매우 비판적이다. 루만은 좌파이론에 정치적인 급진성이 아닌 이론적인 급진성이 결여되어 있음을 지

1. 체계와 환경의 구별

루만 체계이론의 중심개념은 체계의 '작동폐쇄성'(operative Geschlossenheit)과 체계 간의 '구조적 연결'(strukturelle Kopplung) 개념이다. '작동폐쇄성'과 '구조적 연결' 개념을 이해하기 위해서는 우선 '체계와 환경' 개념을 이해해야 한다. 이는 '전체와 부분' 개념과의 비교를 통해 알 수 있다.

세계의 질서를 규정하는데 이제껏 강한 효력을 가진 개념 중 하나는 '전체와 그 부분'(das Ganze und seine Teile)이라는 개념이었다.[5] '전체' 개념은 이 세계를 구성하는 질서가 이미 주어져 있다는 존재론적 사고, 형이상학적 사고에서 기인한다. '존재함/존재하지 않음'(Sein/Nichtsein)의 구별(Unterscheidung)을 통해 세계질서는 파악되었다.[6] 이에 따르면, 주어진 질서의 효력은 그 스스로 존재하며, 인

적한다[Niklas Luhmann(김종길 역), 복지국가의 정치이론(일신사, 2006), 25면]. 예컨대 좌파이론은 사회가 더욱 복잡해지면서 뭔가를 결정하는 관점이 더욱 다양해진다는 점을 고려하지 않는다[Niklas Luhmann(김종길 역), 복지국가의 정치이론(일신사, 2006), 38면]. 반면에 루만의 체계이론은 많은 좌파이론가를 매료시키는 무엇이 있다. "루만이 프랑크푸르트 학파에 대해서 이처럼 거부하고 있음에도 불구하고, 수많은 좌파들은 언제나 루만 이론의 독특한 매력에 사로잡혔다. 이 점은 1970년대 초, 맑스의 분석 틀과는 현저하게 구별되는, 전체 사회에 대한 새로운 형태의 분석이 필요하다는 학문적 요구가 등장했기 때문이다. 1970년대 중반 학생 운동이 마감된 이후 독자적인 맑스 사상은 아마도 최후의 위기를 겪었다고 말할 수 있다. 이에 일련의 좌파 지식인들은 새로운 이론적 지향을 찾게 되었다. 이러한 과정에서 루만의 사상은 좌파 지식인들이 스스로를 다른 어떤 이데올로기로 위장하지 않고서도 새로운 무엇인가를 수용할 수 있도록 해주었다." Walter Reese-Schäfer(이남복 역), 니클라스 루만의 사회 사상(백의, 2002), 158면 이하.

5) 이 개념은 '중앙과 그 주변'(das Zentrum und seine Peripherie) 개념과 비슷한 뜻을 지닌다.

6) "있는 것은 있다고 말하고, 없는 것(있지 않는 것)은 있지 않다고 말하는 데에 진리가 있다(아리스토텔레스, 형이상학, 4권 7장; 1011b 27)."

간의 실정법 질서는 이 주어진 질서를 따를 때 효력을 가진다. '전체/부분'의 구별은 '위/아래'의 구별에 의해 존재의 위계질서로 완성된다.[7] 존재의 위계질서(Hierarchie)는 불변한 것과 변하는 것에 따라, 완전한 것과 완전하지 않은 것에 따라, 보이는 것과 보이지 않는 것에 따라 '위/아래'로 나뉜다.[8]

루만은 '전체/부분'의 구별을 따르지 않고, 이를 '체계/환경'으로 대체했다.[9] 루만은 사회이론을 체계와 환경의 구별 위에 수립하고자 했다.[10] 실재에 대한 직접적인 인식은 불가능하며, 단지 관찰자(Beobachter)의 시각에서만 이 세상을 파악할 수 있다는 루만 체계이론의 주장은 '실재존재론'을 해체했다.[11] 관찰자를 도입함을 통해 관찰자와 무관하게 말할 수 있는 것은 없게 된다. "말해지는 모든 것은 관찰자를 통해 말해진 것이다(Humberto R. Maturana)."[12] 루만은 관찰자의 관찰을 기초로 '인식'은 구성된다는 주장(구성적 인식주의)을 펼치며, 이 관찰자의 관찰을 다시 다른 관찰자가 관찰하는 '관찰의 관찰'을 통해 질서가 '전체와 부분'의 관계가 아닌 '체계와 환경'의 관계에 있음을 밝혔다. 이를 루만은 '2차적 질서의 관찰'(Beobachtung zweiter Ordnung)이라고 명명했다.[13]

'보편'이나 '전체'의 이름으로 주장되는 많은 것들은 사실 강자나 권력집단의 이데올로기일 가능성이 많다. 보편진리로 선포되는

7) Niklas Luhmann(장춘익 역), 사회의 사회 2(새물결, 2012), 1053면.
8) Niklas Luhmann(장춘익 역), 사회의 사회 2(새물결, 2012), 1053면 이하.
9) 자세히는 Niklas Luhmann(박여성 역), 사회체계이론 1(한길사, 2007), 67면 이하.
10) Niklas Luhmann(이철 역), 사회이론 입문(이론출판, 2015), 72면.
11) Margot Berghaus(이철 역), 쉽게 읽는 루만(한울, 2012), 39면.
12) Niklas Luhmann(윤재왕 역), 체계이론 입문(새물결, 2014), 181면.
13) Niklas Luhmann(이남복 역), 현대사회는 생태학적 위협에 대처할 수 있는가(백의, 2002), 45면.

것이 특정 집단의 이데올로기일 가능성이 농후한 것이다.[14] 어떤 집단에 자명해 보이는 진리가 다른 집단의 시각에서는 자명해 보이지 않고 의문투성이일 수 있다.[15] 루만의 '2차적 질서의 관찰'은 한 집단에는 자명한 것이 왜 다른 집단에는 자명하지 않은지 그 이유를 설명해 준다. 2차적 질서의 관찰은 1차적 질서의 관찰에 '아르키메데스의 점'을 인정하지 않으며, 2차적 질서 더 나아가 3차적, 4차적 질서의 관찰이라는 다양한 시각의 틀을 제공한다. 관찰에 있어 어떤 특권적 지위를 인정하지 않으며, 어떤 위계적 질서도 인정하지 않는다.[16] 2차적 질서의 관찰자는 1차적 질서의 관찰자가 못 본 사각지대를 관찰할 수 있다.[17] 2차적 질서의 관찰자에 의해 자신이 관찰되고 있다는 사실을 관찰된 체계가 인지한다면, 이는 자신이 볼 수 없는 부분에 대한 반성적 통찰을 가능하게 한다.[18] 기능적 분화가 이행된 사회체계에서는 전체체계를 들여다 볼 수 있는 중심은 존재하지 않으며,[19] 기능적으로 분화된 각각의 체계 중심으로 분화된 인식만이 존재할 뿐이다.[20]

---

14) Immanuel Wallerstein(유희석 역), 지식의 불확실성(창비, 2004), 180면.

15) Immanuel Wallerstein(유희석 역), 지식의 불확실성(창비, 2004), 183면.

16) Georg kneer/Armin Nassehi(정성훈 역), 니콜라스 루만으로의 초대(갈무리, 2008), 136면.

17) Georg kneer/Armin Nassehi(정성훈 역), 니콜라스 루만으로의 초대(갈무리, 2008), 137면.

18) Georg kneer/Armin Nassehi(정성훈 역), 니콜라스 루만으로의 초대(갈무리, 2008), 136면.

19) Niklas Luhmann(김종길 역), 복지국가의 정치이론(일신사, 2006), 53면.

20) "먼저 분화된 체계들 내에서 (이를테면 전지전능한 통제 중심부와 같이) 통제 중심부 자신을 포함한 전체체계를 들여다볼 수 있는 특권적인 자리가 존재하지 않는다. 오히려 분화가 언제나 의미하는 바는 체계 내에서 서로 들여다볼 수도 없고 정확하고 확실하게 계산해 낼 수도 없는 다수의 하위체계들이 새로 만들어진다는 것이다." Niklas Luhmann(김종길 역), 복지국가의 정치이론(일신사, 2006), 61면.

2. 체계의 '작동폐쇄성'과 체계 간의 '구조적 연결'

체계의 '작동폐쇄성'(operative Geschlossenheit)은 체계가 단지 그 자신과의 관련성 하에서만(다른 말로 그 자신의 의미기준에 의해서만) 작동됨을 말하며, 그 스스로의 작동을 통해 재생산됨을 말한다.[21] 체계의 작동 자체는 그 자체의 네트워크를 통해 이루어지며, 스스로 재생산한다. 체계의 의미기준은 차이(Differenz)를 낳으며, 이 차이를 토대로 선택(Selektion)이 이루어지고, 이 선택을 통해 보전된다.[22] 체계는 자신의 고유한 작동을 통해 체계의 구성요소 뿐만 아니라, 구조 또한 스스로 생산한다. 이처럼 체계의 작동폐쇄성은 체계의 '자기생산'(Autopoiesis)을 의미한다.[23] 체계는 그 자신의 고유한 작동을 통해 구조를 생산하며, 이렇게 생산된 구조는 연이은 작동을 가능케 한다.[24] 현실의 조건 하에서 체계의 자기생산은 계속된다.[25] 체계가 환경의 종속 하에서 작동하거나 환경이 작동을 주도하게 되면, 이를 자기준거적 체계라고 말할 수 없다. 하지만 이는 체계가 환경으로부터의 기여가 없이 스스로의 힘으로 존재할 수 있다는 것을 뜻하지 않는다. 환경은 체계의 작동폐쇄성에 '외부자극'으로 그 역할을 수행하지만, 체계의 구성요소와 구조를 생산하는 것은 자기준거적 체계이지 결코 환경이 아니다.

체계는 환경과 교류하되, 자신의 의미기준을 따라 선택하고, 구별하고, 관찰한다. 자기준거적 체계만이 구별할 수 있고, 관찰할 수 있다.[26] 체계의 '자기준거'(Selbstreferenz)는 폐쇄성을 특징으로 한다.

---

21) Niklas Luhmann(윤재왕 역), 사회의 법(새물결, 2014), 583면.
22) Niklas Luhmann(박여성 역), 사회체계이론 1(한길사, 2007), 89면.
23) Niklas Luhmann(장춘익 역), 사회의 사회 1(새물결, 2012), 89면.
24) Niklas Luhmann(장춘익 역), 사회의 사회 1(새물결, 2012), 516면.
25) Niklas Luhmann(장춘익 역), 사회의 사회 1(새물결, 2012), 89면 이하, 518면.
26) Niklas Luhmann(윤재왕 역), 사회의 법(새물결, 2014), 242면.

하지만 이 폐쇄성은 완전히 닫혀 있음을 뜻하는 것은 아니다. 작동폐쇄성에서 폐쇄(Geschlossenheit)는 꽉 막힌 '절연'으로서의 폐쇄(Abgeschlossenheit)를 뜻하지는 않는다.[27] 폐쇄성은 오히려 개방성의 전제조건이다. 폐쇄되어 있기 때문에 무엇에 개방될 수 있는 것이다. 체계의 폐쇄성 때문에 그 체계는 다른 체계와 구조적으로 연결될 수 있다. 체계의 작동폐쇄성은 체계 간의 구조적 연결의 전제가 된다. 다른 말로 말하면 '투입에 의한 연결'은 존재하지 않으며, 다만 '폐쇄에 의한 연결'만이 존재한다.[28]

사회체계가 기능적 분화로 넘어감에 따라 기능체계 간의 관계에서 새로운 종류의 구조적 연결이 요구된다. 즉 기능체계의 자율성과 작동폐쇄성을 고려할 수 있는 연결이 요구된다.[29] 자기준거적 체계의 작동폐쇄성을 강조하면 할수록, 체계가 자신의 작동폐쇄성 하에서 다른 체계와 어떻게 관련을 맺는가에 대한 물음이 더 급박하게 제기된다.[30] '작동폐쇄성'은 체계와 환경과의 관계에서 체계의 작동방식을 말하는 반면에, '구조적 연결'은 자기준거적 체계와 또 다른 자기준거적 체계 간의 연결방식을 말한다. 구조적 연결의 특징은 체계 간에 같은 시간대에 연속적인 연결이 이루어지는 것이 아니라, 어느 한 가지 체계에 연결을 집중한 채 그 외 다른 체계에는 전혀 무관심하게 반응할 수 있다는 점이다.[31] 자기준거적으로 작동하는 체계는 어떤 체계에게는 더 민감하게 반응을, 동시에 다른 체계에게

27) Niklas Luhmann(윤재왕 역), 사회의 법(새물결, 2014), 70면.
28) Niklas Luhmann(이남복 역), 현대사회는 생태학적 위협에 대처할 수 있는가(백의, 2002), 55면.
29) Niklas Luhmann(윤재왕 역), 사회의 법(새물결, 2014), 633면.
30) Niklas Luhmann(윤재왕 역), 사회의 법(새물결, 2014), 583면.
31) Niklas Luhmann(장춘익 역), 사회의 사회 2(새물결, 2012), 892면. 루만은 체계가 '구조적 연결'을 통해 체계 간에 아날로그 관계가 아닌 디지털 관계를 맺는다고 설명한다.

는 무관심을 나타낼 수 있다. 이처럼 자기준거적 체계는 여러 다른 체계와의 연결을 선별적으로 할 수 있다. 예컨대 경제체계와의 구조적 연결이 제대로 안 될 경우, 정치체계와의 구조적 연결에 더 집중할 수도 있다. 시간이 지나 여건이 달라지면 또 다른 모습으로 구조적 연결이 이루어진다. 자기준거적 체계는 다른 체계와의 '반응성'에 초점을 맞추며, 이는 시간의 흐름에 따라 달라진다.

3. 체계의 기능적 분화

현대 사회는 정치, 경제, 법, 학문, 예술 등의 기능에 따라 정치체계, 경제체계, 법체계, 학문체계, 예술체계 등의 부분체계로 분화되었다. 루만에 따르면, 사회는 계층적인 분화에서 기능적인 분화로 넘어갔다.[32]

루만은 사회의 기능체계들이 작동폐쇄성에 의존하며, 이를 통해 기능적으로 분화되었다고 판단한다. "그것은 1) 전체체계가 커뮤니케이션에 기초하여 작동적 폐쇄성을 가진다는 테제와 2) 사회에서 형성되는 기능체계들이 작동적 폐쇄성에 의존하고, 이 원칙을 스스로 실현시켜야 하며, 그리고 바로 그 이유 때문에 매우 상이한 사안에서도 유사한 구조들이 드러난다는 테제를 말한다."[33]

체계이론에서 가장 중요한 핵심은 '자기준거성' 개념에 있다. 자기준거성에 기초한 체계가 완성되어야지만 체계의 '기능적 분화'는 완성된다.[34] 체계의 '기능적 분화'는 기능체계의 '자기준거성'을 뜻하

---

32) Niklas Luhmann(장춘익 역), 사회의 사회 2(새물결, 2012), 853면 이하; Niklas Luhmann(김종길 역), 복지국가의 정치이론(일신사, 2001), 53면.

33) Niklas Luhmann(박여성, 이철 역), 예술체계이론(한길사, 2014), 41면.

34) "각기 하나의 부분체계가 각기 하나의 기능을 위해 독립분화된다는 것은 이 기능이 이 체계에 대해서는(그리고 오직 이 체계에 대해서만) 우선성을 누리며 다른 모든 기능들의 상위에 있다는 것을 의미한다." Niklas Luhmann(장춘

고, 기능체계의 '작동상의 폐쇄'를 뜻한다.[35] 루만에 따르면, 기능적 분화를 중심으로 하는 사회체계로 전환하기 위해서는 기능체계 간의 관계에서 새로운 종류의 구조적 연결, 즉 기능체계의 자율성과 '작동폐쇄성'을 고려한 연결이 요구된다.[36] '작동폐쇄성(자기생산)'과 '구조적 연결'은 체계이론이 말하는 기능적 분화에 맞는 통합의 형식이다.[37]

루만은 생물학적 개념인 '자기생산'(Autopoiesis) 개념을 사회에 적용했지만, 이를 비판하는 견해가 있다. 루만에 따르면, 기능적으로 분화된 사회에서 '자기준거성'을 중심한 자율성을 피할 수 있는 체계는 없다. 하지만 마투라나(Humberto R. Maturana)가 루만에게 다음과 같이 말했다는 점에 주목할 필요가 있다. "나를 독일에서 유명하게 만들어줘서 고맙습니다. 하지만 나는 당신이 내 생각들을 그런 식으로 활용하는 것에는 동의하지 않습니다. 나는 우리의 사회현상들의 특징들에 대한 문제에서부터 출발하기를 제안하는 바입니다. 사회라는 개념은 역사적으로 볼 때 생명체계들의 자기생산이라는 생각보다 선행합니다. 사회는 논쟁의 제1차적인 주제였습니다. 자기생산과 사회체계들은 훨씬 나중에 나타납니다. 따라서 우리는 사회를 분석하는 데에서 나타난 모든 연관된 현상들을 먼저 다루고, 오직 그 다음에 그것들이 자기생산 개념에 의해 보다 자세하게 밝혀질 수 있는지 자문해 보아야 합니다."[38] "문제는 단순합니다. 니클라스 루만이

익 역), 사회의 사회 2(새물결, 2012), 857~858면.

35) Niklas Luhmann(장춘익 역), 사회의 사회 1(새물결, 2012), 163면.

36) Niklas Luhmann(윤재왕 역), 사회의 법(새물결, 2014), 633면.

37) Niklas Luhmann(장춘익 역), 사회의 사회 2(새물결, 2012), 891~892면; 고봉진, "자기준거적 체계로서 복지체계 — 예비적 고찰", 법철학연구 제12권 제1호(2009), 323면 이하.

38) Humberto R. Maturana(서창현 역), 있음에서 함으로(갈무리, 2006), 170~171면.

자기생산 개념을 사회현상들을 설명하는 원리로 사용한다는 것입니다. 이것은 서술되어야 할 과정들도 사회현상들도 밝히지 못하고 그것들을 모호하게 하는 경향이 있습니다."[39]

(루만 체계이론이 주장하는 바와 달리 저자의 관점에서 보면) 사회체계가 기능적 분화의 형태를 띠고 있는 것은 사실이지만, 완전한 기능적 분화라고 보기는 어렵다. 사회체계의 기능적 분화는 미완(未完)의 기능적 분화에 지나지 않는데, 그 주된 이유는 자본주의의 총체성으로 인해 경제체계가 다른 기능체계의 자율성을 침범하기 때문이다. 따라서 사회체계의 기능적 분화는 사회의 발전에 따라 자연스럽게 이루어지는 것이 아니라, 자본주의의 총체성이 제대로 해결되어야만 이루어진다.

4. 이차적 질서의 관찰

이차적 질서의 관찰에 따르면, 세계는 결정되어 있지 않고 다양한 경험과 행동의 가능성을 제공하는 원천이 될 뿐이다. '지평으로서의 세계'와 '실재 세계'는 동일하지 않는데, 실재 세계는 '지평으로서의 세계'라는 조건 하에서 인식, 정보처리, 행동을 통해 만들어지기 때문이다. 실재 세계는 하나로 존재하지 않는데, 실재 세계는 어떻게 정보를 처리하고 행동하는가에 따라 달라진다. 이는 우리의 세계가 복잡하고 우연적이라는 것을 말해준다. 여기서 '복잡성'은 실재로 이루어진 것보다 더 많은 가능성이 존재한다는 것을 의미한다.[40] 실재로 이루어진 것보다 더 많은 가능성을 뜻하는 '복잡성'은 필연적으로 '선택'을 강제한다. '복잡성'은 '선택강제'를 의미하며,[41] 선택은 무엇

39) Humberto R. Maturana(서창현 역), 있음에서 함으로(갈무리, 2006), 171면.
40) Niklas Luhmann(강희원 역), 법사회학(한길사, 2016), 119면.
41) Niklas Luhmann(강희원 역), 법사회학(한길사, 2016), 119면.

인가를 고려하지 않음을 뜻한다.[42] '선택강제'는 또한 '우연성'을 의미한다. 여기서 '우연성'이란 다른 선택 또한 가능했으며, 선택에는 항상 이러한 위험이 따른다는 점을 말한다.

그러면 세계의 복잡성이 강제하는 선택은 어떻게 이루어지는가? 루만(Niklas Luhmann)의 체계이론은 세계의 복잡성을 축소시키는 체계의 작동방식이 '동일성'이 아니라 '차이'에 기초하고 있음을 주목한다. 이에 따르면 차이를 경험하는 것이 정보획득과 정보처리를 가능하게 하는 조건이 된다.[43] 체계이론의 핵심 패러다임이 '전체와 부분'이 아닌 '체계와 환경'인 이유가 여기에 있다. 체계는 '차이를 중심한 선택'을 중심으로 작동한다. 차이가 선택을 낳고, 그 선택은 체계를 보존한다. 그러면 선택을 가능하게 하는 차이는 어디에서 오는 것인가? 이는 체계의 '의미' 기준에서 나온다. 체계는 자신의 의미를 매체로 자기준거와 타자준거를 구별한다.[44] 있는 그대로의 세계를 재현하는 대신에, 의미를 통해 지평으로서의 세계가 펼치는 가능성을 선택하게 된다.[45]

자신의 의미기준에 따른 차이를 토대로 한 체계의 작동은 세계의 복잡성을 축소하는 것으로 끝나지 않는다. 체계는 세계의 복잡성을 축소시키는 동시에 체계 자신의 복잡성은 증대시키며, 체계 자신의 고유한 복잡성을 유지하려 한다. 체계 형성의 복잡성은 일단 세계의 복잡성을 축소시키고 그 축소를 선별적으로 조율해야만 비로소 생성된다. 체계는 세계의 복잡성과 우연성을 다스리고, 체계 자신의 복잡성을 형성하는 정보처리 시스템을 구축한다. 자신의 의미기준, 자기준거, 자기생산, 작동폐쇄성을 중심한 소통은 한 사회의 부

42) Niklas Luhmann(장춘익 역), 사회의 사회 1(새물결, 2012), 226면.
43) Niklas Luhmann(박여성 역), 사회체계이론(한길사, 2007), 57면.
44) Niklas Luhmann(장춘익 역), 사회의 사회 1(새물결, 2012), 72면.
45) Niklas Luhmann(장춘익 역), 사회의 사회 1(새물결, 2012), 76~77면.

분체계에서 독자적인 복잡성을 가능하게 한다. 자기준거에 기초한 체계의 작동폐쇄성과 체계의 작동폐쇄성에 기초한 체계 간의 구조적 연결을 통해 사회의 부분체계는 세계의 복잡성을 축소시킴을 통해 체계 자신의 복잡성을 증대시킨다.

기능적으로 분화된 현대 사회는 자신의 의미기준에 의해 작동하는 (작동에 있어 폐쇄적인) 체계가 다수 생성되었음을 의미한다. 전체 사회의 의미연관성을 갖추지 않더라도 자신 만의 의미연관성을 통해 정보를 처리할 수 있게 되었음을 의미한다.[46] 이처럼 기능적으로 분화된 체계로 이루어진 현대 사회는 '2차적 질서의 관찰'의 주요한 전제가 된다.

1차적 질서의 관찰자에게는 세계가 존재론적으로 주어져 있었다. 객관적으로 타당한 질서가 이미 주어져 있으며, 1차적 질서의 관찰자는 이를 토대로 사회 현상을 관찰하였다(이 경우 '관찰'이라고 하기보다는 오히려 '규정'이라고 표현하는 것이 더 좋을지 모르겠다. '1차적 질서의 규정'). 반면에 2차적 질서의 관찰자는 '전부와 그 부분'이 아닌 '체계와 환경'의 패러다임으로 사회 현상을 바라보며, 이에 따라 세계는 다르게 만들어질 수도 있다.[47] 1차적 질서의 관찰자에게는 옳거나 틀리다고 기술할 수 있는 뚜렷한 지표가 이미 결정되어 있음에 반하여, 2차적 질서의 관찰자는 이러한 실체존재론의 강한 전제를 부정한다.[48] 1차적 질서의 관찰자가 보는 것과 보지 못하는 것은 그가 어떠한 구별을 하고 있는가에 달려 있는데, 2차적 질서의 관찰자는 ① 1차적 질서의 관찰자의 구별기준을 알 수 있고,[49] ② 1차적

46) Niklas Luhmann(장춘익 역), 사회의 사회 1(새물결, 2012), 163면.
47) Niklas Luhmann(장춘익 역), 사회의 사회 2(새물결, 2012), 1280면.
48) Niklas Luhmann(장춘익 역), 사회의 사회 2(새물결, 2012), 1284면.
49) Niklas Luhmann(장춘익 역), 사회의 사회 2(새물결, 2012), 1280면.

질서의 관찰자가 보지 못하는 것을 볼 수도 있다.

1차적 질서의 관찰이 아닌 2차적 질서, 나아가서 3차적, 4차적 질서의 관찰에 만족해야 하는 것은 현대 사회의 기능적 분화에 기인한다. 물론 고대 사회에도 1차적 질서의 관찰만이 있었던 것은 아니며, 관찰의 관찰도 있었다. 하지만 기능적으로 분화된 부분체계로 지속적으로 분화되고 있는 현대 사회에서만큼 2차적 질서의 관찰, 즉 관찰자의 관찰이 활성화된 적은 없다.

1차적 질서의 관찰에서 2차적 질서의 관찰로, 더 나아가 3차적, 4차적 질서의 관찰로 나아가야 할 또 다른 이유는 1차적 질서의 관찰에는 1차적 질서의 의미기준에 따라서는 볼 수 없는 사각지대가 있기 때문이다. 더 중요한 것은 1차적 질서의 관찰자는 그 자신의 관찰에 사각지대가 발생한다는 점을 모르는 데 있다. 반면에 2차적 질서의 관찰자는 1차적 질서의 관찰자가 자신이 보는 것을 볼 수 없다는 점을 관찰할 수 있다. 뿐만 아니라 2차적 질서의 관찰은 관찰에 있어 어떠한 인식론적 특권도 인정하지 않기 때문에 1차적 질서의 관찰에 아르키메데스의 점을 부여하지 않는다. 2차적 질서의 관찰자에 의해 자신의 관찰이 관찰되고 있다는 점, 자신이 보지 못한 사각지대 또한 2차적 질서의 관찰자는 볼 수 있다는 점, 더 나아가 2차적 질서의 관찰자가 자신의 관찰이 보지 못한 사각지대를 관찰한 것을 토대로 다시 사각지대를 다루려고 한다면, 반성적 성찰이 가능해진다.

나가며 법사상의 활용

현대 법사상사 소고

'자본주의의 총체성'과 '사회체계의 기능적 분화'*

필자는 (법)사상이 현대사회의 병리적 현상에 대한 해결책을 제공하는 여러 시도라고 본다. 이하에서 필자는 현대사회의 병리적 현상이 '자본주의의 총체성'에 의해 야기되는 만큼 이에 대한 해결책으로 '사회체계의 기능적 분화'를 주장한다. 필자는 '자본주의'가 문제가 아니라 '총체화된 자본주의'가 문제이며, 자본주의의 총체성은 자본의 세계화와 더불어 강력해지고 있다고 본다. 특히 오늘날 자본주의의 '총체성'으로 말미암아 사회 부분체계의 기능적 분화가 제대로 이루어지지 않고 있다. 신자유주의 경제체계는 정치, 학문, 예술을 지배하며, 다른 기능체계의 자율성(자기준거성)을 파괴하고, 자율성을 형성하려는 시도마저 무너뜨린다.

필자는 자본주의의 총체성(총체화된 자본주의)에 대한 해답으로 '규범적 개념으로 기능적 분화'를 제시한다. 체계이론을 비판이론의 관점에서 활용하면서, 루만(Niklas Luhmann)의 자기준거성 개념을 사실적 개념이 아닌 규범적 개념으로 주장한다. 루만은 기능적으로 분화된 사회체계를 체계이론의 근간으로 사용했다. 그에 따르면, 사회체계가 기능적으로 분화되었다면 이를 피할 수 있는 체계는 없다. 기능적으로 분화된 사회의 부분체계는 자기준거적 체계이며, 루만 체계이론의 핵심은 체계의 개념을 자기준거적 체계로 파악하는 데 있다. 자기준거적 체계로서 부분체계는 정보에 대해 인지적으로는 개방되어 있지만, 작동상으로는 폐쇄되어 있다.

루만의 자기준거성 개념을 규범적 개념으로 환치하는 것이 과

---

* 법철학연구 제17권 제1호(한국법철학회, 2014)에 수록된 논문을 수정한 내용이다.

연 가능한지에 대한 의문은 필자의 의문이기도 하고, 아직 해결되지 못한 숙제이다. 다만 이제까지 떠오르는 필자의 대답은 '자연법', '공공선', '인간존엄', '인권', '복지' 등의 규범적 언어는 자본주의의 총체성에 대한 "실효적인" 해결책이 될 수 없다는 점이다(이는 '자연법', '공공선', '인간존엄', '인권', '복지' 등의 규범적 언어가 불필요하다는 점을 뜻하지 않는다. 필자는 '인간존엄', '인권', '복지'와 관련한 규범적 주장을 다른 곳에서 펼친다). 무엇보다도 '사회체계의 기능적 분화'라는 해결책이 불충분해 보이지만, 불충분하더라도 실효적이라는 점이 필자에게는 큰 매력으로 다가왔다.

필자의 주장에 대해, 체계가 자기준거성에 따라 안정화되었다고 할지라도 체계가 사용하는 이원적 코드 속에 '권력/비권력', '민주/독재', '진리/비진리' 등을 구별하는 기준이 있는지를 물으며, 완성된 기능적 분화의 상태 자체만으로는 사회구성원들의 정당성 판단을 어떻게 통과할지에 대한 추가적 논증이 필요할 것이라는 주장이 있다.[2] 이에 대해 필자는 뒤르켐(Emile Durkheim)의 한마디가 소박한 대답이 될지 않을까 생각한다. "또 동일한 유기체 안에서도 서로 다른 세포들 간의 경쟁을 완화시키는 것은, 그 유기체들이 서로 다른 물질들을 자양분으로 섭취하고 있다는 사실이다. 인간 역시 동일한 법칙의 적용을 받는다. 같은 도시에서 사는 각기 다른 전문직 종사자들은 서로 해치지 않고 공존할 수 있다. 왜냐하면 그들은 서로 다른 목표를 추구하고 있기 때문이다. 군인은 군대의 영광을 추구하고, 성직자는 도덕적 권위를 찾으며, 정치인은 권력을 추구하고, 기업인은 부를 좇으며, 학자는 과학적 명성을 추구한다. 이 경우 각자

2) 이는 2013년 12월 4일 숙명여자대학교에서 개최된 2013년 한국법철학회 추계학술대회(자본과 시장: 법철학적 고찰)에서 필자의 이 글에 대한 신동룡 교수의 의견이다.

는 타인의 목적 추구 활동을 방해하지 않고 자신의 목적을 달성할 수 있다. 이는 전문직 종사자의 기능들이 서로 비슷한 경우도 마찬가지이다. 안과 의사는 정신병자를 돌보는 의사와 경쟁하지 않는다. 구두 수선공은 모자 제조공과 경쟁을 벌이지 않으며, 미장이는 가구 제조업자와 경쟁을 벌이지 않고, 물리학자는 화학자와 경쟁을 벌이지 않는다. 그들은 서로 다른 서비스를 제공하기 때문에 함께 공존하며 자신들의 활동을 할 수 있다. 그러나 그들의 기능이 유사할수록 그들 간에는 접촉점이 더 많이 생기고 결과적으로 서로 투쟁을 하게 된다. 이 경우 그들은 서로 다른 수단을 가지고 유사한 욕구를 충족시키기 때문에, 상대방의 영역을 침범하는 것은 필연적이다."[3]

이 글은 '미완(未完)의 사고실험'이다. '기능적 분화'를 규범적 개념으로 주장하는 필자의 주장은 이제 시작단계에 불과함을 이해해 주길 바란다.[4]

Ⅰ. 자본주의의 총체성

필자는 '자본주의'가 문제가 아니라 '총체화된 자본주의'가 문제이며, 자본주의의 총체성은 '자본의 세계화'와 더불어 강력해지고 있다고 본다. 오늘날 총체화된 자본주의는 시장의 원리를 시장 外의 영역에까지 확장한다. 하지만 시장의 원리는 시장 外의 영역에서는 비도덕적인 것이다.[5] 이는 사회적인 것과 경제적인 것이 맺는 관계

---

3) Emile Durkheim(민문홍 역), 사회분업론(아카넷, 2012), 396~397면.

4) 더불어 이 글에서 여러 사상가(루만, 베른슈타인, 뒤르켐 등)의 이론을 서술하면서 나무는 보고 숲은 보지 못하는 오류를 범하지는 않았는지, 특히 체계이론을 비판이론의 관점에서 활용하면서 루만의 체계이론을 '제대로' 이해하지 못한 것은 아닌지 의문이라는 점을 고백하지 않을 수 없다.

5) Colin Crouch(유강은 역), 왜 신자유주의는 죽지 않는가(책읽는수요일, 2011),

를 역전시키기 때문이다.[6]

1. 아웃소싱과 비정규직

스티글리츠(Joseph E. Stiglitz)는 그의 저서 '불평등의 대가'에서 필자가 보기에 재미있는 상상을 한다. "자본은 전혀 이동할 수 없고 노동력은 자유롭게 이동할 수 있다면 세계는 어떤 모습일까? 각국은 노동자들을 끌어들이려고 경쟁할 것이다. 그들은 노동자들에게 세금을 적게 거두겠으며 좋은 학교, 좋은 환경을 보장하겠다고 약속할 것이고 여기에 필요한 재원은 자본에게 높은 세금을 매겨서 거둔 수입으로 충당될 것이다."[7] 하지만 현실은 정반대의 모습이다. 자본은 세계를 자유롭게 돌아다니지만 노동력은 자유롭게 이동할 수 없다.[8] 이러한 자본과 노동의 비대칭적 세계화는 제3세계로의 아웃소싱(outsourcing)을 가능하게 했다.[9] 다국적 기업들은 제품의 생산을 직접 담당하지 않고(생산수단을 직접 소유하지 않고) 제3세계의 하청업체에 맡김으로써 핵심적인 부분에 집중적으로 투자하게 되었다.[10] 글로벌 기업은 아웃소싱을 통해 자사 제품을 팔고 있지만 공장은 어디에도 없는 플랫폼 기업(Platform Companies)으로 전환하였다.[11] 이

47면.

6) '사회적인 것과 경제적인 것이 맺는 관계의 역전'에 대해서는 Michel Foucault(심세광, 전혜리, 조성은 역), 생명관리정치의 탄생(난장, 2012), 334면.

7) Joseph E. Stiglitz(이순희 역), 불평등의 대가(열린책들, 2013), 161면.

8) 노동력 중에서 특성화된 엘리트 노동력 만이 세계화되었다. Andrew Jones(이가람 역), 세계는 어떻게 움직이는가(동녘, 2012), 108면.

9) 아웃소싱은 세계시장의 불확실성에 대응하는 기업의 생존 전략으로 알려져 있다.

10) 톰 피터스(Tom Peters)는 '직접 소유하는 것은 멍청한 짓'이라고 말한다.

11) 플랫폼 기업(Platform Companies)은 프랑스 경제학자 찰스 게이브(Charlse Gave)가 이름 붙인 것으로, 이케아(IKEA), 애플(Apple), 나이키(Nike)처럼 전 세계에서 자사 제품을 팔고 있지만 공장은 어디에도 없는 기업들이다. 플랫

제 기업의 핵심 경쟁력은 더 이상 '제조'에 있지 않다.

하지만 제3세계로의 아웃소싱은 경제 불안정 요소를 제3세계로 이전시킨다.[12] 기업들은 철수할 수도 있다고 위협하면서 임금과 근로조건을 볼모로 삼는다.[13] 노동자의 입장에서 보면 일자리가 창출된다는 점에서는 기회이지만, 대부분의 일자리가 자본이 노동에 대해 책임지지 않는 '간접고용'의 형태라는 점에서 불행이다.[14] 해외로 공장을 이전하는 방식으로 생산 부문이 해외로 빠져 나가면서 제조업체가 자사 노동 인력을 책임진다는 전통적인 사고방식은 사라졌다.[15] 생산 부문을 해외의 하청업체에 맡기기 때문에 제조업체는 해외의 노동 인력을 책임지지도 않는다. 이제 품질과 빠른 납품, 저렴한 비용을 제공하는 하청업체를 찾는 것이 중요하지, 노동자의 임금과 근로조건에는 별 관심이 없다.[16]

폼 기업의 핵심은 더 이상 기업의 핵심 경쟁력이 가치 사슬의 중간 부분, 곧 제조에 있다고 보지 않는 것이다. Anatole Kaletsky(위선주 역), 자본주의 4.0(컬처앤스토리, 2010), 101면.

12) Anatole Kaletsky(위선주 역), 자본주의 4.0(컬처앤스토리, 2010), 103면.

13) Naomi Klein(이은진 역), 슈퍼 브랜드의 불편한 진실(살림Biz, 2000), 330면, 352면; Joseph E. Stiglitz(이순희 역), 불평등의 대가(열린책들, 2012), 161면.

14) 반면에 제3세계의 '간접고용' 형태에 대해 '슈퍼자본주의'의 저자인 라이히(Robert B. Reich) 전 미국 노동부장관은 다음과 같이 말한다. "빈곤한 국가의 노동력들이 미국 수준의 임금과 근로 수준을 누릴 것이라고 기대하는 것은 비현실적이다. 그러나 우리는 빈곤한 국가가 점차 더욱 부유해지고, 그들의 최하층 노동자 역시 더 잘살 것이라고 주장할 수 있고, 또 그렇게 주장해야 한다. 무역과 성장의 이익은 널리 공유되어야 한다." Rebecca Todd Peters(방연상, 윤요한 역), 좋은 세계화 나쁜 세계화(새물결플러스, 2012), 101면. 필자에게는 '간접노동'의 형태 또한 자본주의의 야누스적 양면성으로 보인다.

15) Naomi Klein(이은진 역), 슈퍼 브랜드의 불편한 진실(살림Biz, 2000), 314면, 400면.

16) Naomi Klein(이은진 역), 슈퍼 브랜드의 불편한 진실(살림Biz, 2000), 313면, 320면, 356면.

세계화시대의 기업은 공장을 해외로 이전하여 국내 일자리를 줄일 뿐만 아니라, 국내에 남은 일자리마저도 정규직이 아닌 비정규직으로 채운다. 구직자들은 정규직을 원하지만, 경제의 가장 중요한 주체인 기업들이 비정규직 고용을 선호하는 만큼 비정규직이 더욱 보편화되리라는 것이 현실적인 전망이다.[17] 특히 생산 부문이 해외로 넘어가 서비스 부문이 노동시장에서 점점 더 중요해짐에도 서비스업계는 비정규직이나 임시직 자리를 계속 만들어 내고 있다.[18]

수량적 유연화와 비용 절감을 통해 '비정규직' 제도는 기업에게 이윤이 되지만, 노동자에게는 고용 불안정과 저임금을 안겨다 준다.[19] 오늘날 기업이 돈을 많이 벌더라도 그 돈은 임금을 많이 주고 일자리의 질을 높이는 데 쓰이지 않는다.[20] 이는 세계화시대의 기업

---

17) 장귀연, 비정규직(책세상, 2009), 41면.

18) Naomi Klein(이은진 역), 슈퍼 브랜드의 불편한 진실(살림Biz, 2000), 374면; '점원은 정규 직원이 아니기 때문에 고용 보장과 생활임금, 수당을 지급할 필요가 없다'는 관념이 교묘히 퍼지고 있다. Naomi Klein(이은진 역), 슈퍼 브랜드의 불편한 진실(살림Biz, 2000), 362면.

19) 장귀연, 비정규직(책세상, 2009), 58면, 64면; 비정규직 제도야말로 '동일노동 동일임금'이 적용되지 않는 '현대판 노예제'와 같은 정의롭지 못한 제도이다. 양반과 하인을 구별하고 서얼을 차별하는 조선시대의 신분제도는 사라졌지만, 자본가를 우대하고 비정규직을 구분하여 차별하는 현대판 신분제도는 새로이 생겨났다. 시대의 변화에 따른 새로운 현상을 설명하기 위해 '비정규직'이라는 새로운 단어가 탄생했다. 장귀연, 비정규직(책세상, 2009), 10~11면; 우리나라의 20대 젊은이들은 알바 비정규직에 종사하면서 비정규직이 될 운명을 타고난 '88만원 세대'로 불린다. 우석훈/박권일, 88만원 세대(레디앙, 2008), 143면; 1997년 외환위기를 극복하기 위해 무차별적으로 도입한 IMF 체제 하에서 중소기업의 안정성은 붕괴되었고, 자영업은 실패할 가능성이 높아졌다. 고용 구조는 정규직에서 비정규직으로 전환되고 있고, 정규직 일자리를 차지하기 위해 청년들의 스펙쌓기는 끝이 없이 진행되고 있다. 한번 비정규직이 되면 비정규직을 떠돌아다니며 경력으로도 인정받지 못하고 오히려 '비정규직'이라는 낙인이 찍혀 정규직 시장에 진입하기는 매우 어렵게 된다. 최태욱 엮음, 자유주의는 진보적일 수 있는가(폴리테이아, 2011), 250면.

20) 장귀연, 비정규직(책세상, 2009), 85면.

은 전세계의 수요자를 대상으로 하기 때문에, 예전처럼 국내 수요자의 유효수요에 신경을 쓸 필요가 없어졌기 때문이다.[21)]

2. 양극화와 '민주주의의 도전'

비정규직으로 고용 패러다임이 바뀌고, 비정규직이 계속 증가함에 따라 중산층은 점점 줄고, 소득 양극화는 심화되고 있다.[22)] 양극화의 끝에는 배제되는 사람들이 생겨난다.[23)] 세계화된 자본주의는 인건비가 낮은 제3세계 노동인력을 이용하여(아웃소싱) 자본을 늘리는 구조이기 때문에 '고용 없는 성장'을 가능하게 했다. 특히 두드러진 변화는 중산층의 기반이 되었던 제조업 부문에서의 일자리 감소, 특히 정규직 일자리의 감소이다.[24)] 더 큰 문제는 부의 양극화에 따른 계층 간 양극화는 교육 기회의 격차와 건강 격차, 사회적 이동

---

21) 장귀연, 비정규직(책세상, 2009), 47~48면.

22) "통계청이 2013년 12월 4일 발표한 '2013년 사회조사 결과'를 보면, 가구주의 소득·직업·교육·재산 등을 고려한 사회경제적 지위를 하층이라고 판단한 국민이 46.7%였다. 상층은 1.9%, 중간층은 51.4%였다. 자신이 하층민이라고 생각하는 응답은 이 조사를 처음 실행한 1988년(36.9%) 이후 최고치다. 2011년 조사 때와 비교해도 1.4%포인트 늘었다. 반면 스스로 중간층이라고 생각하는 사람은 2년 전에 견줘 1.4%포인트 줄었다. 특히 여성 가구주의 10명 중 6명은 본인이 하층이라고 생각했다. 남성(41.4%)보다 20% 포인트 이상 높은 비율이다. 신분 상승에 대한 기대도 줄었다. 일생 동안 노력한다면 본인의 사회경제적 지위가 높아질 가능성이 크다고 응답한 비율은 28.2%, 낮다는 비율은 57.9%였다." 2013년 12월 4일자 연합뉴스 "양극화의 늪 … 국민 절반 '나는 하층민'"에서 발췌함.

23) '포함과 배제'의 코드는 오늘날 매우 활성화되어 사용되고 있다. 특히 세계화된 자본주의에서 '포함과 배제'의 코드는 널리 사용될 수 있다. Slavoj Zizek (김성호 역), 처음에는 비극으로 다음에는 희극으로(창비, 2010), 182~183면. "우리 세기의 가난은 다른 세기의 가난과 다르다. 지난 세기의 가난은 희소한 자연 자원 때문에 생긴 결과였으나 우리 세기의 가난은 부자들이 나머지 세계에 일련의 우선순위를 부여했기 때문에 생긴 것이다(John Berger)." Jeremy Seabrook(황성원 역), 세계의 빈곤, 누구의 책임인가?(이후, 2007), 18면.

24) Joseph E. Stiglitz(이순희 역), 불평등의 대가(열린책들, 2013), 151면 이하.

성의 축소로 이어진다는 점이다.[25] 불평등의 심화는 민주 시민에게 요구되는 연대의식을 약화시킨다.[26]

총체화된 자본주의에서 자본과 권력은 결탁하여 공동의 이익을 위한 민주주의에 심각한 도전을 초래하고 있다. 신자유주의 의제를 중심으로 경제와 정치의 힘은 강력하게 결합하여,[27] 그들만의 리그를 만든다.[28] 2011년 월가점령시위가 일어난 것도 경제 시스템과 정

25) Joseph E. Stiglitz(이순희 역), 불평등의 대가(열린책들, 2013), 104.

26) 샌델(Michael Sandel) 또한 빈부 격차가 지나치면 민주 시민에게 요구되는 연대 의식이 약화된다는 점을 지적한다. 불평등이 심화될수록 부자와 가난한 자의 삶은 점점 더 괴리되며, 풍족한 사람들은 아이들을 사립학교에 보내고 가난한 사람들은 도심 공립학교에 보내게 된다. 공공서비스를 더 이상 이용하지 않는 부유한 사람들은 납세를 꺼리게 되면서 서비스의 질이 떨어지고, 다양한 계층의 시민들이 서로 만날 수 있는 곳에 학교, 공원, 운동장, 시민회관 같은 공공시설이 들어서지 않는다. 공적 영역이 비어버리면 민주 시민 의식의 토대가 되는 연대와 공동체 의식을 키우기가 어려워진다. Michael Sandel(이창신 역), 정의란 무엇인가(김영사, 2010), 368면;

27) Colin Crouch(유강은 역), 왜 신자유주의는 죽지 않는가(책읽는수요일, 2011), 262면; "민주주의의 문제는 대중적 공중(mass public)이 너무 동떨어지고 흩어져 있어서 기업 권력이 행사하는 것만큼 정치인들에 대해 적절하면서도 세밀한 강제를 하기 힘들다는 점이다. 대중과 정치 엘리트 집단 사이의 중재자로 기능하는 두 주요 기제(정당과 매스 미디어)는 점차 이런 목적에 부합하지 못하고 있다. [···] 대규모 자원의 주된 원천은 기업과 최부유층 개인뿐이다. 민주주의가 기능하는 데 절대적으로 필요한 매스 미디어는 점차 거대 기업과 최부유층 개인들의 앞잡이가 되어가고 있다." Colin Crouch(유강은 역), 왜 신자유주의는 죽지 않는가(책읽는수요일, 2011), 244면.

28) "정치 시스템이 상위 계층의 이익에 민감하게 반응할 경우, 경제적 불평등의 심화는 정치권력의 불균형 심화로 이어지고 정치와 경제의 사악한 결합을 낳는다." Joseph E. Stiglitz(이순희 역), 불평등의 대가(열린책들, 2013), 38면; Colin Crouch(유강은 역), 왜 신자유주의는 죽지 않는가(책읽는수요일, 2011), 107면; Robert A. Dahl(배관표 역), 경제 민주주의에 관하여(후마니타스, 2011), 60면; 폴 그루그먼(Paul Krugman)은 다음과 같이 말한다. "소득의 과도한 집중은 진정한 민주주의와 양립할 수 없다. 우리 정치 시스템이 거금의 위력 때문에 왜곡되고 있다는 것을, 소수가 가진 부가 점점 커져감에 따라 이런 왜곡이 점점 심해지고 있다는 것을 어느 누가 부정할 수 있겠는가?" Joseph E. Stiglitz(이순희 역), 불평등의 대가(열린책들, 2013), 258면.

치 시스템이 불공정하게 작동하고 있다는 인식 때문이었다.[29] 부유층은 경제 과정과 정치 과정을 자신들에게 유리한 방향으로 형성하여 자본에 기초해서 영향력을 행사하려 할 뿐, 법치주의를 절실히 요구하지 않는다. 실제로 규제의 대상이 되는 기업들은 규제기관에 상당한 영향력을 행사하여 규제기관을 장악한다.[30]

자본주의의 역할은 경제적인 파이를 키우는 것이기 때문에 엄밀하게 보자면 소득과 재산의 불평등 심화가 자본주의의 결함이 아니라, 파이를 나누는 민주주의가 제대로 기능하지 못하기 때문이라는 견해도 있다. 하지만 자본주의의 기능 확대와 민주주의의 기능 축소는 맞물려 있어, 자본주의의 기능을 적절히 조절하지 않고서는 민주주의의 기능 회복을 기대하기 어려울 것이다.[31]

3. 자유주의를 배반한 신자유주의

부의 불평등은 권력의 불평등으로 이어지며, 이것은 다시 집중되고 중앙화하는 방식으로 사회의 한 영역에서 다른 많은 영역으로

29) Joseph E. Stiglitz(이순희 역), 불평등의 대가(열린책들, 2013), 31면. "월가 시위대는 두 가지 핵심적 문제에 관심을 집중시켰다. 첫 번째 문제는 걷잡을 수 없는 금융 투기로 수천억이 사라지는 등 글로벌 자본주의 체계가 사회에 초래하는 파괴적인 결과다. 두 번째는 경제적 세계화가 서서히, 그러나 가차 없이 서구식 민주주의의 정당성을 좀먹고 있다는 것이다. 대규모 경제활동은 그 국제적인 특성 때문에 통상 국민국가에 국한되는 민주주의 기제로는 통제할 수 없다. 이러한 이유로 사람들은 점점 민주주의 제도로는 자신들의 중대한 이해관계를 표현할 수 없다는 사실을 깨달아가고 있다." Slavoj Zizek(주성우 역), 멈춰라, 생각하라―지금 여기, 내용 없는 민주주의, 실패한 자본주의 (와이즈베리, 2012), 162~163면.

30) Robert B. Reich(형선호 역), 슈퍼자본주의(김영사, 2008/2010), 39면.

31) Robert B. Reich(형선호 역), 슈퍼자본주의(김영사, 2008/2010), 9~10면, 75면; 로버트 라이시가 명명한 '슈퍼자본주의'는 자본주의와 민주주의의 공존을 어렵게 하고, '민주주의적인 자본주의'를 대체했다는 평가를 듣는다. Robert B. Reich(형선호 역), 슈퍼자본주의(김영사, 2008/2010), 13면.

퍼져나간다.[32] 기업과 시장은 국가의 개입 없이 자신들에게 가장 유리하게 생산요소들을 배치하며,[33] 이를 통해 자신의 힘을 키우는 동시에 하위 노동력을 소외, 물화(物化), 불인정, 배제한다. 이러한 자본주의의 총체성에는 신자유주의가 중요한 역할을 하고 있다. “이 어려운 문제의 핵심에는 이데올로기적으로 순수한 신자유주의와 반대되는 의미의 현존하는 신자유주의는 흔히 주장하는 것과 달리 전혀 자유시장에 충실하지 않다는 사실이 자리하고 있다. 현존하는 신자유주의는 오히려 거대 기업이 공공 생활을 지배하게 하는 데 몰두한다.”[34] 총체화된 자본주의에서는 대중매체도 국민의 의사를 제대로 대변하지 못한다. 대중매체를 지원하는 대규모 자금이 글로벌 기업에서 오기 때문이다.[35] 신자유주의는 교육기관에도 손을 뻗치는데, 이는 세계화 개념을 좌우하는 이론을 포함하는 경제 이데올로기를 처음으로 배우는 곳이 고등교육기관이기 때문이다.[36]

자유 개념은 이사야 벌린(Isaiah Berlin)의 구분을 따라 ‘소극적 자유’(~로부터의 자유)와 ‘적극적 자유’(~할 자유/~를 향한 자유)로 구분된다. 소극적 자유는 ‘타인에 의해 방해받지 않고 각자가 자기 뜻대로 행동할 수 있는 상태’인 반면에, 적극적 자유는 ‘합리적으로 결정하고 자율적으로 행동할 수 있는 개인의 상태나 능력’을 뜻한다.[37] 무엇보다도 2개의 자유 개념은 “자유를 제약하는 것이 무엇인가”에

32) Colin Crouch(유강은 역), 왜 신자유주의는 죽지 않는가(책읽는수요일, 2011), 248면.

33) Andrew Jones(이가람 역), 세계는 어떻게 움직이는가(동녘, 2012), 171면.

34) Colin Crouch(유강은 역), 왜 신자유주의는 죽지 않는가(책읽는수요일, 2011), 7~8면.

35) Colin Crouch(유강은 역), 왜 신자유주의는 죽지 않는가(책읽는수요일, 2011), 242면.

36) Rebecca Todd Peters(방연상, 윤요한 역), 좋은 세계화 나쁜 세계화(새물결플러스, 2012), 74면.

37) 문지영, 자유(책세상, 2012), 70면.

대한 설명에서 확연한 차이를 드러낸다. 소극적 자유는 '타인의 간섭 또는 방해'를 자유의 제약으로 보는 반면에, 적극적 자유는 '빈곤 또는 자원의 결여'를 자유의 제약으로 본다.[38] 적극적 자유를 주장하는 견해는 '소극적 자유' 개념이 자유를 제약하는 요소를 너무 협소하게 설정하였다고 비판한다. 이와 반대로 소극적 자유를 주장하는 견해는 '적극적 자유'개념이 자유를 제약하는 요소를 잘못 설정하였다고 비판한다. '소극적 자유' 만이 진정한 자유라고 주장하는 사람들은 '타인에게 간섭받지 않는 상태'를 자유로 보기 때문에, 최소국가나 자유방임적 시장경제가 자유 개념에 어울리는 국가체제가 된다.[39] 반면에 '적극적 자유' 개념을 주장하는 사람들은 '빈곤 또는 자원의 결여'를 자유의 제약 요소로 보기 때문에 복지국가나 '사회적 시장경제'가 자유 개념에 어울리는 국가체제가 된다. 이처럼 자유 개념을 어떻게 설정하는지는 바람직한 국가의 역할에도 직접적인 영향을 미친다.[40]

---

38) Adam Swift(김비환 역), 정치의 생각(개마고원, 2011), 92면.

39) Adam Swift(김비환 역), 정치의 생각(개마고원, 2011), 91면. "우익은 자유를 본질적으로 타인들에 의해 간섭받지 않는 상태로 보기 때문에 최소국가와 자유방임적 시장경제가 자유를 가장 잘 증진시킨다고 주장한다. 반면에 좌익은 자유는 단순히 간섭받지 않는 것 그 이상이라고 본다. 사람들의 참다운 혹은 실질적인(혹은 때로 '적극적인') 자유는 그들을 그저 내버려둠으로써가 아니라, 그대로 놔둘 경우에는 할 수 없는 것들을 할 수 있는 상황으로 만들어줌으로써 증진할 수 있다는 것이다(91면)."

40) '적극적 자유' 개념을 주장하는 사람들은 빈곤한 사람들의 '실질적인' 자유를 위해서는 국가의 적극적인 간섭이 필요하다고 주장하면서, '적극적 자유'의 이름으로 재분배를 정당화한다. 반면에 '소극적 자유' 개념을 주장하는 사람들은 '적극적 자유' 개념은 '자유의 이름'으로 전체주의 체제의 지배가 정당화된다고 반박한다. Adam Swift(김비환 역), 정치의 생각(개마고원, 2011), 97면. 이사야 벌린(Isaiah Berlin)은 적극적 자유가 우리를 전체주의로 통하는 미끄러운 비탈길로 끌고 간다고 보고, 타인의 간섭으로부터 자유라는 소극적 자유가 최선의 자유관이라고 제시했다. Adam Swift(김비환 역), 정치의 생각(개마고원, 2011), 119면. 적극적 자유는 사회주의부터 공산주의에 이르

타인의 자유를 방해하지 않고 그 개인이 원하는 것을 할 수 있다는 것이 소극적 자유론이 주장하는 자유주의 이념임에도 불구하고, 신자유주의는 소극적 자유론을 통해 시장의 능력을 과신하고 국가의 개입을 최소화하여 자본주의의 힘을 너무 크게 만들었다. 오늘날의 신자유주의는 '자유주의를 배반한 신자유주의'이다.[41] 신자유주의는 자유주의의 편이 아니라 자본주의의 편이다.

Ⅱ. 사회체계의 기능적 분화

자본주의는 기본적으로 '시장에서의 경쟁'이고, '불평등'을 그 본질로 한다.[42] 이는 두 가지 점에서 주목해야 하는데, 첫째는 (앞에서 설명한 바대로) 자본주의가 야기하는 불평등의 대가가 '자본주의의 총체화'로 너무 커졌다는 점이다.[43] 둘째는 자본주의가 심각한 불평

기까지 모든 정치 해방이론의 핵심이다. 그러한 학설들은 모두 정치권력을 이용해 인간을 자유롭게 함으로써 숨어 있거나 차단되거나 억눌려 있던 잠재력을 실현하고자 하였다. Michael Ignatieff(이화여대 통역번역연구소 역), 이사야 벌린(아산정책연구원, 2012), 381면. 재분배정책을 통해 국가가 적극적으로 개입하는 스웨덴 등 스칸디나비아 국가들을 전체주의 국가라고 비판하는 사람은 거의 없다. 목욕물을 버릴 때 그 안에 든 아이까지 함께 버려서는 안 되듯(불필요한 것을 버리려다 정작 중요한 것까지 버린다는 영어 속담으로 'throw the baby out with the bathwater'라는 표현이 있다), 전체주의가 싫다고 해서 적극적 자유 개념을 함께 버릴 필요는 없다. Adam Swift(김비환 역), 정치의 생각(개마고원, 2011), 120면.

41) Colin Crouch(유강은 역), 왜 신자유주의는 죽지 않는가(책읽는수요일, 2011), 11면.

42) "사실상 19세기 말부터 자유주의 이론에서 시장의 본질은 바로 경쟁임을 거의 대부분 인정합니다. 다시 말해 등가가 아니라 불평등이라는 것입니다." Michel Foucault(심세광, 전혜리, 조성은 역), 생명관리정치의 탄생(난장, 2012), 184면.

43) 읽어봐야 할 책으로는 장하성, 한국 자본주의 (헤이북스, 2014); 장하성, 왜 분노해야 하는가(헤이북스, 2015); 새로운 사회를 여는 연구원, 분노의 숫자 —국가가 숨기는 불평등에 관한 보고서(동녘, 2014).

등을 야기한다고 하더라도 자본주의를 대체하는 경제체제가 '지금 현재' 없다는 점이다. 자본주의에 적대적이었던 여러 공산주의 국가에서는 국가 주도형 경제질서를 만들려고 했지만 전부 실패하였다. 공산주의 체제의 착취적 경제제도와 착취적 정치제도는 공산주의 체제의 붕괴로 이어졌고,[44] 이는 자본주의와 시장이 유일한 길이라는 증거로 해석되었다.[45]

자본주의는 긴 역사를 두고 변형과 발전을 거듭해 왔으며,[46] 이를 인간이나 국가가 의도적으로 폐지할 수는 없다. 따라서 우리가 할 수 있는 일은 자본주의를 적절하게 통제하여 자본주의의 순기능은 살리고 역기능은 줄이는 것이다. 이는 자본주의의 비합리적 합리성을 새로운 사회적 합리성의 형식으로 해결하는 것이 아니라, 자본주의의 비합리적 합리성에서 비합리성을 최대한 소거하는 방식으로 자본주의를 재규정하는 것이다.[47] 필자는 여기서 규범적 개념으로

---

44) 포용적인 정치, 경제제도가 발전과 번영을 불러오고 지배계층만을 위한 수탈적이고 착취적인 제도는 정체와 빈곤을 낳는다고 주장하는 견해로는 Daron Acemoglu/James A. Robinson(최완규 역), 국가는 왜 실패하는가(시공사, 2012). 무엇보다도 중요한 것은 착취적 제도하의 성장은 지속 불가능하다는 사실이다. 그 성격상 착취적 제도는 창조적 파괴를 이끌어내지 못하고 기술적 진보 역시 기껏해야 제한적인 수준에 그친다. 따라서 착취적 제도를 통한 성장은 단명하고 만다(220면). 오늘날 국가의 정치, 경제적 실패를 극복할 수 있는 방법은 착취적 제도를 포용적 제도로 변화시키는 것이다(566면). 포용적 경제제도가 자리 잡으려면 엘리트층뿐 아니라 사회계층 전반에 공평하게 재산권과 경제적 기회가 보장되어야 한다(120면).

45) 과거 공산주의 국가도 지금은 '국가 자본주의'의 형태로 자본주의를 받아들이고 있다. Ian Bremer(차백만 역), 국가는 무엇을 해야 하는가(다산북스, 2011), 13면.

46) 역사적 자본주의에 대한 분석으로는 Immanuel Wallerstein, 근대세계체제 I, II, III(까치글방, 2013), Fernand Braudel(주경철 역), 물질문명과 자본주의 I(1, 2), II(1, 2), III(1, 2)(까치글방, 1995/1996/1997), Eric H. Mielant(김병순 역), 자본주의의 기원과 서양의 발흥(글항아리, 2012).

47) Michel Foucault(심세광, 전혜리, 조성은 역), 생명관리정치의 탄생(난장, 2012),

'기능적 분화'를 제안한다.[48]

1. 규범적 개념으로서 '기능적 분화'

기능주의 체계의 주요 모델은 유기체이며, 기능주의자들은 자신들의 목적을 위해 이용할 수 있는 개념적 저장소로서 '생물학'을 꾸준히 주목해 왔다.[49] 필자 또한 생물 유기체의 '기능적 분화에 따른 유기적 연대'를 사회체계에 적용해 보려 한다. 몸의 각 기관은 각각의 기능에 따라 분화되어 있고, 각각 자기조종에 따라 움직이면서 전체 몸이 제대로 기능하도록 한다. 몸의 각 기관은 독자적으로 작동하면서, 다른 기관과는 유기적으로 협력한다. 어느 기관이 다른 기관의 기능을 대신할 수 있는 것이 아니며, 뇌와 심장과 같은 중추 기관도 다른 기관의 기능을 침범하지 않는다. 전체 몸이 건강하기 위해서는 각 기관이 제대로 작동해야 하며, 어느 기관이라도 제대로 작동하지 못하면 전체 몸은 건강을 잃게 된다.

몸의 각 요소가 자기준거성에 기초하여 스스로 움직이는 가운데 온 몸이 최적의 상태를 유지하듯이, 사회도 마찬가지이다. 각 체

163~164면; "(애덤 스미스는) […] 자본주의 사회를 꿈꾸지 않았다. 비자본주의의 도덕적 정서와 공존하는 사회 속에 있는 자본주의 경제를 꿈꿨다. 스미스는 의도적으로 자신의 경제학을 도덕적인 틀 안에 두었다." Rebecca Todd Peters(방연상, 윤요한 역), 좋은 세계화 나쁜 세계화(새물결플러스, 2012), 67면.

48) 학문에서는 규범적 언어가 범람하지만, 현실에서는 규범적 언어보다는 현실적(실효적) 언어를 많이 사용한다. 필자가 쓰는 논문에도 수많은 규범적 언어가 등장하지만, 현실에서는 "현실은 말이야…"라고 시작되는 현실 언어가 규범적 언어보다 더 많이 쓰인다. 이는 무엇을 반증하는 것일까? 그렇기에 규범적 언어에는 공허함이 느껴진다. 여기서 필자가 '규범적인 제안'으로 내세우는 '사회체계의 기능적 분화'도 추상적인 수준에 지나지 않아 공허함이 느껴지기는 마찬가지이다.

49) Anthony Giddens(윤병철, 박병래 역), 사회이론의 주요쟁점(문예출판사, 1991/2003), 19면.

계가 자기준거성을 띠고 돌아갈 때 사회는 건강한 모습을 띤다. 현대 사회는 정치, 경제, 법, 학문, 예술, 복지 등의 기능에 따라 정치체계, 경제체계, 법체계, 학문체계, 예술체계, 복지체계 등의 부분체계로 분화되었다. 루만(Niklas Luhmann)에 따르면, 사회는 계층적인 분화에서 기능적인 분화로 넘어갔다.[50] 그러나 사회체계가 기능적 분화의 형태를 띠고 있는 것은 사실이지만, 기능적 분화가 완성되었다고 보기는 어렵다. 사회체계의 기능적 분화는 미완(未完)의 기능적 분화에 지나지 않는데, 그 주된 이유는 자본주의의 총체성으로 인해 경제체계가 다른 기능체계의 자율성을 침범하기 때문이다. 따라서 사회체계의 기능적 분화는 사회의 발전에 따라 자연스럽게 이루어지는 것이 아니라, 자본주의의 총체성을 제대로 해결해야만 이루어진다. 이것이 필자가 '규범적 개념으로서 기능적 분화'를 주장되는 주된 이유이다.

우선 루만 체계이론에서 주장하는 '기능적 분화'의 모습을 살펴볼 필요가 있다. 이는 루만 체계이론이 주장하는 '기능적 분화'는 '사실적 개념'으로, '완성된' 기능적 분화의 모습이며, 동시에 (필자가 주장하는) '규범적 개념'인 기능적 분화의 내용이 될 수 있기 때문이다. 루만은 사회의 기능체계들이 작동상의 폐쇄성에 의존하며, 이를 통해 기능적으로 분화되었다고 판단한다. "그것은 1) 전체체계가 커뮤니케이션에 기초하여 작동적 폐쇄성을 가진다는 테제와 2) 사회에서 형성되는 기능체계들이 작동적 폐쇄성에 의존하고, 이 원칙을 스스로 실현시켜야 하며, 그리고 바로 그 이유 때문에 매우 상이한 사안에서도 유사한 구조들이 드러난다는 테제를 말한다."[51]

---

50) Niklas Luhmann(장춘익 역), 사회의 사회 2(새물결, 2012), 853면 이하; Niklas Luhmann(김종길 역), 복지국가의 정치이론(일신사, 2001), 53면.

51) Niklas Luhmann(박여성, 이철 역), 예술체계이론(한길사, 2014), 41면.

체계이론에서 가장 중요한 핵심은 '자기준거성' 개념에 있다. 자기준거성에 기초한 체계가 완성되어야지만 체계의 '기능적 분화'는 완성되었다고 할 수 있다.[52] 체계의 '기능적 분화'는 곧 기능체계의 '자기준거성'을 뜻하고, 기능체계의 '작동상의 폐쇄'를 뜻한다.[53] 자기준거적 체계는 그 자신의 자기생산(Autopoiesis)에 따라 자신과의 관련성 하에서(다른 말로는 그 자신의 의미기준에 의해서만) 작동한다.[54] 체계의 의미기준은 차이(Differenz)를 낳으며, 이 차이를 토대로 선택(Selektion)이 이루어지고, 이 선택을 통해 체계는 보전한다.[55] 체계의 '작동폐쇄성'은 체계의 자기생산(Autopoiesis)을 뜻한다. 체계는 그 자신의 고유한 작동을 통해 구조를 생산하며, 이렇게 생산된 구조는 연이은 작동을 가능케 한다.[56]

루만의 체계이론은 생물학적 개념인 '자기준거성' 개념을 사회에 적용하려고 하였지만, 필자가 보기에는 맞지 않는 면이 있다. 루만에 따르면, 기능적으로 분화된 사회에서 '자기준거성'을 중심한 자율성을 피할 수 있는 체계는 없다. 하지만 마투라나(Humberto R. Maturana)가 루만에게 다음과 같이 말했다는 점에 주목할 필요가 있다. "나를 독일에서 유명하게 만들어줘서 고맙습니다. 하지만 나는

---

52) "각기 하나의 부분체계가 각기 하나의 기능을 위해 독립분화된다는 것은 이 기능이 이 체계에 대해서는(그리고 오직 이 체계에 대해서만) 우선성을 누리며 다른 모든 기능들의 상위에 있다는 것을 의미한다." Niklas Luhmann(장춘익 역), 사회의 사회 2(새물결, 2012), 857~858면.

53) Niklas Luhmann(장춘익 역), 사회의 사회 1(새물결, 2012), 163면.

54) Niklas Luhmann(장춘익 역), 사회의 사회 1(새물결, 2012), 52면, 62면, 64면, 89면 이하; Niklas Luhmann(윤재왕 역), 사회의 법(새물결, 2014), 70면 이하, 583면; Niklas Luhmann(윤재왕 역), 체계이론 입문(새물결, 2014), 120면 이하; Georg Kneer/Armin Nassehi(정성훈 역), 니클라스 루만으로의 초대(갈무리, 2008), 89면 이하.

55) Niklas Luhmann(박여성 역), 사회체계이론 1(한길사, 2007), 89면.

56) Niklas Luhmann(장춘익 역), 사회의 사회 1(새물결, 2012), 516면.

당신이 내 생각들을 그런 식으로 활용하는 것에는 동의하지 않습니다. 나는 우리의 사회현상들의 특징들에 대한 문제에서부터 출발하기를 제안하는 바입니다. 사회라는 개념은 역사적으로 볼 때 생명체계들의 자기생산이라는 생각보다 선행합니다. 사회는 논쟁의 제1차적인 주제였습니다. 자기생산과 사회체계들은 훨씬 나중에 나타납니다. 따라서 우리는 사회를 분석하는 데에서 나타난 모든 연관된 현상들을 먼저 다루고, 오직 그 다음에 그것들이 자기생산 개념에 의해 보다 자세하게 밝혀질 수 있는지 자문해 보아야 합니다."[57] "문제는 단순합니다. 니클라스 루만이 자기생산 개념을 사회현상들을 설명하는 원리로 사용한다는 것입니다. 이것은 서술되어야 할 과정들도 사회현상들도 밝히지 못하고 그것들을 모호하게 하는 경향이 있습니다."[58]

오늘날 자본주의의 '총체성'으로 말미암아 사회 부분체계의 기능적 분화가 제대로 이루어지지 않고 있다. 신자유주의의 영향 아래 있는 자본주의에서 경제는 사회의 다른 기능을 빨아들이는 블랙홀과 같다. 신자유주의 경제체계는 정치, 학문, 예술을 지배하며, 다른 기능체계의 자율성(자기준거성)을 파괴하고, 자율성을 형성하려는 시도마저 무너뜨린다.[59]

이제 '기능적 분화'가 이미 존재하는 사실적 개념이 아니라 존재하여야 할 규범적 개념이라고 주장해 보자. 이는 현재 신자유주의에 의해 경제체계가 상위 체계로서 정치, 학문, 예술체계를 모두 포섭하고 있는 단계에서, 경제체계는 하나의 기능체계로 남아야 하며, 정치

57) Humberto R. Maturana(서창현 역), 있음에서 함으로(갈무리, 2006), 170~171면.
58) Humberto R. Maturana(서창현 역), 있음에서 함으로(갈무리, 2006), 171면.
59) "우리의 삶은 점점 상품화되고 공익과 영리의 경계선은 점점 허물어져 간다." 이정전, 시장은 정의로운가(김영사, 2012), 288면.

체계, 학문체계, 예술체계 등이 경제체계의 영향에서 떨어져 있는 하나의 기능체계가 되어야 한다는 규범적 주장을 할 수 있게 된다. '생물 유기체'에서 자기준거성은 규범개념이 아닌 사실개념이지만, '사회체계'에서 자기준거성은 규범개념의 성격을 띤다.

맑스(Karl Marx)에 따르면, 물질적 생활방식이 사회적·정치적·정신적 생활과정 일체를 제약하기 때문에, 자본주의에 의한 '사회적인 것과 경제적인 것이 맺는 관계의 역전'은 당연한 것이 된다. 맑스에게 '자본주의의 총체성'은 당연한 것이다. 하지만 베른슈타인(Eduard Berstein)은 "사람들은 경제적인 요인들에 점점 더 주의를 기울이기 때문에 오늘날 경제적인 요인이 과거에 비해 더 큰 역할을 수행한다고 보기 쉽다. 그러나 이것은 그렇지 않다. 이런 착각이 생겨나는 것은 단지 경제적인 동인이 과거에는 온갖 종류의 지배관계와 이데올로기에 의해 은폐되어 있었으나 오늘날에는 자유로워졌기 때문이다. [...] 과학이나 예술, 그리고 많은 사회적 관계들은 오늘날 과거 어느 때보다 경제에 덜 종속되어 있다"고 본다.[60] 베른슈타인은 맑스와 엥겔스(Friedrich Engels)의 사적(史的) 유물론('역사의 강철 같은 필연성')에 기초한 계급투쟁론에 반대하면서, 자본가 계급의 숫자가 상대적으로 계속 감소하고 프롤레타리아의 생활상태가 개선되고 동시에 중간 계급의 숫자가 늘어나는 것이 생산의 지속적인 증가를 가능하게 하는 유일한 대안이라고 주장한다.[61] 맑스의 문제점 제기와 베른슈타인의 해법 제기에 귀기울일 필요가 있다.

---

60) Eduard Berstein(강신준 역), 사민주의의 전제와 사민당의 과제(한길사, 1999/2012), 77면.

61) Eduard Berstein(강신준 역), 사민주의의 전제와 사민당의 과제(한길사, 1999/2012), 138면.

2. 기능적 분화에 의한 유기적 연대

뒤르켐(Emile Durkheim)은 '사회분업론'에서 '기능적 분화에 기초한 유기적 연대'를 주장하였다. 뒤르켐이 분업에 따른 기능적 분화에서 유기적 연대를 주장하는 점이 필자에게는 특이하다. 뒤르켐은 분업의 진정한 기능은 두 사람 이상의 사이에 연대감을 창조하는 것이며,[62] 분업의 가장 주목할 만한 효과는 분업이 가져다준 생산성이 아니라, 각 기능 간에 연대감을 만들어준다는 데에 있다.[63] 뒤르켐에 따르면, 분업이 개인들을 더 분화시킬수록 사회구성원들은 기능상 서로 보완적이 되며, 이는 사회적 연대와 결속력의 원천이 된다.[64] 이에 따르면, 유기적 연대는 공통의 신념과 감정을 받아들이는 데서가 아니라, 분업 속에서 이루어지는 기능적 상호의존성에서 생겨나며, 개인들 사이의 신념과 행위의 동일성이 아니라 '차이'를 전제한다.[65]

하지만 필자는 사회체계의 경우 기능적 분화에 따른 유기적 연대가 제대로 발생할지에 대해서는 의문을 갖고 있다. 기능적으로 분화되면 될수록 사회와 개인은 더 파편화되어 자동적으로 연대의식이 생성되지는 않는다. 총체화된 자본주의는 사회체계를 총체화하면서 동시에 개인을 파편화시킬 뿐이다. 이는 (뒤르켐이 주장하는 맥락과는 다르겠지만) "사회체계의 경우에도" 마찬가지인데, 사회체계가 기능적으로 분화된다고 하여 자연스럽게 유기적 연대가 이루어지지는 않는다. 사회체계와 생물 유기체는 같지 않다. 생물 유기체의 경우는

62) Emile Durkheim(민문홍 역), 사회분업론(아카넷, 2012), 96면.
63) Emile Durkheim(민문홍 역), 사회분업론(아카넷, 2012), 102면.
64) Emile Durkheim(민문홍 역), 사회분업론(아카넷, 2012), 옮긴이 해제, 609면.
65) Anthony Giddens(박노영/임영일 역), 자본주의와 현대사회이론(한길사, 2008/1010), 171~172면.

기능적으로 분화된 기관들이 각기 자신의 기능을 수행함을 통해 유기적으로 활동할 수 있지만, 사회체계의 경우는 그렇지 않다. 이는 사회체계에서 기능적 분화는 생물 유기체와는 달리 사실적 개념이 아닌 규범적 개념이기 때문이다. 현재까지 '기능적 분화에 따른 유기적 연대'를 확인할 수 있는 것은 '사회적 시장경제'라는 형태이다.[66] 사회체계가 '기능적 분화에 따른 유기적 연대'를 이루기 위해서는 제대로 된 '복지체계'를 수립하는 것뿐 아니라,[67] 자본주의의 총체성에 대항하여 자본주의 경제체계와 정치, 예술, 교육, 법 등의 다른 기능체계와의 부정한 연결고리를 끊는 것이 동시에 진행되어야 한다. 이 때문에 자본주의와 민주주의의 적절한 경계선을 긋고, 자본주의가 민주주의에 흘러들어오지 못하게 하는 것이 무엇보다 중요하다.[68] 활기찬 자본주의와 함께 활기찬 민주주의도 누리려면, 무엇보다도

---

66) 사회적 시장경제(Soziale Marktwirtschaft)는 독일 프라이부르크 학파의 '질서자유주의'가 진화한 것이다. '사회적 시장경제'라는 표현은 뮐러-아르마크(Alfred Müller-Armack)가 처음으로 사용하였다. 이에 대해서는 Michel Foucault(심세광, 전혜리, 조성은 역), 생명관리정치의 탄생(난장, 2012), 160면 참조.

67) '사회적 시장경제'에서 가장 중요한 것은 자기준거적 체계로서 복지체계의 수립이다. 필자는 기능적으로 분화된 사회에서 복지체계가 수행하는 기능을 중심으로 '체계'로서의 복지체계를 구상한다. 여기서 체계의 자기준거적 작동방식의 개념을 복지에 도입하는 것이 그 핵심이다. 필자는 전체 사회를 조종하는 개념으로서의 '복지국가' 개념은 타당하지 않다고 생각한다. 전체 사회를 조종하는 개념으로서 '복지' 개념을 상정하면, 복지국가는 기술적으로는 그 능력의 한계 지점에, 그리고 도덕적으로는 국가 개입의 정당성 문제에 봉착하기 때문이다. 전체사회를 조종하는 '복지국가' 개념은 능력의 한계를 드러내지만, 사회의 부분체계를 조종하는 '복지체계' 개념은 능력의 한계를 오히려 그 개념요소로 한다. 현대사회에서 자기준거적 체계로서 복지체계는 기능적으로 분화되지 않은 도덕의 기능을 어느 정도 받아들이지만, 체계가 갖는 한계를 고려하며, 자신의 한계를 인식하는 데에서 실효성이 나온다. 이에 대해서는 고봉진, "자기준거적 체계로서 복지체계 — 예비적 고찰", 법철학연구 제12권 제1호(2009), 325면 이하.

68) Robert B. Reich(형선호 역), 슈퍼자본주의(김영사, 2008/2010), 22~23면.

경제와 정치 두 영역을 분명히 구분해야 한다.[69)]

3. 현실적 전망 그리고 규범적 대안으로 '인정투쟁'

하지만 현실적 전망은 그리 밝지 않다. '세계화'와 관련하여 국민국가의 위기와 복지국가의 위기가 초래되기 때문이다.[70)] "가장 커

69) Robert B. Reich(형선호 역), 슈퍼자본주의(김영사, 2008/2010), 322면; 시장을 모든 문제를 해결하는 마법으로 받아들이는 대신 선별적으로 시장에 접근하는 자세가 필요하다. Colin Crouch(유강은 역), 왜 신자유주의는 죽지 않는가 (책읽는수요일, 2011), 47면. 좋은 사회를 만들기 위해서는 국가, 기업, 시민, 시민사회 사이의 계속되는 긴장이 존재하는 경제가 필요하다. Colin Crouch(유강은 역), 왜 신자유주의는 죽지 않는가(책읽는수요일, 2011), 262면.

70) 세계화에 따른 국민국가의 위기와 복지국가의 위기에 대해 사회과학자들은 다음과 같이 말한다[아래의 내용은 Armin Pongs 엮음(김희봉, 이홍균 역), 당신은 어떤 세계에 살고 있는가? 1편(한울, 2003)과 Armin Pongs 엮음(윤도현 역), 당신은 어떤 세계에 살고 있는가? 2편(한울, 2010)에 있는 내용이다]. "국민국가는 삶의 큰 문제를 다루기에는 너무 작고 삶의 작은 문제를 다루기에는 너무 크다(Daniel Bell, 1편 38면)." "정책과 국가는 전지구적 연결에 직면하여, 그로 말미암아 발생하는 과제와 문제들에 의해 과부하 상태가 된다. 이것이 바로 고전적인 정치의 종말인 것이다(Helmut Willke, 1편 275면)." "우리가 분명히 알아두어야 할 것은 국가 개입적 사회, 복지국가는 19세기 후반부에 분명하게 정의되었던 사회공동체를 만들었다는 것입니다. 그 국가의 형태는 초기 자본주의가 만들어놓았던 파괴와 빈곤에 대한 대응이었습니다. 지체부자유자와 노인, 질환자에 대한 강제적 연대공동체가 만들어졌는데, 그것은 국가의 강제 의료보험체계의 형태로 개인이 담당할 수 없는 위험을 조직화하는 것이었습니다. 오늘날 우리들은 큰 문제에 봉착하고 있습니다. 국민국가적 경제와 지역적으로 규정된 연대공동체가 지구화의 역동성에 의해서 해체되고 있는 것이 그것입니다. 정치와 국민국가는 점차 사회공동체를 위한 규제적인 행동을 점점 더 할 수 없게 되어가고 있습니다. 왜냐하면 다른 형태의 공동체가 이러한 일을 맡아야 하거나 고유한 개인적인 연대공동체로 정의되어야 합니다(Helmut Willke, 1편 289~290면)." "국민국가적 경계의 해체에 대한 반응으로서 복지국가의 파괴가 그것입니다. 복지국가는 이제 더 이상 유지되기 어렵습니다. 거대한 통치집단으로서 국가들이 서로 경쟁을 하고 있었던 구도는 전지구화의 역동성에 의해 대체되었습니다. 이러한 상황은 복지국가에 수정을 가하고 있습니다(Helmut Willke, 1편 291면)." "오늘날 큰 문제는 광범위한 복지국가의 집행을 충당해야 하는 재

다란 문제는 세계화라고 봅니다. 규모가 큰 나라는 비효율성을 상당히 감당할 수 있습니다. 하지만 세계화가 진행되면 그럴 여유가 사라지지요. 세계화가 확대되면서 불가피하게 불평등과 불안도 증가하고 있습니다."[71] 세계화된 자본주의의 등장으로 인해 복지국가는 점점 힘을 잃고 있다. 세계화된 자본주의는 자본과 노동의 비대칭적 세계화를 통해 자본과 노동에 대한 왜곡된 인정을 구조화한다.[72] 세계화된 자본주의 시스템은 상위 계층에 돈이 집중되게 하여 부의 극대에 있어서는 가장 효율적이지만 부의 적절한 분배에 있어서 비효율적이다.[73] 낙수효과(trickle-down effect)를 주장하는 이들은 사회

정문제입니다. [⋯] 그러나 한 가지 분명한 사실이 있는데, 그것은 어느 정도 세계화와 직접적으로 관련이 있습니다. 그 사실은 복지국가를 유지하기에는 너무 많은 비용이 들기 때문에 불가피하게 단계적으로 감축한다는 것입니다(Amitai Etzioni, 2편 60면)." "세계화의 결과 중의 하나는 국민국가가 그 실체와 주권을 상당부분 포기하게 된다는 것입니다(Anthony Giddens, 2편 83면)." "또 한 가지 예견할 수 있는 것은 불평등이 더욱 확대되고 생활이 더 불안해질 것이라는 사실입니다. 왜냐하면 국민국가적 복지국가는 국제적, 유럽 차원의 시장경쟁으로 인한 부정적 영향을 더 이상 완화시켜주기 힘들기 때문입니다(Karl Ulrich Mayer, 2편 255면)." "세계화의 핵심적 사실은 국민국가의 시민이 처한 경제적 상황이 그 국가의 법률의 범위를 넘어선다는 것이다(Richard Rorty)." Zygmunt Bauman(함규진 역), 유동하는 공포(산책자, 2009), 238면.

71) Karen Ilse Horn(안기순, 김미란, 최다인 역), 지식의 탄생 — 노벨 경제학상 수상자 10인과의 인터뷰(와이즈베리, 2012), 90면.

72) 많은 사람들에게 '세계화'는 '경제적 세계화'와 동의어이다. Rebecca Todd Peters(방연상, 윤요한 역), 좋은 세계화 나쁜 세계화(새물결플러스, 2012), 66면. 자본과 관련된 쪽은 세계화를 적극 받아들이는 반면에, 인권과 관련된 쪽은 세계화에 소극적 내지 부정적으로 반응한다. "지구화는 분명한 배제와 포함이라는 지리학을 보여주는데, 국가와 국가 사이에서뿐만 아니라 국가 내부에서도 명확한 승자와 패자로 귀결된다. 가장 풍요로운 사람들에게 지구화는 축소되는 세계(제트기 여행, 지구적 텔레비전이나 월드와이드웹)를 수반하지만, 인류 대다수에게는 심한 박탈감과 연계되는 경향이 있다." John Baylis/Steve Smith/Patricia Owens(하영선 外 역), 세계정치론(을유문화사, 2011), 38~39면.

73) Joseph E. Stiglitz(이순희 역), 불평등의 대가(열린책들, 2013), 41면.

적 약자들이 역동적이고 생산적인 요소가 아니기 때문에 그들을 직접 돕는 것은 역효과를 낸다고 주장하지만,[74] 그들이 주장하는 낙수효과는 실제로 그리 크지 않다.[75] 오히려 제기능을 발휘하지 못하는 낙수효과는 자신의 노동력밖에 팔 것이 없는 사람들에게 노동일수의 증가와 실질 임금의 삭감을 가져왔다.[76]

'자본'은 국가보다 더 거대하고 무서운 괴물이 되어버렸다. 더 큰 괴물이 되어버린 '자본'을 작은 리바이어던을 통해 통제할 수 있을지부터 의문이다. 실질적으로 필요한 것은 새로운 '규제 권력의 설립'인 것 같은데, 오늘날 세계화된 자본주의를 규제할 수 있는 정치와 규범은 부재하며, 규제 권력은 사실상 없다. 세계가 점점 하나로 되어가는 세계화의 시대에 한 지역과 한 나라에 타당한 정치와 법규범은 세계화된 자본주의의 문제점을 해결하는 데 한계를 드러낸다.[77] 필자는 자본주의의 총체성에 대해 규범적 개념인 '기능적 분화'를 주장하지만, 현실적인 가능성으로 본다면 세계화된 자본주의

---

74) Slavoj Zizek(김성호 역), 처음에는 비극으로 다음에는 희극으로(창비, 2010), 32~33면.

75) Joseph E. Stiglitz(이순희 역), 불평등의 대가(열린책들, 2013) 88면; 스티글리츠는 낙수 경제 이론은 아무런 효과를 내지 못하는 데 반해서, 분수 경제 이론(trickle-up economics)은 효과를 낼 수 있다고 주장한다. 하위 계층과 중위 계층의 소득이 늘어나면 모든 계층이 — 심지어 상위 계층도 — 혜택을 볼 수 있다. Joseph E. Stiglitz(이순희 역), 불평등의 대가(열린책들, 2013), 89면.

76) Rebecca Todd Peters(방연상, 윤요한 역), 좋은 세계화 나쁜 세계화(새물결플러스, 2012), 79면; 최근 교황 프란치스코는 '교황 권고'에서 통제받지 않는 자본주의는 새로운 독재일 뿐이라고 주장하면서, '낙수 효과'는 잔인하고 순진한 믿음이라고 비판하였다. 또한 그는 많은 사람들이 자기 자신을 쓰고 버려지는 '소비재'라고 여기고 있지만, 심지어 이제는 쓰이지도 않은 채 그냥 '지꺼기'처럼 버려지고 있다고 언급했다. 2013년 11월 29일자 경향일보 2면.

77) "지역적으로 구체화된 정치는 그러나 글로벌화된 기능체계의 문제와 점점 더 통약불가능하게 되고 있다." Norbert Bolz(윤종석 역), 세계를 만드는 커뮤니케이션(한울아카데미, 2009), 54면.

에 의해 자본주의의 총체성이 강화될 여지가 더 많다. 이는 여전히 '인정투쟁'이 규범적 대안이 될 수밖에 없는 이유이다. 인정투쟁은 '무시의 사회적 동학'과 '인정의 병리학'에 기초한다.[78] '인정투쟁'은 체제를 전복시키려는 투쟁이 아니라 자본과 노동에 대한 왜곡된 인정구조를 바꾸어 보려는 투쟁이다.[79] 이는 (간접적으로나마!) 사회체계의 기능적 분화에도 힘을 실어주는 투쟁이다. 자본과 노동의 비대칭적 세계화에 의해 왜곡된 인정구조를 바꾸려고 하는 동시에, 자본주의의 총체성에 반대하기 때문이다.

---

78) '무시의 사회적 동학'과 '인정의 병리학'에 대해서는 Axel Honneth(문성훈, 이현재 역), 인정투쟁(사월의책, 2011), 295면 이하; Axel Honneth(문성훈, 이현재, 장은주, 하주영 역), 정의의 타자(나남, 2009), 109면 이하; 고봉진, "현대 인권론에서 '정체성'의 의미 — 차이, 정체성, 인권 —", 법철학연구 제14권 제1호(2011), 160면 이하.

79) 다시 맑스에 주목할 시점이 되었다. 이번에는 사적(史的) 유물론에 기초한 계급투쟁론이 아니라(필자는 맑스/엥겔스의 사적 유물론에 기초한 계급투쟁론에 반대하며, 베른슈타인의 주장이 옳다고 본다), 맑스가 1844년 '경제학 — 철학 수고'에서 발전시킨 '인간 소외론'이다.

찾아보기

"이 교재는 2016년도 제주대학교 법학전문대학원 발전기금(제주특별자치도개발공사·제주은행) 연구비 지원에 의하여 작성되었음"

[저자 약력]

고 봉 진

고려대 법과대학(90학번)과 동대학원을 졸업하고, 2006년 독일 프랑크푸르트대학에서 법학박사학위를 받았다. 독일 만하임대 부속 '독일·유럽·국제 의료법·보건법 및 생명윤리 연구소'에서 객원연구원을 지냈고, 보건복지부 지정 '생명윤리정책연구센터'에서 박사후과정 연구원을 지냈다. 현재 제주대학교 법학전문대학원 기초법 담당 교수로 재직 중이며, 법철학, 법학방법론, 법사상사, BT·생명윤리와 법을 강의하고 있다.

현대 법사상사 소고

초판인쇄 2016년 7월 25일
초판발행 2016년 7월 30일

지은이 고봉진
펴낸이 박노일

총괄기획 김중용
편 집 심성보·김인숙

펴낸곳 pnc publishing and culture 피앤씨미디어
경기도 고양시 일산동구 강송로 153 310-1501
등록 제396-2012-000203호
전 화 070)7550-3758 팩 스 02)718-8554
홈페이지 www.pncmedia.co.kr 이메일 pnc@pncmedia.co.kr
ISBN 979-11-5730-348-9 93360

정 가 20,000원